Gerhard Wisnewski

ungeklärt
unheimlich
unfassbar

Die spektakulärsten Kriminalfälle 2015

KNAUR

Besuchen Sie uns im Internet:
www.knaur.de

FSC
www.fsc.org
MIX
Papier aus verantwortungsvollen Quellen
FSC® C083411

Originalausgabe Dezember 2015
Knaur Taschenbuch

Ein Imprint der Verlagsgruppe
Droemer Knaur GmbH & Co. KG, München

Umschlaggestaltung: ZERO Werbeagentur, München
Satz: Daniela Schulz, Puchheim
Druck und Bindung: CPI books GmbH, Leck
ISBN 978-3-426-78723-6

2 4 5 3 1

Inhalt

Vorwort

Das Jahr 2015 hielt wieder jede Menge kriminalistischer Geheimnisse bereit: Was geschah zum Beispiel wirklich mit Flug 4U9525 der Germanwings, der am 24. März 2015 in den französischen Alpen abstürzte? Immerhin wurde uns dies ja als das Megaverbrechen des Jahres verkauft. War es wirklich ein »erweiterter Selbstmord« des Co-Piloten, wie behauptet wurde, oder steckte etwas ganz anderes dahinter? Und was war eigentlich mit der Familie Schulze passiert, die am 23. Juli 2015 plötzlich spurlos von der Bildfläche verschwand, bis man den 41-jährigen Familienvater eine Woche später tot aus der Elbe fischte? War es wirklich ein Familiendrama, wie die Polizei behauptete, oder gibt es da noch eine viel dunklere Wahrheit? Was ließ eigentlich das Verfahren gegen den Schläger Sanel M. von der jungen Migranten-Heldin Tuğçe Albayrak übrig? 2015 wurde ihrem Peiniger der Prozess gemacht – aber hatte sie wirklich zwei junge Mädchen vor dem Raufbold gerettet, oder war das alles nur ein aufgeblasenes Medienereignis? Wie kam es dazu, dass ein Mann in den USA am 26. August 2015 zwei Reporter vor laufender Kamera erschoss und das Ganze auch noch filmte? Oder was war mit der bedauernswerten Tochter der Pop-Diva Whitney Houston, Bobbi Kristina Brown, die 2015 plötzlich mit dem Gesicht nach unten in der Badewanne lag – genau wie drei Jahre zuvor ihre Mutter? War das nur Zufall, oder hatte hier jemand nachgeholfen? Und was geschah mit jenem unerschrockenen Staatsanwalt Alberto Nisman, der die argentinische Präsidentin Cristina Fernández de Kirchner der Vertuschung der Hintergründe eines Bombenattentats bezichtigt hatte? Anfang 2015 lag der Ankläger auf einmal selbst tot in seinem Badezimmer, und die ganze Welt rief plötzlich »Yo soy Nisman« – »Ich bin Nisman«. Hatte ihn wirklich die Präsidentin aus dem Weg räumen lassen, wie von den Medien nahegelegt wurde? Klopfen wir also gemeinsam die unheimlichen Kriminalfälle des Jahres noch einmal ab. Ich bin sicher, wir werden dabei so manche Überraschung erleben …

Herzliche Grüße
Ihr
Gerhard Wisnewski

Einleitung

Die Opfer und die Täter sind diesmal wieder unser Thema. Glaubt man Medien und Polizei, ist eigentlich alles ganz einfach: Marco Schulze, der Familienvater, den man am 31. August 2015 tot aus der Elbe zog, war ein Täter. Ganz offenbar hatte er seine Frau und seine Tochter ermordet und sich dann selbst umgebracht. Oder nehmen wir Andreas Lubitz, den Co-Piloten von Germanwings-Flug 4U9525: War er ein Täter? 149 Menschen und sich selbst soll er umgebracht haben, indem er einen Airbus A320 am 24. März 2015 in den französischen Alpen abstürzen ließ. Oder wie wäre es mit Tuğçe Albayrak, die angeblich zwei junge Mädchen vor einem brutalen Schläger rettete, der anschließend sie erschlug? War die junge Türkin nicht ein Opfer par excellence und eine Heldin, wie sie im Buche stand? Im Juni 2015, als der Prozess gegen den Täter begann, konnten wir dieses Bild auf seinen Wahrheitsgehalt überprüfen.

Vorsicht vor der Realität aus zweiter Hand

Wie wir anhand dieser und vieler weiterer Beispiele sehen werden, ist das mit den Opfern und den Tätern nicht immer so einfach. Sicher: Meistens stimmt die Rollenverteilung – aber oft eben auch nicht. Denn der Staatsanwalt ist noch lange nicht der Richter. Und auch der Richter hat die Wahrheit nicht gepachtet. Das Medienereignis ist noch lange nicht das Ereignis selbst, und eine Medienfigur ist nicht die Person persönlich. Die Medien zeigen nur Spuren der Realität, aber nicht die Realität selbst. Es sind nur Trugbilder oder Schatten, wie in Platons

Höhlengleichnis. Mit zunehmender Entfernung von uns sinkt der Realitätsgehalt eines Inhalts rapide. Wenn wir auf der Straße einen Unfall beobachten oder uns an einem Stein einen Fuß stoßen, ist das Realität erster Klasse. Aber schon wenn uns ein Freund etwas am Kneipentisch erzählt, handelt es sich bereits um Realität aus zweiter Hand. Noch schlimmer wird es, wenn uns ein Fremder etwas berichtet. Und am allerschlimmsten sind jene Fremden, die dafür bezahlt werden, dass sie uns etwas erzählen – also die Medien. Dabei ist es ganz egal, ob die betreffenden Personen Schlips und Kragen oder ein nettes Kostüm tragen oder eine vertrauenswürdige Stimme besitzen. Diese Mitteilungen haben die geringste Glaubwürdigkeit, erst recht, wenn es um weit entfernte Ereignisse geht, die wir schlecht nachprüfen können. Während Lokalberichterstattung aus naheliegenden Gründen noch den größten Wahrheitsgehalt besitzt, weil jeder Anwohner mit einem Blick auf die Straße feststellen kann, ob sich dort wirklich beispielsweise eine Baustelle befindet, ist alles andere mit dicken Fragezeichen zu versehen. Wer weiß schon, ob in China wirklich der berühmte Sack Reis umgefallen ist?

Die Alchemie der Wirklichkeit

Unsere heutige Wirklichkeit muss man sich daher eher vorstellen wie die moderne Chemie – wobei sich manche als die reinsten Alchemisten betätigen, indem sie uns Blei als Gold verkaufen wollen. Neben natürlichen Rohstoffen aus dem eigenen Garten gibt es Derivate ebenso wie Synthesen, also komplett künstlich erzeugte Produkte. Während Giftmischer und Panscher im Bereich der Lebensmittel seit Jahrhunderten bekannt und geächtet sind, glaubt alle Welt, dass auf dem Wirklichkeitsmarkt nur Bioprodukte angeboten werden. Dabei ist das lächerlich. Vielmehr gibt es, genau wie im Lebensmittelmarkt, Fälscher und Etikettenschwindler, die mit minderwertiger Ware Geld verdienen wollen – die also das Preis-Leistungs-Verhältnis manipulieren.

Noch schlimmer sind allerdings die Drogenköche, die nicht nur mit Ramsch Geld verdienen, sondern etwas zusammenmixen, damit wir etwas Bestimmtes tun und denken – die uns also steuern wollen. In früheren Publikationen habe ich diese Drogen »Auslöser« genannt – nämlich Nachrichten, die in uns bestimmte Gedanken, Denkweisen, Schlüsse und Handlungen auslösen sollen. Während mehrere solcher Auslöser zu regelrechten Lernprogrammen werden können, werden mehrere Lernprogramme zu Ideologien. Zum Beispiel: Migranten sind lieb, nett, hilfsbedürftig und heldenhaft – wie Tuğçe Albayrak. Und Waffenbesitzer sind böse und verantwortungslos – wie jener Bryce Williams, der im August 2015 zwei Reporter vor laufender Kamera erschoss.

Ein anderes Lernprogramm, auf das wir im Verlauf dieses Buches stoßen werden, lehrt uns, dass Prominente leider immer wieder aus heiterem Himmel seltsame Unfälle erleiden – wie beispielsweise die Tochter der Sängerin und Schauspielerin Whitney Houston, Bobbi Kristina Brown, oder die berühmte amerikanische Entertainerin Joan Rivers, deren seltsames Ableben 2015 immer noch die Öffentlichkeit beschäftigte. Ein früheres berühmtes Lernprogramm war zum Beispiel auch der »Fluch«, der angeblich auf der Familie Kennedy lastete, deren männliche Mitglieder reihenweise von Attentätern oder Unfällen dahingerafft wurden. Glauben Sie von alldem kein Wort. In Wirklichkeit sollten die meisten Medienprodukte unter das Betäubungsmittelgesetz fallen.

Die Wahrheit ist eine Diva

Und noch etwas Interessantes gibt es über die Wahrheit zu sagen: nämlich, dass sie dummerweise oft unwahrscheinlicher wirkt als die Lüge. Das Gesetz der Lüge dagegen besagt, dass sie immer naheliegender und wahrscheinlicher aussehen muss als die Wahrheit. Nehmen wir beispielsweise den Angriff auf das World Trade Center vom 11. September 2001: Erscheint es nicht viel wahrscheinlicher, dass er von ausländischen Terroristen unternommen wurde als von der eigenen Regierung? Oder wie wäre es mit dem Verschwinden der Familie Schulze aus Drage bei Hamburg: Ist ein Familiendrama hier nicht viel naheliegender als ein hinterhältiger Mord? Oder der Tod von Joan Rivers: Wäre ein Mord hier nicht sehr weit hergeholt, während Ärztepfusch viel plausibler erscheint?
Und wie ist das nun mit diesem Buch? Wird Ihnen hier nun endlich die Wahrheit erzählt? Nun, die Wahrheit ist manchmal eine Diva und kompliziert obendrein. Oder freundlicher formuliert: eine scheue Geliebte, die man nie ganz besitzen kann, wie der österreichische Autor Hermann Bahr schrieb. Aber man kann sich immer wieder aufs Neue um sie bemühen. Und das ist denn auch genau das, was dieses Buch versuchen wird.

Alberto Nisman: Sein Ende kam nicht irgendwann

18. Januar 2015, Puerto Madero/Buenos Aires. In einem Apartment im 13. Stock des Wohnturms Torre del Parque klingelt wieder und wieder das Telefon. Es ist die Wohnung eines gewissen Alberto Nisman, 51 Jahre alt, Staatsanwalt. Doch niemand nimmt ab. Am Abend steht schließlich seine Mutter vor der Wohnungstür. Doch der Schlüssel steckt von innen. Um 22 Uhr holt sie einen Schlosser und lässt die Wohnung öffnen. Doch auch die Tür zum Badezimmer ist blockiert – allerdings nicht durch einen Schlüssel, sondern durch den Körper ihres Sohnes. Er ist tot. Erschossen. In seinem Kopf klafft ein Loch, neben (oder unter) ihm liegen eine Pistole vom Typ Bersa, Kaliber 22, sowie eine Patronenhülse. Alles weist auf einen Selbstmord hin.

Alberto Nisman war nicht irgendwer, und sein Ende kam nicht irgendwann. Als Sonderstaatsanwalt arbeitete Nisman seit Jahren an der Aufklärung des »argentinischen 9/11« – des Anschlags auf das jüdische Gemeindezentrum AMIA in Buenos Aires, bei dem im Juli 1994 85 Menschen ums Leben kamen und rund 300 verletzt wurden. Das Attentat wurde angeblich mit einer Düngemittelbombe auf einem Lkw durchgeführt. Nisman war davon überzeugt, dass der Iran und die Hisbollah dahintersteckten – und dass die argentinische Präsidentin dies aus außenpolitischer Rücksichtnahme vertuschen wollte. Am nächsten Tag, am Montag, dem 19. Januar 2015, sollte Nisman einen ganz großen Auftritt vor dem argentinischen Nationalkongress haben und dem Parlament seine Vorwürfe gegen Präsidentin Kirchner erläutern. Und nun war er plötzlich tot.

»Yo soy Nisman«

War das ein Hype! Der außerhalb Argentiniens unbekannte Staatsanwalt wurde mit einem Schlag weltberühmt. Die Medien berichteten weltweit über den Fall des mutigen Ermittlers, der bei seiner Suche nach der Wahrheit ums Leben gekommen war. Und wem das nützte, war natürlich auch sofort klar: Präsidentin Cristina Fernández de Kirchner. Sofort sprang die globale Empörungsmaschine an, und Millionen Menschen solidarisierten sich mit dem verstorbenen Staatsanwalt. Auch hierzulande trugen die Nachrichtensprecher quasi Trauerflor, als wäre ein Staatsoberhaupt dahingeschieden. Analog zu den Attentaten auf die französische Satirezeitschrift *Charlie Hebdo* am 7. Februar 2015 liefen Menschen mit »Yo soy Nisman«-Schildern durch die Straßen und über die Bildschirme: »Ich bin Nisman«. Sogar das Design der Schilder war dasselbe wie nach den *Charlie Hebdo*-Anschlägen in Paris: weiße Schrift auf schwarzem Grund. Irgendwie hatte man das Gefühl, dauernd mit ein und derselben Corporate Identity konfrontiert zu werden. Oder mit einem Sprachkurs für die Phrase »Ich bin xy« in den Sprachen Spanisch und Französisch.

Bösewicht Iran

Seit 2004 hatte Nisman vor allem in Richtung Iran ermittelt. Zusammen mit der palästinensischen Hisbollah habe das Teheraner Regime 1994 das jüdische Gemeindezentrum angegriffen, davon war der argentinische Staatsanwalt überzeugt. Ebenso überzeugt zeigte er sich, dass niemand Geringerer als die argentinische Präsidentin die Finger bei der Vertuschung der iranischen Täterschaft im Spiel hatte – aus außenpolitischer

Trauerkundgebungen für Alberto Nisman

Rücksichtnahme. Ja, mehr noch: »Nisman warf Kirchner vor, einen geheimen Deal mit dem Iran eingefädelt zu haben, um die Rolle von [iranischen] Beamten zu vertuschen, die hinter dem Bombenanschlag auf ein jüdisches Gemeindezentrum 1994 in Buenos Aires gesteckt haben sollen« (*Die Welt*, online, 15.3.2015). Argentinien habe versucht, »die iranischen Tatverdächtigen von der internationalen Fahndungsliste streichen zu lassen« (*Süddeutsche Zeitung*, 14./15.3.2015). Kein Zweifel: Nisman war ein unerschrockener Kämpfer für die Wahrheit über den schrecklichen Tod von 85 Menschen und schien ganz nahe daran zu sein, den Sturz der Präsidentin herbeizuführen. Wenige Tage vor seinem Tod hatte er Kirchner formell angeklagt, die Ermittlungen sabotiert zu haben, und er bereitete sogar einen Haftbefehl vor. War es deshalb nicht allzu offensichtlich, dass der angebliche Selbstmord nur vorgetäuscht war und diese skrupellose Präsidentin nun auch noch den mutigen Staatsanwalt auf dem Gewissen hatte – kurz bevor dieser vor dem Parlament gegen sie aussagen wollte? Natürlich: »Er starb, vier Tage nachdem er bei einem Richter formell Anklage gegen die Präsidentin und ihren Außenminister erhoben hatte und einen Tag bevor er diese Behauptungen vor dem Kongress erläutern wollte«, schrieb die australische Website news.com.au vielsagend (22.1.2015).

Selbstmord oder Mord?

Unmittelbar nach Bekanntwerden der Todesnachricht begann ein politischer und kriminalistischer Kampf um die Todesumstände: Selbstmord oder Mord? Wie war der Staatsanwalt denn nun gestorben? Von der Antwort hing viel ab. Ihr Ex-Mann sei »ohne jeden Zweifel« umgebracht worden, meinte etwa Nismans geschiedene Frau Sandra Arroyo Salgado, ihres Zeichens argentinische Bundesrichterin: »Ich habe keinen Zweifel: So, wie er war, mit seiner Persönlichkeit, hätte er sich niemals das Leben genommen«, sagte sie laut BBC. »Er war extrem besorgt um seine Gesundheit und fürchtete sich davor, jung zu sterben. Also wusste ich im selben Moment, als man mir erzählte, dass er tot neben einer Waffe gefunden worden sei, dass ihn jemand getötet hatte« (online, 28.5.2015).
Zwar sprachen der angeblich von innen steckende Schlüssel, die Leiche hinter der Badezimmertür, der einzelne Schuss in den Kopf und die Waffe nebst Patronenhülse auf dem Boden für einen Suizid. Andererseits soll sich in der Wohnung ein Einkaufszettel für den folgenden Tag gefunden haben. Außerdem gab es keinen Abschiedsbrief, und an Nismans Händen konnten

Staatsanwalt Alberto Nisman: Selbstmord oder Mord?

keine Schmauchspuren gesichert werden. Letzteres war besonders wichtig. Damit war die Büchse der Pandora geöffnet und der forensische und politische Hahn in Richtung Kirchner gespannt. Denn der Tote hätte sich die Pulverreste ja schließlich nicht mehr selbst abwaschen können. Zwar erklärte die leitende Ermittlerin Viviana Fein, die Pulverrückstände der benutzten Bersa Thunder Kaliber 22 seien für den benutzten »elektronischen Wischtest« möglicherweise zu gering gewesen. Doch auch ein weiterer Test mit einem Elektronenmikroskop förderte keine Schmauchspuren an Nismans Händen zutage. Die Erklärung von einigen Experten, die Bersa produziere manchmal überhaupt keine Schmauchspuren, ist jedoch unglaubwürdig. Spätestens unter einem hochempfindlichen Elektronenmikroskop hätte man Pulverrückstände auf der Hand des Staatsanwalts finden müssen. Denn wenn eine Patrone explodiert, setzt sie nun einmal Rauch frei, und dieser Rauch muss irgendwohin. Da die Waffe ja nicht luftdicht ist, entweicht der Pulverdampf sowohl durch den Lauf als auch seitlich aus dem Schießeisen und gelangt so an die Hände des Schützen und in die weitere Umgebung. So gering sie auch sein mögen, spätestens mit Hilfe eines Elektronenmikroskops müssen sich diese Spuren finden lassen. Und während alle Welt über die fehlenden Pulverreste an Nismans Hand diskutierte, redete von einer weiteren fehlenden Spur niemand: Da bei einem aufgesetzten Schuss Blut aus der Wunde spritzt, hätte auch auf Nismans Schusshand Blut vorhanden sein müssen. Das war aber ebenfalls nicht der Fall.

Ein Selbstmord löst sich in Rauch auf

Tatsächlich löste sich Nismans angeblicher Selbstmord zunehmend in nichts auf. Darüber hinaus platzte auch die Version vom »innen steckenden Schlüssel«. Zwar war dies ohnehin noch nie ein zwingendes Argument für einen Selbstmord gewesen – denn warum sollte ein von innen steckender Schlüssel einen Täter vom Verlassen der Wohnung abhalten? Wenn, dann könnte er ihn höchstens am Betreten hindern. Was aber wäre, wenn das Opfer seinen Mörder freiwillig in die Wohnung gelassen hätte? Dann hätte er hinterher ganz einfach hinausspazieren können. Wie sich herausstellte, gab es zum Haupteingang der Wohnung gar keinen Schlüssel, wie ein Schlosser erklärte, der zur Öffnung der Wohnungstür gerufen worden war. Sondern diese Wohnungstür verfügte vielmehr über ein elektronisches Schließsystem. Da der Haupteingang elektronisch verriegelt gewesen sei, hätten er und Nismans Mutter sich entschieden, die Personaltür zu benutzen, sagte der Schlosser gegenüber der Presse (*Buenos Aires Herald,* 21.1.2015). Zwar steckte hier tatsächlich ein Schlüssel von innen, doch dieser habe sich – da er nicht im Schloss gedreht war – leicht mit einem Draht von außen nach innen hinausstoßen lassen. Daraufhin habe die Mutter die Personaltür mit einem Zweitschlüssel aufschließen können. Für die Frage »Mord oder Selbstmord« ist das aber, wie gesagt, ohnehin ohne Bedeutung. Denn verlassen hätte ein Täter die Wohnung allemal können.

Schlupflöcher wie ein Taubenschlag

Damit waren wichtige Argumente und Bedingungen für einen Selbstmord hinfällig. Es kommt aber noch besser: Denn die

Wohnung von Staatsanwalt Nisman hatte offenbar mehr Schlupflöcher als ein Taubenschlag. Die argentinische Zeitung *Clarin* wartete noch mit einem dritten Zugang auf, nämlich einem Verbindungsgang zu einem anderen Apartment. Das Blatt veröffentlichte ein Foto einer kleinen Metalltür, die von Nismans Wohnung in einen engen Versorgungsgang führte, in dem nur eine große, etwa hüfthohe Klimaanlage stand. Wie aus den Bildern hervorgeht, hätte man entweder über die Klimaanlage hinwegsteigen oder sich vielleicht auch daran vorbeizwängen können. Tatsächlich wurden *Clarin* zufolge in dem Gang auch ein Fuß- und ein Fingerabdruck sichergestellt – wie frisch oder wie alt sie waren, wurde nicht mitgeteilt (21.1.2015). Jedenfalls hätten eventuelle Täter die Wohnung wahrscheinlich auf drei Wegen betreten und verlassen können: Über den Haupteingang, den Nebeneingang und den Verbindungsgang zur Nachbarwohnung. Nun wäre natürlich interessant gewesen zu erfahren, wer diese geheimnisvolle Nachbarwohnung bewohnte. In dieser Frage hielten die Behörden sich jedoch bedeckt. Man stellte lediglich klar, dass es sich nicht um einen Iraner handelte. Die argentinische Nachrichten-Website *The Bubble* schrieb, der Nachbar sei ein Chinese (22.1.2015).

Eine fremde Waffe

Der nächste Schlag für die Selbstmord-Version bestand darin, dass es sich bei dem gefundenen Schießeisen gar nicht um Nismans Waffe handelte. Eine fremde Waffe ist aber allemal ein Prima-facie-Indiz für Fremdverschulden. Die Erklärung, wie Nisman zu dieser Waffe kam, ist besonders interessant. Gegeben wurde sie von seinem EDV-Mitarbeiter Diego Lagomarsino. Für die Betreuung von Nismans Computern erhielt der 38-Jährige aus einem Regierungsfonds für die Aufklärung des Attentats auf das jüdische Gemeindezentrum das stolze Salär von rund 4000 Euro im Monat – selbst für westliche Verhältnisse ein stattliches Gehalt. Den Medien berichtete Lagomarsino, er sei am Samstag, dem 17. Januar, gegen 16 Uhr von Nisman herbeigerufen worden. Als er bei seinem Chef eintraf, sei es allerdings nicht um Computer gegangen; vielmehr habe Nisman ihn gefragt, ob er ihm eine Pistole leihen könne. Er habe kein Vertrauen in seine Sicherheitsleute, fühle sich bedroht und habe Angst um seine Kinder. Angeblich fuhr Lagomarsino daraufhin nach Hause und holte seine Pistole, eine Bersa Kaliber 22, um sie dem Staatsanwalt zu geben. Anschließend habe er seinem Arbeitgeber den Umgang mit der Waffe erklärt. Gegen 20 Uhr habe er Nisman wieder verlassen (u. a. *The Guardian*, online, 31.1.2015). Zeugen oder Beweise für diese Schilderung gibt es nicht.

Der letzte Zeuge

Demzufolge war der EDV-Techniker also der Letzte, der Nisman lebend gesehen hat. Und damit ist er schon per se verdächtig. Zwar ist natürlich nicht jeder, der ein Mordopfer zuletzt lebend gesehen hat, auch der Mörder. Auf der anderen Seite ist der Mörder aber immer der Letzte, der ein Opfer lebend gesehen hat. Und natürlich behauptet er immer, sich von dem Opfer verabschiedet zu haben. Bei vielen »letzten Zeugen« mag das auch stimmen – aber stimmte es auch bei Lagomarsino? Gab es also nach Lagomarsino wirklich noch einen allerletzten Lebenszeugen, nämlich den wirklichen Mörder? Oder war es doch Lagomarsino? Die Frage ist berechtigt, denn immerhin lag seine Pistole am nächsten Tag neben dem toten Nisman.

Und die tödliche Kugel stammte aus dieser Waffe. Damit befinden wir uns bereits sehr nahe an einem Mordverdacht, es sei denn, der Verdächtige könnte diese Umstände plausibel erklären und diese Erklärung möglichst auch beweisen – was hier nicht der Fall war. Im Gegenteil: Lagomarsino schilderte hier einen durch und durch unwahrscheinlichen Vorgang.

Das Rätsel um die Waffe

Das Problem ist nämlich, dass sich Nisman gar keine Waffe leihen musste, weil er selbst zwei Schießeisen besaß, einen Rossi-Revolver Kaliber 38 und sogar eine Bersa Kaliber 22, ganz ähnlich der von Lagomarsino. Während er den Rossi 2009 abgegeben habe, wurde die Bersa 22 in der Wohnung seiner Mutter gefunden (*Buenos Aires Herald*, online, 23.4.2015). Warum sollte er sich also Lagomarsinos Bersa leihen, statt sich seine eigene zu holen? Zumal Lagomarsinos Waffe, wie der EDV-Techniker angab, auch noch eine »Macke« hatte: Bei vollem Magazin mit sechs Patronen klemmte sie. »Ich sagte zu ihm: Schau, das ist eine alte Waffe. (…) Ich weiß nicht, ob du dich damit schützen kannst«, erklärte Lagomarsino hinterher. »Mach dir keine Sorgen«, habe der Staatsanwalt geantwortet: »Ich will sie nur im Handschuhfach haben, falls mir ein Irrer mit einem Stock über den Weg läuft, der meint, ich sei ein Verräter« (*International Business Times*, 29.1.2015). Doch schon in dieser Schilderung liegt ein Widerspruch. Denn erstens verträgt sich Todesangst nun mal nicht mit einer unzuverlässigen Waffe. Da Angst zu einem großen Teil aus Phantasien besteht, würde sich jeder verängstigte Mensch sofort vorstellen, wie die Pistole im Ernstfall versagt. Auch wenn nach Auskunft des Eigentümers die Ladehemmung angeblich erst bei vollem Magazin auftritt. Denn damit war das Schießeisen nun mal unzuverlässig: Wer garantierte denn, dass sie nicht morgen schon bei drei Patronen blockierte? Und auch für einen Selbstmord würde sich niemand eine unzuverlässige Waffe leihen, schon gar nicht, wenn er selbst eine besitzt. Die Vorstellung, die Waffe könnte versagen, wäre hier genauso wenig akzeptabel wie in einer Selbstverteidigungssituation. Zweitens würde sich kein ängstlicher Mensch, der selbst eine Waffe besitzt, ein fremdes Schießeisen leihen, mit dem er nicht vertraut ist. Auch dann nicht, wenn es sich um dasselbe Modell handelt, denn jede Waffe ist nun mal individuell.

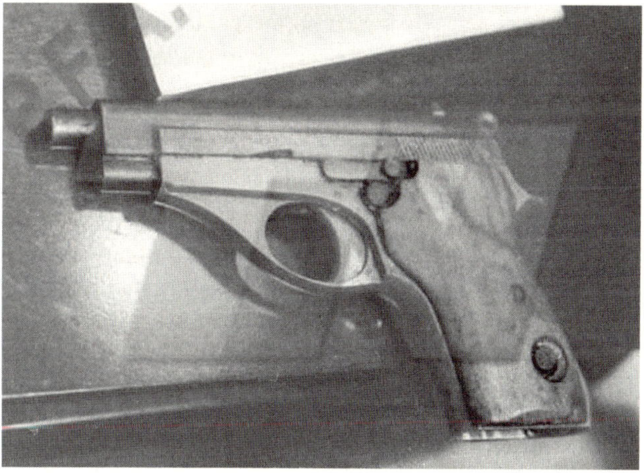

Durch eine Kugel aus dieser Waffe starb Alberto Nisman

Des Weiteren stellt sich die Frage, ob jemand ernsthaft einen anderen ohne dessen Wissen in die furchtbare und auch kritische Situation bringen würde, mit dessen Waffe Selbstmord zu begehen. Zwar kennt man das Verhältnis der beiden nicht im Detail, aber das wäre doch recht ungewöhnlich. Und wenn Lagomarsino die Waffe gerade erst von zu Hause geholt und dem Staatsanwalt anschließend ganz unverfänglich geliehen hatte – warum befanden sich dann eigentlich keine Fingerabdrücke von ihm darauf (*El Litoral*, online, 26.2.2015)? Das wäre nach Lage der Dinge eigentlich zwingend gewesen. Also hatte er die Fingerabdrücke offenbar abgewischt.

Eine Geschichte mit Fragezeichen

Hinter der Geschichte, wie der Staatsanwalt zur Waffe seines Mitarbeiters kam, stehen also dicke Fragezeichen. Beweise oder Zeugen für seine Schilderung hat Lagomarsino ohnehin nicht. Dafür wurde der Mann womöglich bei einer Ungenauigkeit ertappt. Wie schon gesagt, ist der »Abschied« oder die »Trennung« des letzten Lebenszeugen von einem späteren Mord- oder »Selbstmordopfer« ein entscheidender Punkt. Wann und wo man sich angeblich getrennt hat und vor allem wodurch sich das belegen lässt, sind wichtige Ermittlungsthemen. Denn hier geht es ja darum, den letzten Lebenszeugen entweder als Verdächtigen auszuschließen oder aber als Mordverdächtigen zu identifizieren. Die Darstellung des letzten Lebenszeugen sollte also felsenfest »stehen«, da sie ihn gegen den Mordverdacht und Mordvorwurf quasi »abschottet«. Aber ausgerechnet hier ist Lagomarsino offenbar ein kapitaler Fehler unterlaufen. Demnach verließ er Nisman keineswegs am Samstagabend, dem 17. Januar, gegen 20 Uhr, sondern erst kurz vor eins am Sonntagmorgen (18. Januar), wie die Pforte des La-Parc-Gebäudes notierte. »Theoretisch werden alle Besucher des Turms, in dem Nisman lebte, erfasst«, hieß es in der argentinischen Zeitung *Página 12* (online, 30.1.2015). »Das Sicherheitspersonal notiert den Namen, die Passnummer und wohin der Besucher möchte, einschließlich der jeweiligen Zeiten.« Die Ermittler hätten jedoch festgestellt, dass die Aufzeichnungen ungenau seien. Was Lagomarsino angehe, »sei dieser am Samstag [17.1.] gegen 15 Uhr angekommen, um 15.30 Uhr wieder gegangen und gegen 20 Uhr wieder zurückgekommen«, sagte die untersuchende Staatsanwältin Viviana Fein laut *Página 12*. Er ging also nicht wieder weg, wie er selbst erklärt hatte. In Wirklichkeit verließ er Nisman also wohl viel später als ursprünglich angegeben. Wobei sich die Frage stellt: Wenn sich die Sache mit der Waffe tatsächlich so abspielte, wie er es dargestellt hat, warum sollte Lagomarsino dann über den Zeitpunkt seines Abschieds lügen?

»Ohne Zweifel das Opfer eines Mordes ...«

Allmählich wurde der zunächst plausibel erscheinenden Selbstmordtheorie der Boden entzogen. Langsam verschob sich das Gewicht in Richtung Mord, insbesondere wegen der fremden Waffe sowie aufgrund der fehlenden Schmauch- und Blutspuren an Nismans Schusshand. Und einen Verdächtigen gab es auch schon. Auch die argentinischen Offiziellen änderten ihre Meinung im Verlauf der Untersuchungen. Folgten sie zunächst dem Prima-facie-Eindruck eines Selbstmordes, erklärte die zuständige Staatsanwältin Viviane Fein später, sie könne sich weder auf das eine noch auf das andere festlegen. Und auch Staatspräsidentin Kirchner, die im ersten Moment von einem Selbstmord ausgegangen war, änderte ihre Meinung und zeigte sich bald darauf überzeugt von einem Mord. Doch dazu später. Während die amtliche Untersuchung noch andauerte, beauftragte Nismans Ex-Frau, Richterin Salgado, eine eigene Kommission aus hochkarätigen Kriminalisten und Experten mit der Ermittlung der Todesursache. Am Nachmittag des 5. März 2015 präsentierte sie die Resultate in einer Pressekonferenz. Die Untersuchungen »basierten auf Fotos der Leiche, des Tatorts und einer Videoaufzeichnung der Autopsie«. Die wichtigsten Ergebnisse aus dem Bericht:

- »Der Teil von Nismans rechter Hand, die die Waffe gemäß der Selbstmordthese abgefeuert haben müsste«, habe tatsächlich »keine Spuren von Blut« aufgewiesen.
- Das Blut spritzte »aus geringer Höhe auf das Badezimmer-Bidet – was bedeutet, dass der Staatsanwalt kniete, als er von der Kugel getroffen wurde«.
- »Die Kugel bewegte sich von hinten unten rechts nach vorne oben links.« Also ein »Genickschuss«.

Fazit: Staatsanwalt Nisman »wurde ohne Zweifel Opfer eines Mordes. Diese Schlussfolgerung ist wissenschaftlich belegt.« »Alberto Nisman wurde in das Bad geführt und gezwungen, sich mit seinem rechten Knie auf den Boden zu knien, bevor ihm eine Kugel in den Kopf geschossen wurde« (*International Business Times*, online, 6.3. und 12.3.2015).

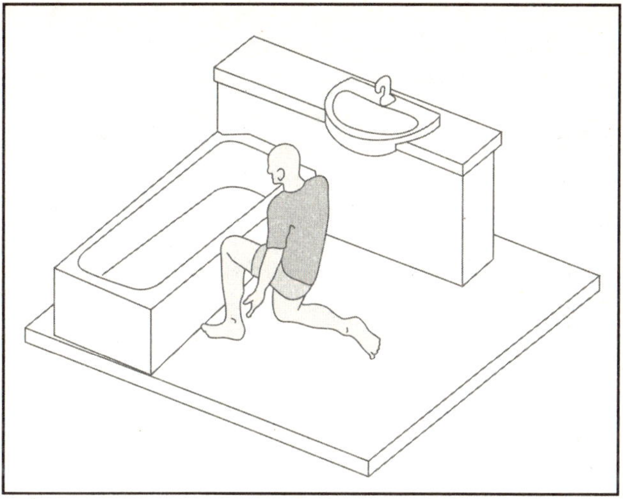

So starb Staatsanwalt Alberto Nisman

Zusammenfassend spricht für …

Selbstmord

- eine Waffe, eine Kugel und eine Patronenhülse bei der Leiche
- dass die Leiche hinter der Badezimmertür verklemmt war. Fraglich: Diese Darstellung wurde so nicht wiederholt. Überdies kann ein Täter in einem engen

Mord

- »Genickschuss«: Schusskanal von hinten unten rechts nach vorne oben links (ungewöhnlich für einen Selbstmörder)
- fremde Waffe
- kein bekanntes Selbstmordmotiv
- kein Abschiedsbrief

Bad die Tür auch gegen den Widerstand eines toten Körpers öffnen, sodass sich dieser anschließend wieder in seine Liegeposition zurückbewegen kann
- die von »innen verschlossene« Wohnungs- bzw. Personaltür (kein zwingendes Argument für Selbstmord)

- Einkaufszettel für den nächsten Tag
- unwahrscheinliche Erklärungen eines Verdächtigen
- Tür- und »Schlüsselargument« ohne Bedeutung, da der Täter die Wohnung auch bei einem steckenden Schlüssel jederzeit hätte verlassen können
- keine Schmauchspuren an der Schusshand
- fehlendes Blut an der Schusshand

Tot gefährlicher als lebendig

Fragt sich jetzt nur noch, wer Nisman wirklich auf dem Gewissen hatte. Gegen Präsidentin Kirchner hatte nur der erste Eindruck gesprochen: Zu Beginn hatte Nismans Ex-Frau noch darauf hingewiesen, »dass Alberto, nur vier Tage nachdem er die Präsidentin dieses Landes einer möglichen Vertuschung eines Terroranschlags beschuldigt hatte, bei dem 85 Menschen gestorben waren, tot aufgefunden wurde«. Auf der anderen Seite schien der tote Nisman der Präsidentin noch viel mehr zu schaden als der lebende. Und das gilt übrigens auch für andere Leichen, die in jüngster Zeit unbequemen Staatschefs vor die Füße geworfen wurden, wie beispielsweise Wladimir Putin. Auch ihm schadeten die Toten von Flug MH17 (17. Juli 2014) viel mehr, als ihm ein Abschuss der Maschine jemals hätte nützen können (wobei hier ein möglicher Nutzen ohnehin nicht sichtbar ist). Und auch der Regimekritiker Boris Nemzow, der Anfang 2015 vor dem Kreml erschossen wurde, hatte paradoxerweise wohl noch nie in seinem Leben einen solchen gegen Putin gerichteten Einfluss wie im Augenblick seines Todes. Und das gilt auch für den argentinischen Staatsanwalt Nisman. Nach seinem Tod gab es einen globalen Aufschrei gegen Kirchner und ihre Regierung. Argentiniens Präsidentin stand weltweit als heimtückische Mörderin am Pranger. Ein Mordauftrag gegen Nisman wäre für sie also überhaupt nicht nützlich gewesen.

Eine windige Anklage

Und das lag auch daran, dass Nismans Anklage und Vorwürfe gegen Kirchner für sie gar keine juristische, sondern höchstens eine propagandistische Gefahr darstellten. Fakt ist: Nismans Anklage fiel bei der Kritik durch. Selbst das Urteil des regierungsfernen *Buenos Aires Herald* fiel vernichtend aus. Auf ein Faksimile der Anklageschrift gegen Kirchner hatte die Zeitung die große Schlagzeile »Nichts Neues: Nismans Bericht kann keinen Verschwörungsverdacht anfachen« gedruckt (»Nothing new: Nisman's report fails to fan flames of conspiracy«, online, 21.1.2015). Präsidentin Fernández de Kirchner zeigte sich zufrieden: »Ich glaube, niemand kann dieser englischsprachigen Zeitung eine zu große Regierungsnähe vorwerfen«, schrieb sie. »Der *Buenos Aires Herald, Página 12* und andere (ich möchte hier niemanden bevorzugen) haben die sogenannte ›Anklage des Jahrhunderts‹, die angeblich die Komplizenschaft der argentinischen Präsidentin, des argentinischen Außenministers und des Generalsekretärs der politischen Vereinigung La Cámpora bei der Vertuschung der Schuld der iranischen Staatsbürger in das AMIA-Bombenattentat vor 21 Jahren hätte beweisen sollen, wie ein Kartenhaus zum Einsturz gebracht« (Cristina Fernández de Kirchner, online, 22.1.2015).

Zertrümmert und in der Luft zerfetzt

Ende Februar 2015 stellte der zuständige Richter Daniel Rafecas fest, dass Nismans Vorwürfe »nicht im Geringsten« standhielten, ja, es nicht einmal Indizien für die Richtigkeit der Anschuldigungen gegen Kirchner und andere gebe, und lehnte ein Gerichtsverfahren gegen die Präsidentin ab. Laut *Süddeutscher Zeitung*, die dem Juristen einen Besuch abstattete, fiel Rafecas' Urteil niederschmetternd aus: »Richter Rafecas wurde bekannt, weil er die Klage [gegen Kirchner] abwies. Genau genommen hat er sie abgeschmettert, zertrümmert, in der Luft zerfetzt. Es gebe nicht einmal ›minimale Anhaltspunkte für einen Strafprozess‹ gegen Kirchner, hat Rafecas in seiner Begründung geschrieben.« Der Richter weigere sich, »überhaupt von einer Anklage zu sprechen, weil er der Meinung ist, dass der tote Staatsanwalt gar keine solche vorgelegt hat, sondern nur einen wertlosen Stapel Papier. ›In diesem Schriftstück wird kein Delikt präsentiert‹, sagt Rafecas. ›Fin de historia‹, Ende der Geschichte.« Wobei Richter Rafecas nicht dafür bekannt sei, dass er voreilig Geschichte und Geschichten beende (*SZ*, 14./15.3.2015). Ein Desaster. War das etwa Nismans letztes Geheimnis gewesen: dass er zehn Jahre lang einem Phantom nachgejagt war und versucht hatte, einen windigen Fall gegen die argentinische Präsidentin zu konstruieren? Und dass er nach Ablauf dieser langen Zeit in Wirklichkeit gar nichts gegen sie in der Hand hatte? Dass also sein Verfahren mit einer Riesenblamage enden würde? Hatten etwa diejenigen recht, die in seiner Anklage gegen die Präsidentin nichts weiter sahen als einen »juristischen Staatsstreich«? Lag hierin vielleicht sogar doch ein Selbstmordmotiv, und richtete Nisman nach Art gescheiterter Putschisten die Waffe gegen sich selbst? Denn wer einen Putsch versucht und unterliegt, hat am Ende normalerweise nur noch eine Wahl: den Tod. Dieser Tod half zunächst, die Substanzlosigkeit der Anklage zu vertuschen. Denn nun blickte zumindest der Rest der Welt erst einmal auf Nismans Ableben und seine merkwürdigen Umstände und nicht mehr auf die Stichhaltigkeit seiner Anklagen.

Eine Art Abschiedsbrief

Sollte Nisman davon wirklich keine Ahnung gehabt haben? Wusste er wirklich nicht, dass sich seine steile Karriere an ihrem Scheitelpunkt befand und nun der ebenso steile Absturz folgen würde?
Die Wahrheit ist: Alberto Nisman hat sehr wohl eine Art Abschiedsbrief hinterlassen, wenn auch nicht explizit. Kurz vor seinem Tod schrieb er eine merkwürdige und hintergründige Nachricht voll sinistrer Andeutungen an seine Freunde. Nur warum er diesen »Abschiedsbrief« schrieb, ist nicht ganz klar. Weil er doch wusste, dass seine Anklage scheitern würde und er sich deshalb umbringen wollte? Oder weil er wusste, dass andere es tun würden? Am 12. Januar 2015, wenige Tage vor seinem Tod, brach Nisman eine Europareise mit seiner Tochter vorzeitig ab. Er sei zurückgekommen, um eine Aufgabe zu erfüllen, auf die er sich lange vorbereitet habe, von der er aber nicht geglaubt habe, »sie so bald erfüllen zu müssen«, schrieb er auf *WhatsApp*. Aber was meinte er damit? Seine Anklage? Oder etwas anderes? Lesen wir selbst:

> »Dies ist ein Rundbrief an eine kleine und liebe Gruppe von Freunden und Begleitern, die meine Aktivitäten nicht Tag für Tag mitbekommen. Er ist nur als Information gedacht, also bitte nicht antworten. Ich musste meine Rundreise mit meiner 15-jährigen Tochter durch Europa plötzlich beenden und zurückkommen. Ihr könnt Euch vorstellen, was das bedeutet.«

Bis hierhin ist alles ganz normal: Ein Mann muss den Urlaub mit seinem Kind abbrechen und ist darüber natürlich nicht erfreut. Doch danach wird es seltsam, denn Nisman scheint die Ebene solcher alltäglichen Unbill zu verlassen:

> »Aber manchmal haben wir keine Wahl, wenn im Leben etwas passiert. Es passiert einfach, und es passiert aus einem Grund. Was ich nun tun werde, wäre sowieso passiert. Es wurde bereits entschieden. Ich habe mich darauf lange vorbereitet, aber ich habe nicht erwartet, dass es so bald geschehen würde. Es würde zu lange dauern, es jetzt zu erklären. Wie Ihr alle wisst, passieren Dinge eben einfach. Das ist alles. Das ist das Leben.«

Nach dem banalen Anfang bekommt die Nachricht hier plötzlich eine ganz andere Dimension und Dramatik. Was bedeutet: »… wäre sowieso passiert«? Seine bevorstehende Anklage gegen die Präsidentin ist ja schließlich nicht einfach »passiert«, sondern wurde von ihm initiiert. Aber in Wirklichkeit scheint er nicht Herr der Ereignisse gewesen zu sein, die »bereits entschieden« wurden – von wem auch immer. Aus dieser Passage geht also hervor, dass »etwas«, das »bereits entschieden« wurde, mit ihm »geschieht« – dass »Dinge eben einfach passieren«. Ist damit wirklich seine Anklage gegen Kirchner und andere gemeint? Denn anders als bei einer selbst verfassten Anklage zu erwarten, scheint Nisman auch nicht über den Zeitpunkt bestimmen zu können, wenn er sagt: »Ich habe nicht erwartet, dass es so bald geschehen würde.«

> »Der Rest ist gleichnishaft. Einige von Euch werden wissen, wovon ich rede, andere werden es sich vorstellen können, und wieder andere werden keine Ahnung haben. Aber BALD wird jeder Bescheid wissen. Ich habe eine Menge dafür riskiert. Eigentlich alles, würde ich sagen. Aber ich habe immer Entscheidungen getroffen, und heute wird keine Ausnahme sein. Ich tue es aus Überzeugung. Es wird nicht leicht werden – ganz im Gegenteil. Aber eher früher als später wird die Wahrheit triumphieren, und ich bin sehr zuversichtlich. Ich werde alles tun, was ich kann, und noch mehr, egal, wem ich gegenübertreten muss.
>
> Vielen Dank an Euch alle! Der Gerechtigkeit wird Genüge getan werden!«

Die Erwähnung der Gerechtigkeit scheint dafür zu sprechen, dass Nisman hier das bevorstehende Verfahren meint. Aber warum dann dieser Abschiedston, die vage in die Zukunft gerichtete Erwartung, dass eines Tages (»früher oder später«) die Wahrheit triumphieren werde, »egal, wem ich gegenübertreten muss«?
Meint Nisman hier ein weltliches oder ein göttliches Gericht? Oder gar seinen Mörder? Fühlte er sich bedroht? Im nächsten Satz scheint er bereits der kommenden Selbstmordlegende vorzubeugen, indem er sagt:

»Ach, eins möchte ich für alle Fälle noch hinzufügen: Ich bin nicht verrückt geworden oder so was. Mir geht's besser als jemals zuvor!«

(*WhatsApp*-Nachricht, zit. nach Cristina Fernández de Kirchner, a.a.O.)

Dead Man Walking

Wie man sieht, hat diese Botschaft etwas Existenzielles: alles auf eine Karte setzen, Abschied nehmen, aber auch Bilanz ziehen. Meinte er damit wirklich nur die Einreichung seiner Anklage gegen Kirchner? Oder ging es um etwas Schwerwiegenderes? Ahnte er sein Schicksal als Opferlamm einer ganz bestimmten politischen Strategie voraus? Warum beugte er gleich vor, nicht verrückt geworden zu sein und dass es ihm bessergehe als jemals zuvor? Fürchtete er einen Anschlag, der als Selbstmord getarnt werden würde? War es vielleicht doch ein kryptischer Abschiedsbrief? Und warum wurde irgendetwas »bereits entschieden« und von wem? Von der Regierung? Oder von anderen Kreisen?

Zwei Tage vor seinem Tod, am Freitag, dem 16. Januar 2015, hatte es einen schweren Tiefschlag für Nisman gegeben. Am Abend dieses Tages ging bei dem argentinischen Außenminister Héctor Timerman eine E-Mail von Interpol ein. Darin wurde bestätigt, dass Argentinien zu keinem Zeitpunkt versucht habe, iranische Tatverdächtige von Fahndungslisten streichen zu lassen, wie von Nisman behauptet: »Ihre Position war jederzeit konsistent und standhaft«, bescheinigte Interpol dem argentinischen Außenminister (zit. nach *SZ,* a.a.O.). Für den bereits erwähnten Richter Rafecas sei das der »Knackpunkt« gewesen: »Was hätte er [Nisman] denn am Montag darauf im Parlament vorstellen sollen?«, fragte er laut *SZ.* Mit anderen Worten, Nismans Anklage war damit implodiert.

Am selben Tag, dem 16. Januar, telefonierte er auch mit einem Freund: »Ich habe nicht mit einem Mann gesprochen, der kurz vor dem Selbstmord stand«, sagte der hinterher laut *Süddeutscher Zeitung*: Dennoch habe in Nismans Stimme etwas mitgeschwungen, das sein Gesprächspartner »als Furcht« interpretiert. »Im Nachhinein kommt er mir vor wie ein Dead Man Walking.«
Ein vielsagender Vergleich: Einen »Dead Man Walking« nennt man in den USA einen Verurteilten, der zur Hinrichtung geführt wird. Der Mann hatte denn auch »keinen Zweifel an Nismans Ermordung«. Und auch er selbst hatte Angst: »Wir sprechen hier von Leuten, die töten.« Iranische Agenten beherrschten die Technik, einen Mord wie einen Selbstmord aussehen zu lassen. Allerdings fallen einem da nicht nur »iranische Agenten« ein. Der Ausdruck »Dead Man Walking« deutet auf etwas anderes hin. Denn ein solcher Verurteilter kennt nicht nur den Zeitpunkt seiner Hinrichtung, sondern auch seine Henker.

»Ich könnte dabei draufgehen«

Präsidentin Fernández de Kirchner glaubt, dass Nisman damals deshalb so schnell aus Paris zurückkommen musste, um den internationalen Aufruhr rund um die Attentate auf die Satirezeitschrift *Charlie Hebdo* vom 7. Januar 2015 (siehe Gerhard Wisnewski: *Das andere Jahrbuch 2016*) mit seinem eigenen Tod noch etwas anzuheizen: »Was er sich nicht vorstellen konnte, war, dass der Countdown nicht nur ›für die Anklage des Jahrhunderts‹ lief, sondern auch für sein eigenes Leben« (Cristina Fernández de Kirchner, a.a.O.). Allerdings konnte er sich das sehr wohl vorstellen, wie seine dunklen Andeutungen beweisen. Und sie blieben ja nicht die einzigen. Je näher er seinem letzten Tag kam, umso deutlicher wurde er. Am Tag bevor er tot aufgefunden wurde, am Samstag, dem 17. Januar, äußerte er sich gegenüber einer Journalistin sinngemäß, er könne bei alldem »den Tod finden«. Umgangssprachlich übersetzt: »Ich könnte dabei draufgehen.«

Aber wie ging er denn nun »drauf«? Die Antwort: Nisman starb womöglich gar nicht am 18. Januar, wie von der offiziellen Autopsie festgestellt, sondern an jenem 17. Januar, an dem sich Lagomarsino bei ihm aufhielt, um ihm die Waffe zu »leihen«. Das behauptete jedenfalls das von Nismans Ex-Frau angeheuerte Expertenteam, »was nahelegt, dass Lagomarsino anwesend war, als Nisman starb« (teleSUR, online, 19.3.2015).

Mitte Juli 2015 wurde zudem ein Gutachten für die Staatsanwaltschaft bekannt. Darin schrieb der forensische Experte Daniel Salcedo, »das Fehlen bestimmter Blutflecken« in Nismans Badezimmer zeige, »dass zum Zeitpunkt seines Todes eine andere Person bei ihm war«. Womit vermutlich gemeint ist, dass bestimmte Blutspritzer durch den Körper des Mörders »abgeschattet« wurden. »Der Experte sagte, dass der mutmaßliche Mörder rechts hinter Nisman stand, während der Staatsanwalt neben seiner Badewanne kniete. Andere Blutflecken könnten entstanden sein, als der mutmaßliche Mörder das Blut von seinen Händen schüttelte, bevor er sie sich wusch« (*Latino Fox News*, online, 22.7.2015).

Nach Lage der Dinge entwickelte sich Diego Lagomarsino also zum Hauptverdächtigen. Er war auch der Erste, gegen den die Kriminalpolizei im Todesfall Alberto Nisman ermittelte, nämlich wegen der illegalen Waffentransaktion. Eine Pistole ist schließlich kein Schraubenzieher, den man einfach so »verleihen« darf.

Wenn eine Eiterblase platzt

Im Laufe seiner Vernehmungen lieferte Lagomarsino nicht nur eine Erklärung für sein fürstliches Salär, sondern auch ein Mordmotiv. Demnach habe ihm Nisman das hohe Gehalt nur gezahlt, um sich 50 Prozent der Summe selbst unter den Nagel zu reißen. Bei der Einstellung habe ihm der Staatsanwalt klargemacht, dass er, Lagomarsino, die Hälfte seines Lohnes an ihn zu überweisen hätte. Wofür Strafverfolger recht hässliche Ausdrücke haben, wie beispielsweise »Veruntreuung« oder »Nötigung«. Inzwischen glaubte auch Nismans geschiedene Frau, dass es bei seinem Tod um veruntreute Gelder ging: »Nismans Ex-Frau glaubt, dass er von seinem Mitarbeiter ermordet wurde, aber der Beschuldigte sagt, er hätte es nicht ertragen können, einen Vorteil aus dem Tod des Staatsanwaltes zu ziehen« (teleSUR, a.a.O.). Was stimmen mag, aber vielleicht ging es ja nicht nur um Geld, sondern einfach um Ausbeutung, Erpressung und Nötigung. Oder sogar um höhere politische Ziele wie einen Angriff auf die Präsidentin. Und wer weiß, was bei einem solchen Staatsanwalt sonst noch möglich war. Der Chef der argentinischen Gerechtigkeitspartei, der langjährige Minister und jetzige Kabinettschef Aníbal Fernández, trieb die Geschichte noch weiter voran, indem er Nismans Ermittlungsgruppe als Potemkinsches Dorf darstellte, das als Fassade diente, um unerlaubte Praktiken zu tarnen: »Aníbal Fernández sagte, Nisman ›hatte eine Truppe, die nicht arbeitete‹, aber bezahlt wurde, und dass der Staatsanwalt stets ›den teuersten Champagner‹ zu trinken pflegte, wenn er ausging«, hieß es im *Buenos Aires Herald* (online, 19.3.2015). »Ferner kam heraus, dass das Büro des Generalstaatsanwalts zehn irreguläre Verträge gefunden hat, wobei viele, die zur Aufklärung der AMIA-Bombenanschläge verpflichtet worden waren, kaum jemals, wenn überhaupt, zur Arbeit kamen« (teleSUR, a.a.O.).Wenn man diesen Gedanken zu Ende denkt, dann kann Nismans Team die umfangreichen Anklagen also kaum selbst erarbeitet haben. Entweder hat sich der Staatsanwalt seine Schriftsätze einfach aus den Fingern gesogen, oder sie wurden von jemand anderem geschrieben. Nismans Truppe selbst schien dazu nicht in der Lage, sondern hauptsächlich dazu da gewesen zu sein, Aktivität zu simulieren und Regierungsgelder zu kassieren. Zwar konnte sich Nisman nicht mehr verteidigen, aber diese Behauptungen stammten ja nicht nur von der Regierung, sondern auch aus dem Mund von Nismans Ex-Frau, seines Mitarbeiters Lagomarsino und aus Ermittlungen des Generalstaatsanwalts. »Wir sind hier unter die Schurken gefallen, einschließlich Nisman«, setzte Kabinettschef Fernández zur Generalabrechnung an: »Fernández sagt, Nisman habe sich auf Argentiniens Kosten mit Frauen umgeben und das Gehalt von Diego Lagomarsino aufgeblasen, jenes Mitarbeiters und Freundes, der ihm die Waffe geliehen hatte«, die neben seinem Körper gefunden worden ist (Deutsche Welle, online, 18.3.2015).

Bauern können schnell geopfert werden

Hier wurde also derselbe Staatsanwalt, der nach seinem Tod als globaler Held der Gerechtigkeit gefeiert wurde, als Chef einer kriminellen Vereinigung hingestellt, deren Sinn und Zweck anscheinend darin bestand, sich zu bereichern und die argentinische Präsidentin Cristina Fernández de Kirchner zu stürzen. Ist das nicht unglaublich? Nicht unbedingt, denn schon seit geraumer Zeit werden immer wieder die fragwürdigsten Figuren zu globalen Helden aufgeblasen, und man bringt das Publikum dazu, sich mit ihnen zu identifizieren: Die Anschläge auf die Satirezeitschrift *Charlie Hebdo* vom 7. Januar 2015 in Paris lassen grüßen (siehe Gerhard Wisnewski: *Die Wahrheit über das Attentat auf Charlie Hebdo*, Rottenburg 2015). Ähnliches gilt auch für den russischen Regimekritiker Boris Nemzow, der am 27. Februar 2015 vor dem Kreml in Moskau ermordet wurde. Nemzow hatte mit Putin noch eine Rechnung offen, weil er bei der Bestimmung eines Nachfolgers von Jelzin zugunsten Putins übergangen worden war (wobei sich Jelzin in Putin übrigens schwer täuschte). In der Tatsache, dass diese Rechnung nun durch Nemzows Tod und die darauffolgenden Proteste gegen Putin beglichen wurde, liegt dieselbe Ironie wie im Tod Nismans und in den anschließenden Protesten gegen die argentinische Regierung. Laufend wurden in diesem Jahr unbequemen Staatschefs Leichen vor die Füße geworfen, um sie des direkten oder indirekten Mordes zu bezichtigen.

Eine Waffe namens Nisman

Präsidentin Kirchner war der Meinung, dass es in Wirklichkeit nie um Nismans Anklage gegen sie gegangen sei, sondern dass Staatsanwalt Nisman selbst und sein Tod die Waffe gegen sie und ihre Präsidentschaft darstellen sollten: »Staatsanwalt Nismans Beschuldigung war für sich genommen nie die wirkliche Operation gegen die Regierung«, schrieb Kirchner auf ihrer Website. »Die Anklage war von Anfang an dazu bestimmt, auf den ersten Schritten auseinanderzufallen.« Die wirkliche Operation gegen die Regierung sei nicht die Anklage, sondern Nismans Tod gewesen, der als Regierungsmord hingestellt worden sei (Cristina Fernández de Kirchner, online, a.a.O.). »Die Theorie von Präsidentin Cristina Fernández de Kirchner über das Leben und Sterben des argentinischen Staatsanwalts Alberto Nisman lautet: Er wurde von mächtigen Leuten manipuliert, die ihn mit falschen Informationen fütterten, dann töteten und es wie Selbstmord aussehen ließen – und daran gerade genügend Zweifel säten, um einen Schatten des Verdachts auf die Regierung fallen zu lassen«, heißt es bei dem Nachrichtendienst *Bloomberg* (23.1.2015). Wobei man nicht vergessen darf, dass in Argentinien am 25. Oktober 2015 Präsidentschaftswahlen anstanden. Kirchner selbst durfte nach achtjähriger Amtszeit zwar nicht mehr antreten, ihre Partei aber sehr wohl.

Wer war Alberto Nisman wirklich?

Tatsächlich sprechen starke Indizien dafür, dass Nisman nicht aus eigenem Antrieb handelte, sondern gegen Kirchner in Stellung gebracht wurde – erst als Ankläger, später vielleicht als Bauernopfer. Die Wahrheit ist: Alberto Nisman war nicht in erster Linie Staatsanwalt, sondern Agent. Aufgrund seiner jüdischen Herkunft und damit möglichen Befangenheit war Nisman schon deshalb keine gute Wahl als Ermittler im Zusammenhang mit dem Bombenanschlag auf das jüdische Gemeindezentrum AIMA 1994. Nisman wurde 1963 als Spross einer jüdischen Familie geboren und unterhielt engste Beziehungen zur jüdischen Gemeinde von Buenos Aires und Argentinien. Mit dem zweiten Vorsitzenden des Dachverbandes der jüdischen Gemeinden von Argentinien, Waldo Wolff, schien er einen recht vertraulichen Umgang zu pflegen. Die beiden kommunizierten über *WhatsApp*. Noch am Samstag, dem 17. Januar, um 18.27 Uhr, schickte Nisman Wolff ein Foto von seinem Schreibtisch mit den Ermittlungsakten: »Hier arbeite ich. Wie gefällt dir das?«, fragte er, wie um seinen Eifer zu beweisen (u.a. *Spiegel Online*, 20.1.2015). In Wahrheit war Nisman ein U-Boot von CIA und Mossad. So fand der investigative Journalist Santiago O'Donnell anhand der Auswertung von *Wikileaks*-Dokumenten »klare und starke Verbindungen und ›Freundschaft‹ zwischen Nisman, der CIA und der argentinischen Botschaft in Washington, D.C.«. O'Donnell entdeckte, »dass Nisman direkte Befehle von der US-Botschaft erhalten hatte, nicht den syrischen und lokalen Spuren bei dem AMIA-Anschlag nachzugehen, sondern von der feststehenden Schuld iranischer Verdächtiger auszugehen, ohne dass es einen Prozess gegeben hatte« (Alberto Nisman, engl. *Wikipedia*, abgerufen am 15.3.2015). »Nisman ging an die US-Botschaft, und man sagte ihm, er habe Iran zu beschuldigen«, zitierte die argentinische Nachrichten-Website *télam política* O'Donnell (15.1.2015). Derselbe Journalist sagte auch, Nisman habe ihm erklärt, dass alle seine Informationen – also die Anklage gegen Iran und Kirchner – von dem argentinischen Geheimdienstchef Stiusso gekommen seien, der als Verbindungsmann zum (verbündeten) CIA und zum Mossad fungiert habe. Das war übrigens auch der Grund, warum die argentinische Präsidentin bald nach Nismans Tod ein Dekret zur Auflösung des argentinischen Geheimdienstes unterschrieb. O'Donnell: »Nisman leitete seine Entscheidungen und Entwürfe an die US-Botschaft weiter, so dass sie dort korrigiert werden konnten« (*Nacional Lago Argentino*, online, 21.1.2015). Nach mehr als 21 Jahren sei der Bombenanschlag auf das jüdische AMIA-Zentrum der korrupteste Fall des Landes geworden, »bei dem obszöne Einmischungen von Israels Mossad, Amerikas CIA und des FBI Tricks beinhalteten, wie die Plazierung falscher Beweise für eine nicht existente Autobombe, die Unterdrückung anderer vielversprechenderer Spuren und die Zahlung von Geldern an falsche Zeugen, um die Hisbollah zu beschuldigen, entweder über Syrien oder – seit 2006 – über Iran«, hieß es auf der Website des russischen Senders *Russia Today* (26.1.2015). »Ein wichtiger Akteur ist ein mächtiger argentinischer Geheimagent mit dem Namen Jaime Stiusso, der systematisch die amerikanische und israelische Version dieses schrecklichen Verbrechens [Anschlag auf das AIMA-Zentrum] gefördert hat, was zur fälschlichen Beschuldigung Irans führte. Stiusso, der mit voller Unterstützung von CIA, Mossad und MI6 rechnen konnte, wurde der Mentor von Staatsanwaltschaft Nisman, der, nachdem er im Jahr 2004 mit der Untersuchung betraut worden war, systematisch und freudig erregt mit dem Finger auf den Iran deutete.« Dieser »Iran war es«-Mythos sei unter der Regierung von George W. Bush in höchstem Maße gefördert worden, als Teil von Bushs Strategie, nach 9/11 den Mittleren Osten zu überrennen. Erneute Bedeutung habe die Geschichte nach 2006 gewonnen, »als die israelische Invasion und Bombardierung des Libanon und der Hisbollah dazu führte, dass eine ganze israelische Panzerdivision von der Hisbollah, die von Herrn Nasrallah ausgebildet und vom Iran bewaffnet worden war, ausradiert wurde«.

Das große Schachbrett

Rein kriminelle Interessen oder »offene Rechnungen« von irgendeinem Diego Lagomarsino standen deshalb wohl weniger im Vordergrund des Mordes an Nisman. Schon eher könnte Nisman als Werkzeug in einem größeren Spiel benutzt worden sein. Und dieses größere Spiel heißt Geopolitik. Argentinien und seine Präsidentin standen in einem geostrategischen

Machtkampf zwischen Israel und Iran. Israel war nicht an einer Annäherung zwischen Iran und Argentinien interessiert und versuchte deshalb, Teheran über den Staatsanwalt Alberto Nisman der Täterschaft in Sachen Bombenanschlag auf das jüdische Gemeindezentrum AMIA anzuklagen. Mit Argentinien verbindet Israel eine alte Feindschaft, die spätestens mit der Aufnahme von deutschen »Nazi-Emigranten« in dem südamerikanischen Land begann – und dadurch nicht besser wurde, dass Israel bisweilen den einen oder anderen von ihnen, unter Missachtung der argentinischen Souveränität, entführte, zum Beispiel Adolf Eichmann. Anfang der achtziger Jahre des vorigen Jahrhunderts machte sich Argentinien überdies durch die Besetzung der britischen Falklandinseln bei Großbritanniens Verbündeten Israel und USA unbeliebt. Ferner ist Argentinien ein geografischer und politischer Nachbar Brasiliens und gehört im weitesten Sinne zu der neu entstandenen geopolitischen Allianz der BRICS-Staaten (Brasilien, Russland, Indien, China, Südafrika). Drei dieser Staaten sind über die Shanghai Cooperation Organization (SCO) wiederum mit dem Iran verbunden: Russland, China und Indien (das genau wie der Iran SCO-Beobachterstatus besitzt). Die frühere Rivalität zwischen dem BRICS-Staat Brasilien und seinem Nachbarn Argentinien ist inzwischen durch eine enger werdende Partnerschaft abgelöst worden. »Brasilien ist politisch und wirtschaftlich« heute »der wichtigste Partner Argentiniens«, heißt es auf der Website des Auswärtigen Amtes. 2010 hatten Brasilien und Argentinien (unter Präsidentin Kirchner) außerdem ein Sakrileg begangen, als sie einen eigenen Palästinenserstaat unterstützten, was erstens auch eine iranische Forderung und zweitens eine Todsünde gegenüber Israel ist. Seit Jahren formierte sich hier eine östliche Phalanx, die geeignet war, die westliche (und israelische)

Heldengrab für Alberto Nisman

Dominanz in Frage zu stellen. Diese Annäherung an die BRICS- und SCO-Strukturen sollte nun von Nisman verhindert werden – indem er Iran beschuldigte, das jüdische Gemeindezentrum in Buenos Aires in die Luft gesprengt zu haben. Und mit dem Vorwurf der Vertuschung hätte auch gleich die unliebsame argentinische Präsidentin aus dem Amt gejagt werden können. Nachdem Nisman aufgrund seiner windigen Anklagen dazu offenbar nicht in der Lage war, wurde sein Tod benutzt, um eine ähnliche Empörungsbewegung zu schaffen wie die, die 2014 den ukrainischen Präsidenten Viktor Janukowitsch das Amt kostete. Es war ein Kampf zwischen Israel und dem Iran auf dem Boden Argentiniens, bei dem Nisman als Leiche zurückblieb.

»Da liegt er. ›Natalio Alberto Nisman, gestorben am 18. Januar 2015, mit 51 Jahren‹, steht in blauen Buchstaben auf Spanisch und Hebräisch auf dem weißen Grabstein, darüber der Davidstern«, hieß es in der *Süddeutschen Zeitung* vom 14./15. März 2015 über das Grab Alberto Nismans. Der tote Staatsanwalt wurde als israelischer Nationalheld begraben. Sein Grab trägt die Farben und Symbole der israelischen Flagge. »Bestattet wurde Nisman neben einem Denkmal für ›Die Gefallenen zur Verteidigung des Staates Israel‹.« Und das war Alberto Nisman ja auch: ein Soldat in einem geostrategischen Krieg. Und zuletzt war er tot vielleicht nützlicher als lebendig.

Joan Rivers: Abschied von einem Enfant terrible

Was nicht so alles schiefgehen kann bei den einfachsten medizinischen Eingriffen! Kaum zu glauben! Besonders bei Berühmtheiten, die den Mund zu weit aufreißen oder sonst wie unbequem werden, kann es zu merkwürdigen Unfällen mit anschließendem Exitus kommen. Am 26. Januar 2015 wühlte ein seltsamer Sterbefall erneut die Öffentlichkeit auf, nämlich der des amerikanischen Megastars Joan Rivers, der am 4. September 2014 an den missglückten Bemühungen mehrerer Ärzte verstorben war. Am 26. Januar 2015 kochte die Sache wieder hoch, als ihre Tochter Melissa Klage gegen das Krankenhaus und die an dem Eingriff beteiligten Ärzte einreichte – und damit neue Einblicke in das seltsame Geschehen rund um Rivers' Tod ermöglichte.

Das Enfant terrible der Glitzerwelt

Rivers war eine absolute Insiderin. Sie stammte aus dem Zentrum des amerikanischen und britischen Establishments. Zu ihrem Ableben kondolierten Prinz Charles und Camilla Parker Bowles genauso wie der israelische Ministerpräsident Benjamin Netanjahu und US-Präsident Barack Obama. Dabei hatte Rivers kurz vor ihrem Dahinscheiden noch Ungeheuerliches über das Sexleben des US-Präsidenten und seiner Frau Michelle enthüllt. Musste sie etwa deshalb sterben? Die 81-jährige Joan Rivers war die große alte Dame der amerikanischen Unterhaltung und Comedy, ein Dauergast auf Hollywoods roten Teppichen und bekannt für ihr besonders loses Mundwerk.

Das Enfant terrible der amerikanischen Glitzerwelt spielte in zahlreichen Filmen mit und war berüchtigt für die vielen Schönheitsoperationen, die ihr Gesicht im Laufe ihres Lebens mehrfach grundlegend veränderten. Als Kundin des Schönheitschirurgen von Michael Jackson, Steven Hoefflin, trug Rivers dieselbe kleine dünne Nase wie der 2009 verstorbene Popstar – so wie manche Frauen die gleiche Handtasche tragen. Mit ihren Talkshows und Comedy-Serien war sie jahrzehntelang eine feste Institution auf den US-Bildschirmen. Für ihre *Joan Rivers Show* wurde sie Anfang der neunziger Jahre als »Herausragender Talkshow-Gastgeber« des Jahres geehrt. Zuletzt erhielt sie posthum einen Grammy für ihr Hörbuch »Tagebuch einer verrückten Diva«. Ihr spektakulärster Auftritt dagegen dauerte nur 40 Sekunden und wurde hierzulande merkwürdigerweise von keinem Mainstream-Medium erwähnt, auch nicht nach ihrem seltsamen Ableben. Einen Preis bekam sie für die Darbietung auch nicht, sondern musste einen dafür bezahlen, nämlich ihr Leben – das meinen jedenfalls viele »Verschwörungstheoretiker«.

»Tagebuch einer verrückten Diva«

Alles begann so: Am 30. Juni 2014 wurde Rivers bei einer Signierstunde für ihr neues Buch »Tagebuch einer verrückten Diva« in New York von zwei Homosexuellen mit dem Ansinnen provoziert, sie vor versammeltem Publikum zu »trauen«. Während sie auf ein Autogramm von Rivers warteten, hätten sie in Rivers' neuem Buch geblättert, erzählte einer der beiden hinterher. Rivers erwähne darin, dass sie »eine ordinierte Priesterin sei, und ich fragte [meinen Freund] im Scherz: ›Glaubst du, es ist wahr? Vielleicht verheiratet sie uns?‹« (Tatsächlich

Joan Rivers: Enfant terrible der Glitzerwelt

war Rivers »Pastorin« einer Organisation namens Universal Life Church, die jeden zum Priester erklärt, der will.) Woraufhin sein Freund geantwortet habe: »Frag sie doch!« Und das habe er dann auch gemacht, wobei »keiner von uns dachte, dass sie das tun würde«. Bei einem Live-Auftritt können Prominente jedoch sehr leicht überrumpelt und genötigt werden, etwas »Gutes« zu tun, wie etwa zu spenden, eine Schirmherrschaft zu übernehmen – oder eben ein schwules Paar zu trauen, was ja ebenfalls als politisch höchst korrekt gilt. Wenn Rivers abgelehnt hätte, wäre sie hinterher vermutlich wochenlang in den Talkshows bedrängt worden, ob sie etwas gegen Schwule habe. Also inszenierte sie das Ganze als große Gaudi, bat die beiden unter dem Gejohle der Anwesenden nach vorne und brachte die Menge dazu, den Hochzeitsmarsch zu intonieren. Anschließend erklärte sie die beiden zu »Ehemann und Ehemann« (*New York Daily News*, online, 2.7.2014).

»Michelle ist eine Tranny«

Das war jedoch noch nicht der Skandalauftritt, um den es hier geht und den manche für ihre eigentliche »Todesursache« halten. Dieser Auftritt kam erst danach. Am nächsten Tag wurde sie nämlich halb im Scherz von einem Reporter auf der Straße angesprochen:

> »Frau Rivers, wie geht es Ihnen? Sie haben wieder mal Schlagzeilen gemacht durch die Leitung der Hochzeit gestern in New York – ist das etwa ein neuer Karriereschritt für Sie?«

Sie sei so begeistert, antwortete Rivers.

»Glauben Sie, dass die USA zuerst einen schwulen oder einen weiblichen Präsidenten haben werden?«, fragte der Journalist.

»Ach, das haben wir doch schon mit Obama, also mal ganz ruhig«, sagte Rivers. Und nach einer Pause: »Wissen Sie, Michelle ist eine Tranny.«

Darauf der hörbar um Fassung bemühte Reporter: »Entschuldigung, sie ist was …?«

Antwort: »Eine Transsexuelle, wir wissen alle Bescheid.«

»Oh, mein Gott«, rief der Journalist.

Und Rivers: »Es ist okay.«
(Quelle: YouTube-Video »Joan Rivers: Obama is Gay, Michelle is a Tranny«, 3.7.2014)

Die Frage ist nur: Wer war eigentlich mit »wir« gemeint? Die Öffentlichkeit und die Medien wohl nicht, wie sich aus der Verblüffung des Reporters ergibt. Die wussten eben nicht Bescheid. Und auch aus den wenigen – ablehnenden – Medienreaktionen ging hervor, dass von dieser Sache zuvor niemand eine Ahnung gehabt hatte. Man behalf sich mit der Vorstellung, das sei sicher einer von Rivers' berüchtigten und geschmacklosen »jokes« gewesen.
»Rivers hat ihre ›Scherze‹ diese Woche mal wieder übertrieben, als sie die First Lady als Transe verunglimpfte«, schrieb zum Beispiel die etablierte *Huffington Post* (5.7.2014). Doch später von dem Fernsehsender CNN darauf angesprochen,

lehnte Rivers eine Entschuldigung ab und bekräftigte: »Es ist doch ein Kompliment. Sie ist attraktiv, groß, mit einem schönen Körper, einem großartigen Gesicht, und sie hat ein großartiges Make-up. (...) Die tollsten Frauen sind transsexuell« (CNN online, 20.10.2014).

Grenzen, die man nicht überschreitet ...

Aber es half alles nichts: »Letzte Woche ging Joan Rivers mit ihrer Comedy zu weit, als sie sagte, dass Präsident Obama schwul sei und First Lady Michelle Obama transsexuell«, schrieb die *Los Angeles Times* (online, 7.7.2014). »Rivers ist sicherlich kein Anfänger, was heiße Eisen angeht«, so das Blatt weiter. »Manchmal geht sie zu weit, aber so ist das nun mal in Rivers' Drehbuch. Allerdings gibt es Grenzen, die man nicht überschreitet.« Ein deutlicher Hinweis: Rivers hatte es sich mit den höchsten Kreisen der Gesellschaft verdorben. Diese waren nämlich mit dem geheimnisvollen »Wir« gemeint, das längst über Michelle Obamas wahre Natur »Bescheid« wisse. Ursprünglich hatte das Establishment durchaus ein Faible für die schrille Entertainerin und nahm sie in seine Kreise auf. 2007 trat Rivers sogar vor Königin Elizabeth II. und Prinz Philip auf (*Digital Spy*, online, 4.9.2014). Und nun hatte dieselbe Frau die Stirn gehabt, zwei aus diesem erlesenen Kreise, nämlich den US-Präsidenten Barack Obama nebst Gattin Michelle, als schwul bzw. als »Tranny« zu bezeichnen. Nicht eben nett, sollte man meinen. Hatte Rivers damit eine Grenze überschritten, die sie nicht hätte überschreiten sollen? Bestimmt gibt es in diesen Kreisen noch viele pikante Geheimnisse, »über die alle Bescheid wissen«, die aber besser nicht nach draußen dringen sollen.

Ein Opfer unglücklicher Umstände?

Denn nur zwei Monate später war die rüstige Diva tot – Opfer einer äußerst unglücklichen Verkettung von Umständen, wie es so schön heißt. Oder aufgrund von atemberaubender Unfähigkeit, wie die Tochter Melissa Rivers anlässlich ihrer Klage vom 26. Januar 2015 gegen die betreffende Klinik erklärte. Zwar war Joan Rivers bereits 81 Jahre alt, aber, soweit bekannt, bei guter Gesundheit. Schon gar nicht litt sie unter akuten oder gar lebensbedrohlichen Problemen. In letzter Zeit hatte sie lediglich über eine heisere Stimme und Sodbrennen geklagt, weshalb sie sich am 28. August 2014 zu einer Endoskopie der Speiseröhre und des oberen Verdauungstraktes in die Yorkville Endoskopie-Klinik in der Upper Eastside begab – in der Regel keine große Sache, wie jeder weiß, der schon einmal eine Magenspiegelung über sich ergehen lassen musste: Eine kurze Narkose, einige Minuten Tiefschlaf, und schon ist die Sache quasi »gegessen«.

In diesem Fall ging jedoch alles schief, was nur schiefgehen konnte. Die Ärzte und Ärztinnen brachten Rivers nicht nur in Lebensgefahr, sondern »vergaßen« auch, sie zu retten. Dabei stützen sich Melissa Rivers' Anwälte auf einen offiziellen Untersuchungsbericht der zuständigen Gesundheitsbehörde, der Centers for Medicaire & Medicaid Services (CMS): »Unsere Mandantin, Melissa Rivers, ist über die zahlreichen Fehler des medizinischen Personals und der Klinik, die in dem Bericht des CMS beschrieben wurden, tief enttäuscht«, erklärten Jeffrey B. Bloom und Ben Rubinowitz: »Wie jeder andere auch, ist Miss Rivers über das nun aufgedeckte Fehlverhalten und das Missmanagement während und nach der Prozedur schockiert« (*Daily Mail*, 12.11.2014).

Eine schillernde Figur

Als Erstes wäre da eine schillernde Figur namens Dr. Gwen Korovin zu nennen, ihres Zeichens Hals-Nasen-Ohren-Spezialistin derselben High Society, in der auch Rivers unterwegs war. Am Tag des Eingriffs, dem 28. August 2014, spazierte sie an der Seite von Rivers in die Yorkville Endoscopy. Warum, ist bis heute unklar. Vielleicht hatte Rivers sie nur als Beobachterin dabei? Dem Bericht der Gesundheitsbehörde CMS zufolge hatte Korovin da nämlich nichts zu suchen, denn weder habe das notwendige schriftliche Einverständnis von Rivers vorgelegen, sich dort von ihr behandeln zu lassen, noch habe sie überhaupt die Berechtigung gehabt, in der Klinik tätig zu werden. Auch von einer mündlichen Zustimmung Rivers' zu einer Behandlung oder Untersuchung durch Korovin sei nichts bekannt (*New York Times*, online, 10.11.2014). Schließlich betrat die Frau ungehindert den OP-Saal und bekam von dem leitenden Arzt Dr. Lawrence Cohen einen Tisch für ihre schwarze Tasche hingestellt. Aber irgendeinen Untersuchungsauftrag hatte sie offenbar nicht. Denn Korovin tauchte auch nicht in der Checkliste für das »Time-out« auf, einer kurzen »Auszeit«, in der alle Beteiligten – einschließlich des Patienten – den bevorstehenden Eingriff noch einmal absprechen, damit auch keine Irrtümer und Verwechslungen passieren: »Der Anästhesist erklärt ein ›Time-out‹, und der Arzt, der Anästhesist, die OP-Schwester und/oder der Endoskopie-Techniker unterbrechen ihre Tätigkeit, um die Identität des Patienten, die Prozedur, den Ort und den Umfang, Medikamente, Ausrüstung und bildgebende Verfahren zu bestätigen«, heißt es in den Klinik-Vorschriften. Das Time-out-Protokoll wird anschließend von allen Beteiligten unterzeichnet. Aber Dr. Korovin tauchte darin ebenso wenig auf wie irgendwelche von ihr geplanten Untersuchungen oder Eingriffe (CMS-Bericht, 5.9.2014, S. 11).

»Ich komme zuerst!«

Mit anderen Worten, es fehlte für das, was anschließend geschah, offenbar jede Grundlage. Denn kaum war Rivers für die Endoskopie narkotisiert, zückte Korovin ein Laryngoskop für die Untersuchung der Nase und des Kehlkopfs und erklärte nassforsch: »Ich komme zuerst.« So steht es jedenfalls im Untersuchungsbericht der Gesundheitsbehörde CMS. Statt der geplanten und genehmigten Speiseröhrenendoskopie fand nun also erst einmal eine Kehlkopfspiegelung statt, die überhaupt nicht auf der Agenda stand. Und auch in dem anschließenden Untersuchungsprotokoll tauchten weder Korovin noch die Laryngoskopie auf: »Die Überprüfung des medizinischen Protokolls hat gezeigt, dass nicht alle Mitglieder des Untersuchungsteams in dem Untersuchungsmemorandum aufgeführt wurden und dass die Rolle jedes Mitglieds nicht von allen Teammitgliedern verstanden worden war«, hieß es in dem CMS-Bericht. »Nicht alle mit der Untersuchung befassten Teilnehmer unterzeichneten entsprechend den Vorschriften der Klinik das Untersuchungsprotokoll« (CMS-Bericht, S. 10). War die geheimnisvolle Hals-Nasen-Ohren-Ärztin bei der Untersuchung einer der bekanntesten und umstrittensten politischen Figuren Amerikas also etwa »undercover« unterwegs?

Beleidigte Stimmbänder

Innerhalb von etwa 15 Minuten passierten nun gleich zwei Dinge:

1. Gemäß Medienberichten führte Korovin bei der betäubten Rivers nicht nur eine Kehlkopfspiegelung, sondern auch noch eine Biopsie der Stimmbänder durch, weil sie dort »etwas gesehen« habe. In der Regel wird nämlich nur dann eine Gewebeprobe von den Stimmbändern genommen, wenn sich dort verdächtige Veränderungen zeigen. Welche verdächtige Veränderung hier zu sehen gewesen sein soll, ist bis heute jedoch unklar. Auch posthum, etwa als Ergebnis einer Autopsie, wurde kein Stimmbandbefund mitgeteilt. Und das ist pikant, denn damit steht die Indikation der nicht ganz ungefährlichen Prozedur in Frage. Die sogenannten Stimmbänder können auf einen solchen Eingriff nämlich äußerst »beleidigt« reagieren. Weil der Körper bei einer Stimmbandbiopsie mitunter »annimmt«, dass etwas Gefährliches in die Atemwege eindringt, macht er die Stimmbänder (die eigentlich eine Art Lippen sind) bisweilen komplett zu. Man spricht dann von einem Spasmus, also einem Krampf. Das Dumme ist nur, dass damit auch keine Luft mehr in die Lunge gelangen und der Patient ersticken kann. Wenn so etwas passiert, ist das natürlich schlimm, aber für jeden erfahrenen Arzt beherrschbar. Wenn durch die verschlossenen Stimmlippen keine Atemluft mehr in die Lunge gelangen kann, muss der Arzt einen künstlichen Luftweg unterhalb der Stimmbänder eröffnen, und zwar durch den berühmten »Luftröhrenschnitt«. Das Merkwürdige ist aber nicht nur, dass und wie Joan Rivers

in diese tödliche Gefahr gebracht wurde, sondern auch, dass dieser rettende Eingriff unterblieb. Die unbeantwortete Frage laute, warum der Luftröhrenschnitt nicht durchgeführt wurde, wunderte sich auch der Pathologe und Chirurg Bill Lloyd gegenüber CNN: »Man hat das ja in den James-Bond-Filmen gesehen: Man nimmt einen Kugelschreiber, punktiert den Schildknorpel und eröffnet so einen Notfall-Atemweg. Natürlich würden sie das mit sterilen Instrumenten tun« (CNN online, 17.10.14).

2. Es gibt aber möglicherweise noch eine zweite oder alternative »Todesschiene«, auf die Rivers versehentlich oder bewusst geschickt wurde, und diese zweite Todesschiene ist das berüchtigte Narkosemittel Propofol, an dem 2009 auch Michael Jackson starb. Dieses Betäubungsmittel gilt aufgrund seines schmalen therapeutischen Bereichs schon von Haus aus als kritisch. Das heißt: Zu wenig wirkt nicht, und zu viel wird schnell gefährlich – der Grat dazwischen ist schmal: »Der Dosisbereich zwischen Unter- und Überdosierung ist relativ gering, die optimale Dosis befindet sich in einem sehr engen Rahmen« (»Propofol in der Diskussion«, thieme.de, 1.8.2011). Um diesen Grat zu ermitteln, muss der Patient vor der Verabreichung gewogen werden. Das jedoch unterblieb bei Joan Rivers. Die Narkose erfolgte demnach quasi »im Blindflug«. Im Arzneiprotokoll zu der Untersuchung steht, dass die Patientin »während der Untersuchungen an der Klinik eine Gesamtdosis von 300 Milligramm Propofol erhalten hat«, so der Bericht des CMS. Und zwar zwei Mal 100 Milligramm und anschließend zwei Mal 50 Milligramm. Stunden später habe die Anästhesistin diese Angaben jedoch korrigiert. In einem Gespräch mit dem Untersuchungsteam des CMS erklärte

sie, in Wirklichkeit nur 120 Milligramm des Mittels verabreicht zu haben. Die fehlerhafte Angabe im Arzneiprotokoll sei durch »Doppelklicks« mit der Computermaus entstanden (CMS-Bericht, S.17).

Zu viele Irrtümer auf einmal

Ziemlich viele Irrtümer auf einmal, finden Sie nicht? Das würde ja heißen, dass die Anästhesistin, ohne richtig hinzusehen, wie wild in irgendeinem Computerformular herumklickte und, als das Kind in den Brunnen gefallen beziehungsweise die Patientin schwer geschädigt war, versuchte, die Eintragungen im Nachhinein zu korrigieren. Nun, wie wir noch in einem weiteren Kapitel über Todesfälle in Krankenhäusern sehen werden, ist in diesem Bereich nichts unmöglich – von sagenhafter Schlamperei und Gewissenlosigkeit bis hin zum Mord. Eine Überdosis oder nachlässige Kontrolle der Propofol-Zuführung kann also neben der Biopsie mit anschließendem Stimmbandkrampf ein zusätzlicher Faktor gewesen sein, der die Krise in Gang setzte. Zu den Nebenwirkungen des Medikaments zählen Blutdruckabfall, verlangsamter Herzschlag und Atemstillstand (»Propofol«, onmeda.de, 29.11.2011).

Shit happens …

Die offene Frage ist also, wodurch der Atemstillstand eintrat: durch einen Krampf der Stimmbänder nach einer Stimmbandbiopsie oder als Nebenwirkung von Propofol? Dann hätte auch ein Luftröhrenschnitt wahrscheinlich nichts geholfen, da in diesem Fall die Atmung nicht aufgrund mechanischer Ursachen ausgesetzt hätte. Oder addierten sich die beiden Effekte? Nun,

»shit happens«, wie die Amerikaner flapsig sagen. Natürlich kann in einem OP eine Menge schiefgehen. Aber normalerweise gibt es in solchen Fällen bewährte und sichere Prozeduren, um die Atemwege wieder zu öffnen und den Patienten zu retten. Seltsamerweise versagten die anwesenden Ärztinnen und Ärzte aber nun auch noch bei dem folgenden Krisenmanagement. Ja, mehr noch: Einer genauen Chronologie zufolge ignorierten sie die Krise so lange, bis es zu spät war. »Eine schockierende neue Schritt-für-Schritt-Analyse aus Interviews, vertraulichen Sanitäterprotokollen und einem Behördenbericht zeigt, dass der frühere medizinische Direktor der Yorkville Endoscopy, Dr. Lawrence Cohen, und Rivers' eigene Hals-Nasen-Ohren-Spezialistin, die Promi-HNO-Ärztin Dr. Gwen Korovin, 14 Minuten lang mit ihren Untersuchungen des Kehlkopfes und der Luftröhre fortfuhren, als ihr Puls und Blutdruck zusammenbrachen«, schrieb die *New York Post*. Selbst als Rivers einen Herzstillstand erlitt, hätten die Ärzte weitere zehn Minuten mit eigenen erfolglosen Wiederbelebungsversuchen verschwendet, bevor sie den Notarzt riefen. »Sie hatte keinen Herzschlag, keinen Puls, und sie atmete nicht«, erfuhr die *Post* von einem Insider: Und sie hatte blaue Lippen. Zwar sei es noch gelungen, ihr Herz wieder in Gang zu bringen und die Lunge mit Hilfe eines Beatmungsballons, den die Yorkville-Ärzte vergeblich einzusetzen versucht hatten, zu beatmen, aber da hatte Rivers' Gehirn bereits einen irreparablen Schaden erlitten (online, 30.11.2014).

Das Protokoll des Todes

Nachdem die Prozedur um neun Uhr morgens begonnen hatte, habe Rivers 15 Minuten später, also um 9.15 Uhr, einen Schock erlitten – entweder als Reaktion auf das Betäubungsmittel oder durch einen Stimmbandkrampf, der durch die »heimliche« Biopsie ausgelöst worden war. Um 9.16 Uhr seien Blutdruck und Puls auf 92/54 beziehungsweise 56 gefallen. Doch das wurde von den Medizinern ignoriert. Geschlagene fünf weitere Minuten (bis 9.21 Uhr) dokterten die Ärzte dem Bericht zufolge stattdessen an Rivers' Luftröhre und Kehlkopf herum, bis Blutdruck und Puls auf 89/44 respektive 54 gefallen waren. Auch da sei es zwar noch nicht zu spät gewesen: »Wenn sie nun interveniert hätten, wäre sie wahrscheinlich heute noch im Fernsehen und würde ihre Scherze machen«, erklärte ein Sanitäter gegenüber der *New York Post*. Doch stattdessen geschah seiner Meinung nach nun etwas vollkommen Bizarres: Statt die Frau wiederzubeleben, verabreichte ihr die Anästhesistin noch einen »Hammer«, nämlich 120 Milligramm Propofol, »dasselbe starke Sedativum, von dem Michael Jackson eine Überdosis bekam«. »Jemanden ruhig zu stellen, der in einen Schockzustand eintritt, ergibt überhaupt keinen Sinn«, zitierte die *Post* den Sanitäter. Und überdies kommt uns der Wert von 120 Milligramm irgendwie bekannt vor: als jene 120 Milligramm Propofol, welche die Anästhesistin (ihrer Korrektur zufolge) insgesamt verabreicht haben will. Bleibt nur die Frage, womit Rivers dann *zuvor* betäubt worden war.

Ein makabres Foto

Nach 9.26 Uhr seien Rivers' Blutdruck und Puls auf 84/40 beziehungsweise 47 Schläge in der Minute gefallen: »Das ist der Moment, in dem in der Klinik alle Ärzte angerannt kommen«, erklärte der Sanitäter. Doch während Rivers unter seinen Händen starb, fuhr das Yorkville-Ärzteteam mit seinen Untersuchungen fort: Um 9.28 Uhr zog Cohen sein Endoskop aus

Rivers' Speiseröhre, aber nicht etwa, um endlich mit den Rettungsmaßnahmen zu beginnen, sondern um nun erneut Platz für Korovins Laryngoskop zu machen: »Es gab immer noch keine Reanimation, keine Behandlung von Rivers' Schock und keinen Notruf«, so die *Post*. Nun wäre es für die ambulante Klinik nämlich höchste Zeit gewesen, echte Notfallprofis zu holen. Stattdessen habe die Anästhesistin lediglich die Sauerstoffzufuhr erhöht, was aber nichts half, da Rivers offenbar gar nicht mehr atmen konnte. Statt also zum Telefon zu greifen, um den Rettungswagen zu holen, nahm Dr. Cohen der *Post* zufolge nun ein Handy und machte ein »Erinnerungsfoto« von Korovin und ihrer sterbenden Patientin: »Sie geht den Bach runter, und sie machen ein Selfie«, staunte der Sanitäter. Anschließend sei Dr. Korovin ungerührt für weitere zwei Minuten mit ihrer Untersuchung fortgefahren, bis der Blutdruck auf 85/49 und der Puls auf null gefallen seien. Erst jetzt hätten die Ärzte ihre Untersuchungen gestoppt und Herzmittel gespritzt. Den Rettungswagen hätten sie allerdings noch immer nicht geholt. Das sei erst um 9.40 Uhr geschehen. »Das ist einfach furchtbar«, zitierte die *Post* den Sanitäter. Eine Stellungnahme war von den beiden Ärzten übrigens erst einmal nicht zu bekommen; Korovin und Cohen hätten auf Anfragen nicht geantwortet, so das Blatt.

Idioten oder Killer?

Womit haben wir es also hier zu tun? Ist das noch Fahrlässigkeit, grobe Fahrlässigkeit, oder wurde hier nicht schon die Grenze zum Vorsatz überschritten – also zum Mord? War Rivers also nur »von Idioten umzingelt«, wie es so schön heißt? Oder steckte etwa mehr dahinter als bloßer Pfusch und Schlamperei? Noch am selben Tag wurde die reanimierte Rivers in das

New Yorker Mount-Sinai-Krankenhaus verlegt, wo man am 4. September 2014 jedoch die Geräte abstellte. Warum und unter welchen Umständen, wurde nicht berichtet. Zwar war ein irreparabler Gehirnschaden aufgrund der Gegebenheiten mehr als wahrscheinlich, ob er aber irgendwie diagnostiziert worden war, wurde nicht mitgeteilt. Der New York Medical Examiner hielt den Tod von Joan Rivers für die Folge eines zu niedrigen Blutsauerstoffs nach chirurgischen Komplikationen, der einen Gehirnschaden und schließlich den Tod verursacht habe (*abc Eyewitness news*, online, 16.10.2014). Eine toxikologische Untersuchung wurde dabei nicht erwähnt. Dabei wäre es zum Beispiel möglich gewesen, die Menge der Betäubungsmittel zu bestimmen, die die Entertainerin in ihrem Körper hatte. Entgegen anderslautenden Meldungen habe es jedoch nicht einmal eine Obduktion gegeben, teilten mehrere Quellen übereinstimmend mit (u.a. *Radar Online,* 19.10.2014). Diese sei auf Wunsch ihrer Tochter Melissa unterblieben. Angesichts der verdächtigen Todesumstände ist das merkwürdig. Erstens hätte auch Melissa diese forensischen Beweise für ihren späteren Prozess gut gebrauchen können. Zweitens wäre hier eine Autopsie von Amts wegen nötig gewesen, für die keine Zustimmung der Angehörigen gebraucht wird. Denn schließlich standen erhebliche Vorwürfe im Raum. Sollte die Autopsie unterblieben sein, wäre auch noch nach Rivers' Tod alles schiefgegangen, was nur schiefgehen konnte. Seltsamerweise war in diesem Zusammenhang auch nicht von einem Ermittlungsverfahren gegen die beteiligten Mediziner die Rede – weder wegen fahrlässiger Tötung noch wegen Totschlags oder ähnlicher Delikte. Demnach gab es zwar eine Untersuchung der medizinischen Behörde (CMS), aber nicht der Strafverfolgungsbehörden. Tochter Melissa Rivers will den Zivilprozess gegen die beteiligten Ärzte bis zum Ende durchziehen. Die mysteriöse Ärztin Gwen Korovin wies alle Vorwürfe zurück. 2015 wurde der Yorkville Endoscopy die Zulassung entzogen. Präsident Obama bedauerte den Tod von Joan Rivers und erklärte: »Sie brachte uns nicht nur zum Lachen, sondern auch zum Denken.« Nur wenige Wochen vor ihrem Tod hatte Joan Rivers eine Liste aufgestellt, wen sie nicht bei ihrer Beerdigung dabei haben wollte. Ganz oben: Michelle Obama.

Bobbi Brown: Tod in der Badewanne

Ich weiß nicht, ob Sie das wussten, aber eine Badewanne ist ein gefährlicher Ort. Besonders, wenn es sich um die Badewanne eines Hotels handelt. Am besten, Sie baden überhaupt nicht mehr, sondern duschen. Denn in der Badewanne passieren die seltsamsten Unfälle – oder sollte ich sagen »Unfälle«? Nehmen wir beispielsweise den Tod eines 21-jährigen Hollywood-Sternchens, das am 31. Januar 2015 morgens plötzlich mit dem Gesicht nach unten bewusstlos in der Badewanne lag. Ihr 19-jähriger Partner und ein Freund hätten sie dort entdeckt, hieß es. Man habe sofort Erste Hilfe geleistet und einen Krankenwagen geholt, der sie in das North Fulton Hospital in Roswell, Georgia, brachte. Dort habe man eine stark reduzierte Hirnfunktion bei der jungen Frau festgestellt und sie in ein künstliches Koma versetzt.

Zufall oder Modus Operandi?

Aber wie kann das sein: Eine 21-jährige vitale junge Frau liegt eines Morgens plötzlich halb tot in der Badewanne? War sie vielleicht betrunken oder stand unter Drogen, was in dieser Branche ja hin und wieder vorkommen soll? Wenn jemand mit einem Medikamentencocktail im Körper bewusstlos in einer Badewanne liegt, kann es sich schließlich auch um den Unfall eines Kranken oder Drogenabhängigen handeln. Aber warum lag dann vor fast genau drei Jahren auch schon ihre Mutter mit dem Gesicht unter Wasser tot in einer Badewanne? Wonach sieht das aus, wenn gleich zwei Personen aus derselben Familie

Unfall oder Mord:
Whitney Houstons Tochter Bobbi Kristina Brown

im Abstand von wenigen Jahren tot beziehungsweise halb tot in einer Badewanne gefunden werden? Wie wahrscheinlich ist ein Unfall dann noch? Reden wir hier von einem Zufall oder von einem Modus Operandi? Die Rede ist natürlich von der 2012 verstorbenen Popsängerin Whitney Houston und ihrer Tochter Bobbi Kristina Brown, deren Tod 2015 weltweit Schlagzeilen machte. Und nun ist es ja so: Sind zwei Verbrechen Teil einer Serie, können Erkenntnisse aus dem einen Fall auch zur Aufklärung des anderen Falles benutzt werden. Daher kann man derartige Ereignisse nicht isoliert betrachten. Werfen wir daher zunächst noch einmal einen Blick auf das mysteriöse Ableben von Whitney Houston. Vor dem Hintergrund des ganz ähnlichen Unfalls ihrer Tochter erschien der ohnehin seltsame Tod der Mutter plötzlich noch verdächtiger.

Vom Badezimmer zum Totenzimmer

Whitney Houston war am 11. Februar 2012 tot in der Badewanne von Zimmer 434 des Beverly Hilton, eines Hotels in Beverly Hills, Kalifornien, gefunden worden. Houstons Tod wurde als Ertrinken in Verbindung mit Kokain-Missbrauch und einer Verkalkung der Herzschlagadern bezeichnet. Also als Unfall. Aber immerhin war ja auch Houston noch eine junge Frau – erst 48 Jahre alt. Und schon verkalkte Herzkranzgefäße? Ausgeschlossen ist natürlich nichts, aber der neuerliche, fast identische Unfall ihrer Tochter vom 31. Januar 2015 macht einen doch misstrauisch – und zwar in beiden Fällen. Dabei ist die geringe Wahrscheinlichkeit der beiden identischen Unfälle ja nur ein statistisches, aber kein forensisches Argument. In Wirklichkeit gibt es noch viel mehr Verdachtsmomente, zum Beispiel die bizarre Auffindesituation der beiden. Beginnen wir mit Whitney Houston. Die offizielle Erklärung von Whitney Houstons Assistentin klang möglichst unverfänglich: »Die Verstorbene wurde zuletzt am Samstag, dem 11.2.2012, zwischen 14.45 Uhr und 15.00 Uhr von ihrer persönlichen Assistentin gesehen«, heißt es im Obduktionsbericht. »Die Verstorbene klagte über Halsschmerzen, aber dies hatte sie auch schon in den Tagen zuvor getan. Die Assistentin sagte der Verstorbenen, sie solle ein Bad nehmen, um sich für den Abend bereit zu machen. Danach verließ die Assistentin den Raum, um einige Besorgungen zu machen. Um etwa 15.35 Uhr kehrte sie zurück und schloss den verschlossenen und gesicherten Raum mit ihrem Schlüssel auf. Sie ging in das Badezimmer und fand die Verstorbene mit dem Gesicht nach unten und dem Kopf nach Westen regungslos in der Badewanne auf. Die Badewanne war mit Wasser gefüllt, der Badezimmerboden war ebenfalls nass, aber der Hahn war abgestellt. Sie rief den Leibwächter, und sie zogen die Verstorbene aus der Wanne. Die Assistentin rief dann die Rezeption an, um den Notruf zu alarmieren« (Case Report: Houston, Whitney Elisabeth, 12.2.2012). Aber um 15.55 Uhr hätten die Sanitäter nur noch den Tod feststellen können.

Verbrühungen in der Badewanne

Bereits hier fehlt eine Kleinigkeit in dieser Darstellung: Warum haben Assistentin und Leibwächter zu erwähnen vergessen, dass das Badewasser, aus dem sie Whitney Houston zogen, kochend heiß war? So heiß, dass sie hätten zurückzucken müssen? Warum wurde das von den Leuten, die sie aus der Wanne hoben, anscheinend nicht bemerkt und erwähnt? »Die Obduktion von Whitney Houstons Körper hat ergeben, dass große Teile der Haut der Sängerin von dem kochend heißen Bad, in dem sie gefunden wurde, verbrüht worden waren«, schrieb die britische *Daily Mail* am 8. April 2012 (online). »Der schockierende Bericht stellt fest, dass sich ihre Haut durch die Verbrühungen in verschiedenen Bereichen ihres Körpers in großen Flecken ablöste. Es wird angenommen, dass Houston so daneben war, dass sie nicht erkannte oder spürte, wie heiß das Wasser war. Noch sechs Stunden nach ihrem Tod hatte das Wasser 33 Grad, was zeigt, wie schrecklich heiß es gewesen sein muss, als sie in die Wanne stieg.«

Erlitt ebenfalls einen merkwürdigen Unfall in der Badewanne: Bobbi Browns Mutter Whitney Houston

Lebensgefahr in der Badewanne

Wegen der Gefahr eines Kreislaufkollapses sollte Badewasser bekanntlich nicht wärmer als 37 bis 38 Grad sein. Wenn die Wassertemperatur nach sechs Stunden noch bei 33 Grad lag, dann kann sie ursprünglich gut und gerne 50 bis 60 Grad betragen haben. Mindestens. Zu heißes Badewasser kann »zu einer vorübergehenden Ohnmacht (vagovasale Synkope) oder über die Erweiterung der Hautgefäße zu einer Blutleere des Gehirns und Bewusstlosigkeit« führen, heißt es in Armin Mätzlers Buch über »Todesermittlung« (Armin Mätzler: *Todesermittlung. Polizeiliche Aufklärungsarbeit, Grundlagen und Fälle*, Heidelberg 2009, S. 236). Und eine Ohnmacht kann in der Badewanne natürlich leicht zum Ertrinken führen. Wobei die Badewassertemperatur in einem von Mätzler geschilderten Fall »nur« bei 45 Grad lag.

Der Obduktionsbericht von Whitney Houston, dem zufolge sich die Haut der Sängerin teilweise ablöste, bedeutet jedoch, dass Houston Verbrühungen bzw. Verbrennungen mindestens zweiten Grades erlitten haben musste (Blasenbildung). Laut Literatur muss Houston dafür in mindestens 55 Grad heißem Wasser gelegen haben, was akute Lebensgefahr bedeutet. Nicht nur wegen möglicher Verbrühungen oder Verbrennungen, sondern eben auch wegen der Gefahr eines Kreislaufversagens und einer Ohnmacht. Wobei sich natürlich die Frage stellt, warum sich ein Mensch, der über Halsschmerzen klagt, freiwillig mit heißem Badewasser verbrühen sollte.

Tatsache ist, dass die Behörden bei Whitney Houston von Anfang an nicht ergebnisoffen und neutral ermittelten, sondern nur von einem Unfall oder natürlichen Todesfall ausgingen: »Am Samstag, dem 11.2.2012, rief Sergeant Publicker von der

Beverly-Hills-Polizei das Büro des Leichenbeschauers des Los Angeles County an, um von einem natürlichen oder Unfalltod einer schwarzen 48-Jährigen zu berichten, die möglicherweise in einer Badewanne ertrank«, heißt es im Bericht der Beverly-Hills-Polizistin Kristy McCracken (Case Report, a.a.O.). Wobei die Todesart ja eigentlich erst vom Leichenbeschauer ermittelt werden sollte.

Eine Mischung aus Badezimmer und Folterkammer

Beim Eintreffen der Beamten sah die Suite der Sängerin aus wie eine Mischung aus Krankenzimmer, Drogenhöhle und Folterkammer. Überall geöffnete Champagnerflaschen und Bierdosen. Und: »In der südöstlichen Ecke befand sich ein Tisch mit zahlreichen Flaschen mit verschreibungspflichtigen Medikamenten, die der Verstorbenen verschrieben worden waren, zahlreichen Blisterverpackungen, einer losen Tablette und verschiedenen anderen Gegenständen darauf. (…) Auf dem Boden im Südwesten des Raumes befand sich eine leere Blisterverpackung.« In einer anderen Ecke gab es noch einen Tisch »mit einer Flasche mit einem verschreibungspflichtigen Medikament, losen Tabletten und anderen Gegenständen darauf«. Auf einem Garderobentisch lagen weitere verschreibungspflichtige Arzneien, lose Tabletten und Nahrungsergänzungsmittel. »Auf einem Waschtisch befanden sich ein voller Aschenbecher, eine Flasche mit verschreibungspflichtigen Medikamenten, ein kleiner Löffel mit einer weißen, kristallinen Substanz und ein weißes Papierröllchen.« Letzteres wahrscheinlich Kokain zum Schnupfen. »In der oberen Schublade befanden sich ebenfalls Reste eines weißen Pulvers sowie ein Spiegel mit einem Standfuß, worauf sich noch mehr von dem Pulver befand.« In der Badewanne stand das Wasser etwa 30 bis 33 Zentimeter hoch. Merkwürdigerweise befanden sich darin auch ein Handtuch, eine Flasche mit Reinigungsalkohol und eine Karaffe (Case Report, a.a.O.).

Whitney Houstons geringstes Problem

Mit anderen Worten, wir befinden uns hier in einem Umfeld, in dem Alkohol getrunken, Drogen konsumiert, Tabletten aus den Verpackungen gerissen und teilweise liegen gelassen wurden. Wobei sich hier bereits die Frage nach Houstons Personal stellt, also nach Assistentin, Leibwächter usw. Jeder andere, der mit einer solchen Szenerie konfrontiert worden wäre, wäre wohl eingeschritten, hätte einen Arzt und/oder die Polizei gerufen – auch oder gerade wenn es sich um einen Auftraggeber und/oder Schutzbefohlenen gehandelt hätte. Zumindest aber hätte man sich von dieser Umgebung ferngehalten. Denn dass man es hier mit einer schwerkranken Person und möglicherweise mit kriminellen Umständen zu tun hatte, war wohl offensichtlich. Dieses Spiel mitzuspielen bedeutete dagegen Billigung und Komplizenschaft, wobei besonders die betont harmlose Aussage der Assistentin auffällt, Whitney Houston habe »wegen Halsschmerzen« ein Bad nehmen wollen. Halsschmerzen waren wohl Whitney Houstons geringstes Problem.

Hals ohne Befund

Die spannende Frage lautete natürlich: Hatte sie überhaupt einen entzündeten Hals, oder war das eine Lüge? Die Obduktion sollte eigentlich darüber Aufschluss geben, denn dabei wurde die Leiche von Whitney Houston total auseinandergenommen (man verzeihe mir die pietätlose Formulierung). Auch der Hals. Wie akribisch die Obduzenten dabei vorgingen, zeigen die folgenden Zitate: »Die Organe des Halses wurden am Stück zusammen mit der Zunge entnommen. Es wurden keine Störungen oder Traumen des Zahnfleisches oder der Mundschleimhaut festgestellt. Auch kein Kehlkopfödem. Beide Zungenbeine waren intakt und ohne Frakturen. Keine Blutungen in den angrenzenden Kehlorganen, Bindegeweben, Haltemuskeln, im Schilddrüsen- oder Begrenzungsgewebe. Es wurden keine Blutungen im vorderen Bereich der Wirbelsäule festgestellt. Die Zunge weist keine Verletzungen auf.« Der gesamte Hals war demnach ohne irgendeinen krankhaften Befund. Auch die Schleimhaut der oberen Atemwege sei »intakt« gewesen. Sogar Abstriche von den Nasen- und Rachenschleimhäuten wurden entnommen und Kulturen angesetzt. Ergebnis: negativ (Autopsy Report, in: Case Report, a.a.O.). Von einer Halsentzündung oder irgendeiner anderen schmerzhaften Veränderung im Halsbereich konnte also keine Rede sein. Eine Magenschleimhautentzündung wurde dagegen sehr wohl erwähnt. Was veranlasste Whitney Houston also wirklich, ein Bad zu nehmen? Halsschmerzen können es nach Lage der Dinge nicht gewesen sein. Zumindest gibt es dafür nicht den geringsten Befund.

Mit Verletzungen übersät

Dafür gab es andere spektakuläre Diagnosen. So war der Körper von Whitney Houston voller Verletzungen. Eine Schemazeichnung der Leiche ist übersät mit Anmerkungen zu Abschürfungen und blauen Flecken (ante mortem). Zum Beispiel:

- Prellung und Abschürfung der linken Schläfe,
- Abschürfung der linken Hand,
- Abschürfung des rechten Unterschenkels, oberflächlicher Einschnitt an der Oberlippe,
- großflächige Verbrühungen im Bereich des Kreuzbeins (oberhalb des Steißbeins).

Dazu kamen noch weitere zum Todeszeitpunkt (perimortem) erlittene Verbrühungen. Die Tatsache, dass die Verbrühungen während des Sterbens entstanden waren, bedeutete, dass Houston tatsächlich lebend in das heiße Wasser geriet und erst dort verstarb. Man kann vielleicht sogar sagen, wie: Da die großflächige Ante-mortem-Verbrühung oberhalb des Steißbeins entstand, kann man annehmen, dass sie zuerst mit diesem Bereich in das heiße Wasser geriet. Aber warum? Wieso geriet zuerst ihre Steißbeingegend in das heiße Wasser und nicht ihre Füße, wenn sie doch angeblich selbst in das Bad stieg? Schwebte sie etwa durch Zauberkraft über der Badewanne? Gleichmäßig kann sie jedenfalls nicht ins Wasser getaucht sein, sonst hätte sie sich ja vorher oder während des Sterbens auch andere Stellen auf der Körperrückseite verbrüht. Vielmehr deuten die Hautschäden oberhalb des Steißbeins darauf hin, dass dies tatsächlich die früheste Verbrühung gewesen sein könnte – dass also ihr Becken durchhing, als sie ins Wasser eintauchte, sprich: dass Whitney Houston an Armen und Beinen gehalten wurde.

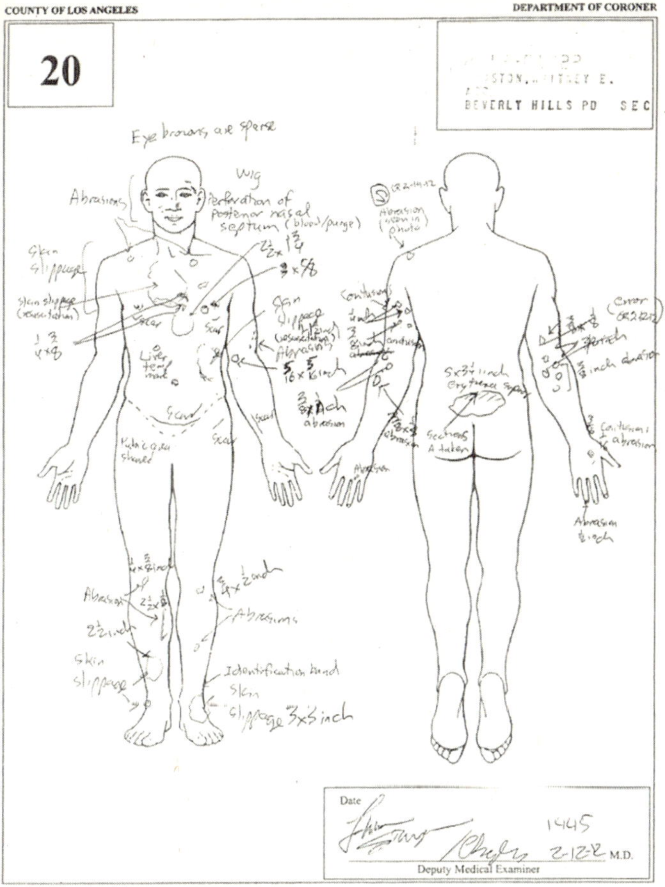

Whitney Houstons Körper:
mit Verletzungen und Verbrühungen übersät

Ein verdächtiger Cocktail

Kommen wir nun zu dem Drogencocktail, den Houston im Körper hatte, und zwar neben Kokain und Marihuana

- ein Beruhigungsmittel (Alprazomal/Xanax®),
- ein Beruhigungs-, Antibrechmittel und Antiallergikum (Diphenhydramin/Benadryl®) und ein
- Muskelrelaxans (Cyclobenzaprin/Flexeril®).

Mit anderen Worten, die Frau war möglicherweise k.o., als sie angeblich mit Halsschmerzen ins Badezimmer ging. Diese Kombination würde dazu führen, dass der Berauschte Tabletten nicht erbrechen und sich auch nicht mehr wehren kann (Muskelrelaxans). Genau so könnte man also eine Person in ein zu heißes Bad bugsieren, um ein Herz-Kreislauf-Versagen oder Ertrinken zu provozieren. Die Betäubung wäre auch die logische Erklärung, warum jemand überhaupt ein so heißes Bad über sich ergehen lassen sollte, ohne aus der Wanne zu springen. Zwar werden alle diese Mittel auch missbraucht. Auch in Houstons Hotelzimmer stapelten sich die Drogen und Arzneimittel. Wer allerdings so »zu« ist, dass er sich in mindestens 55 Grad heißes Wasser legt, hat auch kein Halsweh mehr. Und dann wäre da immer noch die Frage, warum sie nicht mit den Füßen, sondern mit der Steiß-/Kreuzbeingegend zuerst ins Wasser geriet.

Erstaunlicherweise zerbrachen sich die Obduzenten darüber nicht den Kopf, sondern erklärten den Todesfall zum Unfall: »Die Obduktion zeigte eine arteriosklerotische Herzerkrankung. Die Toxikologie ergab Kokain [und seine Abbauprodukte], Benzoylecgonin, Cocaethylen, Marihuana, Alprazolam (Xanax®) [Beruhigungsmittel], Cyclobenzaprin (Flexeril®) [Muskelrelaxans] und Diphenhydramin (Benadryl®) [Beruhigungs-, Antibrechmittel und Antiallergikum]. Mikrobiologische und virologische Untersuchungen spielten keine Rolle. Der Tod trat durch Ertrinken aufgrund einer arteriosklerotischen Herzerkrankung und von Kokainkonsum ein. Fremdeinwirkung wird nicht angenommen. Die Todesart lautet Unfall« (Autopsy Report, in: Case Report, a.a.O.). Der Toxikologe Bruce Goldberger sagte, Houston habe hauptsächlich unter dem Einfluss von Kokain gestanden; die anderen Drogen seien nur »moderat« dosiert gewesen (*abc News*, online, 5.4.2012). Dafür könnte wiederum sprechen, dass laut Obduktionsbericht im Magen keine Tabletten oder Reste von Kapseln erkennbar waren.

Kein Wort über das heiße Wasser

Merkwürdig ist nur, dass der Gerichtsmediziner in seinem Fazit mit keinem Wort die Verbrühungen und das heiße Badewasser würdigte, sondern nur lapidar feststellte: »Die Verstorbene ist eine 48 Jahre alte schwarze Frau, die mit dem Gesicht unter Wasser in einem Hotelzimmer aufgefunden wurde« (Autopsy Report, in: Case Report, a.a.O.). Der Zusammenhang zwischen einem zu heißen Bad und dem Herz-Kreislauf-System war überhaupt kein Thema. Dabei kann man ein so heißes Bad kaum überleben. Was zu der Frage führt, *warum* die Pop-Diva denn nun so heiß gebadet haben sollte:

- War sie durch all die starken Drogen in ihrem Körper wirklich so »hinüber«, dass sie das heiße Badewasser gar nicht wahrnahm? Befand sie sich also in einer Art »Delirium«, in dem sie keine Kontrolle mehr über ihre Handlungen hatte? Aber warum nahm sie dann ihre »Halsschmerzen« wahr?

- Oder half etwa jemand nach?

Wie und warum gelangte Houston wirklich in das Badezimmer und in die Badewanne?

Und was noch merkwürdiger ist: Einen Tag bevor Whitney Houston 2012 unter mysteriösen Umständen ums Leben kam, wurde im selben Hotel schon ihre Tochter Bobbi Kristina Brown bewusstlos oder »schlafend« in ihrer Badewanne aufgefunden, berichtete das Hollywood-Klatsch-Magazin *TMZ:* »Laut unseren Quellen klopften Freunde von Bobbi Kristina Freitagnacht wiederholt an ihre Tür, aber sie antwortete nicht. Wie uns gesagt wurde, riefen sie den Sicherheitsdienst, um die Tür zu öffnen, und halfen Bobbi aus der Badewanne. Laut unseren Quellen geschah es auf derselben Etage, auf der am nächsten Tag Whitney Houston tot aufgefunden wurde. Wie uns mitgeteilt wurde, war das Zimmer auf Whitney Houstons Namen gebucht worden« (online, 13.2.2012). Donnerwetter: Handelte es sich hier etwa um eine regelrechte Epidemie von Badewannenmorden oder -selbstmorden?

Bobbi Kristina: mit 21 Millionärin ...

Bobbi Kristina Brown wurde am 4. März 1993 als Tochter von Whitney Houston und dem drogenabhängigen Rhythm-and-Blues-Star Bobby Brown geboren. 2006 reichte Houston die Scheidung ein und bekam das alleinige Sorgerecht für ihre Tochter. Als Houston 2012 starb, war Bobbi Kristina Brown die

Alleinerbin des 115-Millionen-Dollar-Vermögens ihrer Mutter. Ab dem 4. März 2014, ihrem 21. Geburtstag, sollte sie regelmäßige Zahlungen aus dem Erbe erhalten, nach ihrem 30. Geburtstag den Rest. Außer ihr wuchs bei Whitney Houston auch noch ein 1990 geborenes männliches Kind namens Nick Gordon auf, das angeblich im Alter von zwölf Jahren von seiner leiblichen Mutter verlassen und von Whitney Houston aufgenommen worden war. Gerüchten zufolge könnte es sich bei Gordon, der als »Bruder« von Bobbi Kristina betrachtet wurde, jedoch auch um ein leibliches Kind von Whitney Houston handeln. Demgegenüber zeigte sich die angebliche leibliche Mutter Gordons später mit ihm im Fernsehen, zum Beispiel in der Psycho-Show *Dr. Phil* (siehe unten). Rein juristisch war Gordon für die Houstons jedenfalls ein Fremder. Er wurde nicht von Houston adoptiert und besitzt keinerlei Erbberechtigung. Kurz nach dem Tod seiner Ziehmutter Whitney Houston versuchte er zwar, deren Tochter Bobbi Kristina Brown zu heiraten, und tatsächlich soll im Oktober 2012 auch eine Trauung stattgefunden haben. Andererseits gibt es dafür jedoch keine Belege.

Eine Reihe seltsamer Zwischenfälle

Was viele nicht wissen: Schon vor ihrem fatalen Badewannen-Malheur am 31. Januar 2015 erlitt Bobbi Kristina immer wieder seltsame Unfälle. Der 31. Januar war nur die Spitze des Eisbergs. Bereits am Tag nach dem Tod ihrer Mutter Whitney Houston (12. Februar 2012) wurde Bobbi Kristina nach einem mysteriösen Zwischenfall selbst ins Krankenhaus eingeliefert. Nach Angaben der Familie handelte es sich um eine Art Nervenzusammenbruch: Bobbi Kristina sei »überwältigt« vom Tod ihrer Mutter gewesen (*National Post*, online, 13.2.2012).

Was natürlich möglich ist. Genauso gut könnte es sich um Folgen ihres eigenen Badewannenunfalls vom 10. Februar 2012 gehandelt haben, einen Tag vor dem Tod von Whitney Houston. Möglicherweise wurden diese Folgen nur als Trauerreaktionen ausgegeben. Und immer wenn ihr etwas passierte, war ihr »Bruder« oder »Ehemann« Nick Gordon in der Nähe:

- Im November 2012 kam sie nach einem Zusammensein mit Nick Gordon mit ihrem Chevrolet Camaro in Alpharetta, Georgia, von der Fahrbahn ab und krachte in ein paar kleine Bäume. Als die Rettungskräfte eintrafen, stand sie unverletzt neben ihrem Wagen. »Die Polizei führte eine offizielle Unfalluntersuchung durch und glaubt, Bobbi Kristina verlor, als sie aus ihrem Apartmentkomplex links abbog, schlicht die Kontrolle über ihr Auto, fuhr über einen Bordstein und eine Böschung hinunter und entwurzelte mehrere kleine Bäume. (…) Es sehe nicht so aus, als hätten Drogen eine Rolle gespielt« (*TMZ,* 28.11.2012). Warum sie die Kontrolle verlor und ob ihr Wagen vielleicht manipuliert worden war, wurde nicht erörtert. Bobbi Kristina selbst schrieb eine Twitter-Nachricht, in der sie ihrer verstorbenen Mutter dankte: »Mein persönlicher Schutzengel! Danke dir, Mama. Ich vermisse und liebe dich. (…) Nicht ein Kratzer und gesund. Wow, lobet den Herrn. An Nick Gordon: Es gibt ernste Veränderungen in MIR« (*iDigital Times*, 30.11.2012).
- Im Juli 2013 rief Nick Gordon die Polizei, weil Bobbi Kristina Brown im gemeinsamen Haus plötzlich zusammengebrochen war: »Gordon sprach von einem epileptischen Anfall. Doch Brown sagte später, so etwas habe sie noch nie gehabt. Den Akten zufolge war Brown verwirrt und wurde in ein Krankenhaus gebracht.«

- Am 23. Januar 2015 gab es in Browns und Gordons Haus einen lautstarken Streit. Ein Wachmann meldete der Polizei, dass sich dort Menschen geprügelt hätten. Als die Beamten eintrafen, sei jedoch niemand da gewesen.
- Am 27. Januar 2015 verlor Bobbi Kristina Brown erneut die Kontrolle über ihren Wagen, geriet auf die Gegenspur und krachte dort mit einem anderen Fahrzeug zusammen: »Browns Beifahrer und der Fahrer des anderen Autos kamen verletzt ins Krankenhaus. Brown gab damals an, ein Reifen sei geplatzt« (Quelle für die drei letzten Punkte: *Bild.de*, 13.2.2015).
- Am 31. Januar 2015 schließlich wurde die inzwischen 21-Jährige von Nick Gordon und einem Freund in ihrem Haus in Georgia mit dem Gesicht nach unten in der Badewanne entdeckt.

Tod im Dunkelfeld

Wer eine frische Leiche findet (oder in diesem Fall eine unter unklaren Umständen verunglückte Person), ist möglicherweise genauso verdächtig wie der, der den Verstorbenen zuletzt lebend gesehen hat. Diese Kontaktpersonen sind die Letzten beziehungsweise Ersten, die das Opfer vor seinem Eintreten in das tödliche Dunkelfeld beziehungsweise danach gesehen haben. Zwischen diesen Zeitpunkten liegt die aufzuklärende Dunkelzone, in der das Opfer zu Schaden kam. Die letzte beziehungsweise erste Kontaktperson eines Opfers (also ante bzw. post mortem) ist von Hause aus verdächtig. Insbesondere, wenn es keine unabhängigen Zeugen oder Beweise für die jeweilige Schilderung des letzten beziehungsweise ersten Kontakts gibt. Denn diese Personen sind dem Dunkelfeld, in dem das Opfer zu Schaden kam, nun mal am nächsten. Natürlich ist nicht jeder, der ein Mordopfer zuletzt lebend oder zuerst tot gesehen hat, auch der Mörder oder Angreifer. Insbesondere dann nicht, wenn die Leiche schon lange irgendwo lag. Trotzdem muss die Rolle dieser Personen aufgeklärt werden. Das gilt für Whitney Houstons Mitarbeiter genauso wie für die zwei kräftigen jungen Männer, die die zierliche 21-jährige Bobbi Kristina am 31. Januar 2015 angeblich leblos in der Wanne fanden: ihr angeblicher Ehemann Nick Gordon und dessen Freund Max Lomas, zufälligerweise Bobbis »Ex«. Gegen Lomas war schon mehrmals wegen Gewalttaten, versuchten Marihuanahandels und Drogenbesitzes ermittelt worden. Nick Gordon galt genau wie Whitney Houston und Bobbi Kristina als notorisch drogenabhängig. Diese beiden Freunde sind die ersten Kandidaten, die Bobbi Kristina in jene Wanne verfrachtet haben könnten, in der sie schließlich von ihnen »gefunden« wurde. »Könnten«, wohlgemerkt – denn Beweise gibt es dafür bislang nicht.

Nicht tot, sondern halb tot

Die einzigen Zeugen bis zum Eintreffen der Rettungskräfte waren Nick Gordon und sein Freund Max Lomas. Nicht dass diese hier grundlos verdächtigt werden sollen, aber gewisse Überlegungen müssen erlaubt sein, um den Vorfall bis zum Ende zu durchdenken. Schließlich sind drogenabhängige Kriminelle nicht gerade die besten Zeugen. Hat Nick Gordon also wirklich, wie behauptet, Wiederbelebungsmaßnahmen eingeleitet und versucht, Bobbi Kristina zu retten? Oder holte er die Rettungskräfte nur, weil er dachte, dass Bobbi Kristina tot sei? Denn nach Lage der Dinge betrachtete sich Nick Gordon ja als ihren Ehemann und damit Erben – wenn auch offenbar irrtümlich. Vielleicht hatten sie sich ja wirklich irgendwo trauen lassen oder einander sonst wie das Jawort gegeben. Aber möglicherweise war ihm gar nicht bewusst, dass seine angebliche Heirat mit Whitney Houstons Tochter nicht belegbar wäre, wenn diese im Koma läge oder nicht mehr am Leben wäre. Nachdem Gordon und sein Freund Bobbi Kristina in der Wanne gefunden hatten, hätten sie sie herausgezogen und mit Wiederbelebungsmaßnahmen begonnen, behaupteten sie. Vielleicht haben sie aber auch nur nicht bemerkt, dass Bobbi noch lebte, und sie deshalb zu früh aus der Wanne gezogen? Denn schließlich ist die Feststellung des Todes für einen Laien gar nicht so einfach – und für einen »zugedröhnten« Laien schon gar nicht. Sollte Nick Gordon etwas mit Bobbi Kristinas »Unfall« zu tun haben, musste er behaupten, Wiederbelebungsversuche durchgeführt zu haben. Schließlich brauchte er ja eine Erklärung, warum sich überall am »Tatort« seine und die Spuren seines Freundes befanden – denen man natürlich nur schwer ansehen konnte, ob sie ante oder post mortem beziehungsweise vor oder nach dem »Unfall« entstanden waren.

»Jede Besserung wäre ein Wunder«

Nach ihrer Ankunft im North Fulton Hospital in Roswell, Georgia, habe sie gelebt und geatmet, wenn die Ärzte auch feststellten, dass sie nur noch über eine »stark reduzierte« Gehirnfunktion verfügte. Die Mediziner versetzten Brown in ein künstliches Koma und erklärten, jede nennenswerte Erholung wäre ein Wunder (*People*, online, 1.2.2015). Am 2. Februar 2015 wurde Brown in das Universitätskrankenhaus von Emery verlegt, wo sie angeblich kurz die Augen öffnete. Die Ärzte maßen dem jedoch keine größere Bedeutung bei, und danach änderte sich an Bobbi Kristinas Zustand offenbar nichts Nennenswertes mehr. Am 26. Juli 2015 verstarb sie in einem Hospiz.

Unter Verdacht ...

Ihr Freund, »Bruder« oder gar »Ehemann« Nick Gordon stand von Anfang an unter Verdacht. Der Musiksender VH1 (eine Tochter von MTV) listete auf seiner Website sechs Punkte auf, »die Nick Gordon im Fall Bobbi Kristina Brown schlecht aussehen lassen« (12.3.2015):

1. Alkohol- und Drogensucht: Nach verschiedenen Quellen sollen Gordon und Bobbi Kristina Brown schwer drogenabhängig gewesen sein.
2. Kein gutes Verhältnis zur Familie des Vaters Bobby Brown. Bobby Browns Anwalt habe klargestellt, dass Gordon und Bobbi Kristina niemals offiziell verheiratet waren. Auf Twitter lieferte sich Gordon Schimpfschlachten mit der Brown-Familie.
3. Verdächtige Handlungen am Morgen des Auffindens von Bobbi Kristina: »Max Lomas, der Freund, der Bobbi Kristina in der Badewanne fand, sagte, dass sich Gordon seltsam verhalten habe. Unter anderem habe er Blutflecken beseitigt und andere Sachen gemacht, die die Ermittlungen behindern könnten.« Hatte Nick Gordon Lomas also tatsächlich nur als arglosen Helfer eingespannt?
4. Mögliche Veruntreuung von Geldern aus dem Nachlass Bobbi Kristinas: »Er hat einen Haufen teurer Autos und extravaganter Geschenke mit Krissys Erbe für sich selbst gekauft. Niemand traut ihm über den Weg«, zitierte VH1 die Promi-Website *Hollywood Life*.

5. Polizeiliches Ermittlungsverfahren: Laut Bobbi Kristinas Tante väterlicherseits, Leolah Brown, wird gegen Nick Gordon wegen versuchten Mordes an Bobbi Kristina ermittelt.
6. Ein bizarrer TV-Auftritt mit seiner leiblichen Mutter in der erwähnten *Dr. Phil Show*, einer Art öffentlicher Behandlungssitzung mit dem Psychologen Dr. Phil McGraw, in der sich Gordon als verzweifelten Trauernden und selbstmordgefährdeten Hinterbliebenen von Bobbi Kristina darstellte. »Elendsfernsehen« vom Feinsten und heuchlerisch obendrein – so dass sich sogar amerikanische Medien fragten: »Warum wird so etwas Schreckliches überhaupt aufgezeichnet?« (Jezebel.com, 11.3.2015)

Probleme eines mutmaßlichen Mörders

Nun, immerhin wurde von Dr. McGraw in der Sendung eine wichtige Frage gestellt: Wo Nick Gordon eigentlich beim Tod seiner Ziehmutter Whitney Houston gewesen sei. Sei er da auch schon in der Nähe gewesen? »Soweit ich das verstanden habe, war er in demselben Stockwerk des Hotels, vielleicht sogar in dem Raum«, antwortete Gordons Mutter: »Und er hörte die Assistentin schreien, und er ging dann hinein und sah Whitney da liegen.« Sieh an – das war dem oben zitierten Obduktionsbericht von Whitney Houston gar nicht zu entnehmen. Aber das haben auch andere Quellen bestätigt, zum Beispiel die *Daily Mail*-Reporterin Laura Collins: »Es war Nick Gordon, der versuchte, Wiederbelebungsmaßnahmen einzuleiten, als Whitney Houston regungslos in der Badewanne gefunden wurde« (*Daily Mail*, online, 12.3.2015). Also genau wie später angeblich bei Bobbi Kristina. Ja, er habe das versucht, bestätigte

Nick Gordon: »Bruder«, »Ehemann« oder beides?

auch Gordons Mutter in der *Dr. Phil Show*. Nick Gordon habe sie sogar angerufen, als er bei der toten Whitney gestanden habe, und gefragt, warum er sie nicht einfach ins Leben zurückholen könne. Aber dann sei Gordon bei derselben Gelegenheit ja auch bei Kristina zugegen gewesen, sagte McGraw und wollte wissen: »Was hat er Ihnen darüber erzählt? Glauben Sie, dass die Familie davon ausgeht, dass Nick Kristina etwas angetan hat?« Nein, das glaube sie nicht, antwortete die Mutter; den Grund für diesen Verdacht kenne sie nicht (*Dr. Phil Show*, 11.3.2015).

Sollte (!) Nick Gordon etwas mit dem Kristina-Zwischenfall zu tun haben, hatte er nun gleich zwei Probleme:

- Bobbi Kristina wäre eine mögliche Zeugin.
- Solange sie lebte, könnte er sie nicht beerben (von der Rechtmäßigkeit eines solchen Wunsches einmal abgesehen).

Der Kampf um die Besuchsrechte

Interessanterweise kam es sofort nach dem Unfall zu einem Kampf um die Besuchsrechte zwischen Bobbi Kristinas leiblichen Angehörigen und Nick Gordon. Gordon war nur einmal im Krankenhaus, nämlich bei der Einlieferung der Patientin, wobei es angeblich schon »zu einem Handgemenge mit Polizisten« kam (*Bild.de*, 13.2.2015). Danach taten Whitney Houstons und Bobbi Kristinas Familien alles, um Gordon von der Kranken fernzuhalten. Offenbar herrschte bei den Verwandten nackte Panik, dass Gordon erneut an Bobbi Kristina herankommen könnte. Ihre Tante Prat Houston hatte sogar »eine einstweilige Verfügung gegen Nick Gordon erwirkt, wonach er sich

Bobbi Kristina nicht nähern und sie folglich auch nicht im Krankenhaus besuchen soll« (*Bild.de*, 13.2.2015). Seltsam, nicht? Denn laut seiner eigenen Darstellung hatte er Bobbi Kristina schließlich gerettet, als er sie zusammen mit seinem Freund aus der Wanne zog und den Notarzt rief. Offenbar war Bobbi Kristinas Familie jedoch nicht überzeugt von seinem segensreichen Wirken. Und Gordon gab schließlich lieber klein bei – andernfalls hätte man doch noch auf die Idee kommen können, er wolle Bobbi Kristina ein für alle Mal mundtot machen. Mitte Februar 2015 veröffentlichte sein Anwalt daher das einzig mögliche Statement: »Sein Mandant werde – entgegen den Gerüchten – KEINE rechtlichen Schritte gegen die einstweilige Verfügung einleiten. ›Sein einziges Interesse gilt Bobbi Kristinas Genesung.‹ Und weiter: ›Er betet ständig für seine Partnerin und hofft, dass er bald wieder mit ihr vereint ist‹« (*Bild.de*, a.a.O.).

Badezimmer-Schauspiel, die Zweite ...

Wie gesagt: Bobbi Kristina Browns Familie glaubte davon kein Wort. Im Gegenteil, Familienangehörige äußerten sich eindeutig, zum Beispiel Whitney Houstons Neffe und Kristinas Cousin Jerod Brown:

> »La Toya Jackson wurde als verrückt angesehen, für ihren [unter mysteriösen Umständen verstorbenen] Bruder (Michael) einzutreten, denn sie kannte die Wahrheit. Ich will nicht länger schweigen. Meine Familie steht auf dem Spiel, und wir werden nicht länger still sein. Ich weiß, dass die Jobs mancher Leute auf dem Spiel stehen, und manche haben Angst, den Mund aufzumachen, und mein Onkel Bobby

[Kristinas Vater] wird mich wahrscheinlich nochmals zum Schweigen auffordern. Aber irgendjemand wird für den Tod von Tante Whitney bezahlen«,

schrieb er auf seiner Facebook-Seite. Um in Großbuchstaben fortzufahren:

»Kristina ist UNANSTASTBAR. DIES IST NICHT DAS ERSTE MAL, DASS DIES VERSUCHT WURDE. ABER ES WIRD DAS LETZTE MAL SEIN! SIE WERDEN VIELLEICHT AUCH HINTER MIR HER SEIN, ABER IRGENDJEMAND MUSS FÜR DIE GERECHTIGKEIT EINTRETEN. ES GEHT NICHT UM GELD, RUHM ODER AUFMERKSAMKEIT. (…) ES GEHT UM MEINE FAMILIE. BOBBI KRISTINA WIRD DURCHKOMMEN, WEIL SIE EIN KIND GOTTES IST. UND NUN LEST WEITER AUF [Facebookseite] PRAYFORBK, SO WIE WIR JETZT [auf Twitter] FÜR #TrueJusticeFor Whitney kämpfen.«

Es ging also um Gerechtigkeit für Whitney Houston. »Am Montag wurden Nachrichten auf der Facebook-Seite von Bobby Browns Neffen Jerod Brown gepostet, die einige ziemlich schreckliche Theorien aufstellten, unter anderem, dass Houston und seine Kusine Bobbi Kristina von jenen ausgebeutet wurden, die sie tot sehen wollten«, hieß es am 10. März 2015 auf dem Nachrichtenportal *The Root:* »Tantchen Whitney wurde ermordet und ist nicht ertrunken«, wurde Jerod Brown da zitiert: »Das ist eine Tatsache. Und nun wird uns das ganze Badezimmer-Schauspiel noch mal aufgetischt.«
Am 24. Juni 2015 reichte Bobbi Kristinas gerichtlich bestimm-

te Betreuerin eine 13-seitige Zivilklage gegen Nick Gordon ein: »Den Dokumenten zufolge sei er am 31. Januar um sechs Uhr morgens nach Hause gekommen. Der angeblich unter Alkohol und Drogen stehende Gordon soll Bobbi Kristina Brown daraufhin des Betrugs beschuldigt und als ›Hure und Schlampe‹ beschimpft haben«, schrieb das Promi-Portal *VIP.de* am 10. August 2015. Der Klage zufolge gab Nick Gordon Bobbi Brown demnach »einen tödlichen Cocktail, der sie besinnungslos machte, und dann drückte er ihr Gesicht in eine Wanne mit kaltem Wasser, was zu ihrem Hirnschaden führte«, zitierte *VIP.de* die Klageschrift. »30 Minuten sollen die beiden streitend durchs Haus gelaufen sein – bis plötzlich alles still war.« Unnötig zu erwähnen, dass Gordon alle Vorwürfe bis heute zurückgewiesen hat. Von einem laufenden Strafverfahren wurde ebenfalls nichts bekannt.

Muath al-Kasasbeh: Terror oder Kintopp?

Vom 3. Februar 2015 an geht eine neue Horrornachricht um die Welt. Die Terrorgruppe Islamischer Staat (IS) soll schon wieder einen Menschen vor laufender Kamera getötet haben. Und zwar hätten die Islamisten diesmal einen jordanischen Kampfpiloten bei lebendigem Leib in einem Käfig verbrannt. Nun habe ich schon im *Jahrbuch des Verbrechens 2015* über ein derart abscheuliches Verbrechen berichtet. Damals (im August 2014) veröffentlichten die Terroristen ein Video, das angeblich die Enthauptung des US-Journalisten James Foley zeigte. Danach folgten noch weitere derartige Videos. Allerdings waren seinerzeit rasch Zweifel an der Echtheit der Hinrichtung aufgetaucht. Eine ausführliche Analyse ergab, dass es sich bei der Szene um eine Studioproduktion gehandelt haben muss, in der kein echtes Blut floss. Kurz: Es wurde zwar viel geschnitten, allerdings kein Hals und kein Kopf. So wirkte die ganze Szenerie der Enthauptung künstlich: Der in der Wüstensonne kniende Delinquent bewahrte eine unheimliche Ruhe und Gelassenheit und hatte keinen Tropfen Schweiß auf der Stirn. Vor seiner bevorstehenden Hinrichtung hielt er eine einwandfreie Rede, ohne einmal zu stocken oder zu stottern. Bei der angeblichen Enthauptung selbst sah man keinen Tropfen Blut; die eigentliche Durchtrennung der Kehle wurde ausgeblendet. Erst im nächsten Bild sah man eine angebliche Leiche mit dem Kopf auf dem Rücken im Sand liegen. Selbst etablierte westliche Experten wiesen darauf hin, dass Foley in diesem Video nicht wirklich getötet wurde, und behalfen sich mit der Vorstellung, dass er eben irgendwann später habe sterben müssen. Ebenso gut ist es möglich, dass wir es hier schlicht mit einem sogenannten Krisendarsteller zu tun haben, von denen aus Anlass des Live-Mordes an zwei Fernsehjournalisten noch die Rede sein wird.

Szene aus dem Video mit der angeblichen Enthauptung James Foleys (August 2014)

IS-Terror: The Making-of

2015 tauchte auch noch so etwas wie das »Making-of« dieses Videos auf. Es zeigte Dreharbeiten in einem TV-Studio, wie sie für die oben genannten Aufnahmen erforderlich wären. Eine russische oder ukrainische Hackergruppe namens »Cyber Berkut« will das Video von einem Laptop der Delegation des US-Senators John McCain gestohlen haben, als der sich im Juni 2015 auf einer Ukraine-Reise befand. Auf dem Video sieht man eine ganz ähnliche Enthauptungsszene – diesmal allerdings umrahmt von Scheinwerfern, Kameras und Reflektoren. Es handelt sich um die Totale eines großen Studios, in dem der »Terrorist« und sein Opfer auf einer Pappmaché-Kulisse stehen, hinter sich eine leere Fläche – offenbar ein Greenscreen, wie man an den grünen Rändern der überbelichteten Fläche sehen kann. Die Aufnahme wurde wohl von einer Überwachungskamera gemacht, die in einem hinteren oberen Eck des Studios hing. Die Frage ist nur: Ist diese Aufnahme echt oder nicht? Vieles spricht für ihre Authentizität:

- Die Ausrüstung wirkt vollständig und professionell und passt zu dem Enthauptungsvideo: zwei Kameras, Lampen, Reflektoren und Texttafel bzw. Teleprompter.
- Das Geschehen in dem Studio wirkt natürlich: Kameramänner und Beleuchter stehen eher gelangweilt herum; ein Regisseur gibt den Darstellern Anweisungen.
- Man hat offenbar Spaß: Die beiden Akteure scherzen nach der simulierten Enthauptung; der »Henker« gibt dem »Opfer« danach einen freundschaftlichen Klaps.
- Der »Henker« macht zwischendurch Lockerungsübungen, wie bei Darstellern, die stundenlang am Set stehen, üblich.
- Der orangefarbene Overall des Opfers flattert genauso im (Ventilator)Wind wie auf dem Video der angeblichen Foley-Enthauptung.
- Die Kamerapositionen stimmen mit den beiden Perspektiven in dem Originalvideo überein. Eine Kamera steht fron tal vor den Akteuren (Kam 1), die andere diagonal im Raum (Kam 2; Halbprofil-Perspektive von rechts).

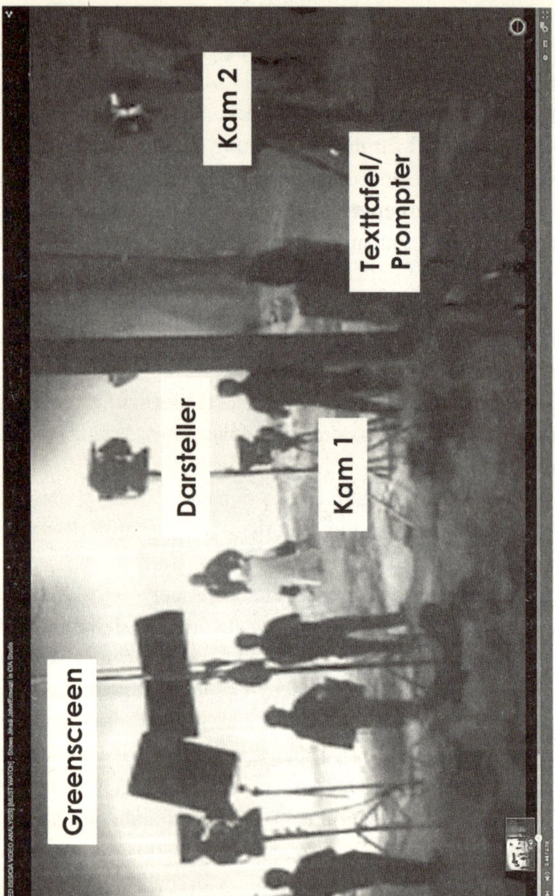

Angeblich gehackte Bilder:
Wurde so die Foley-Enthauptung gedreht?

Zwar gibt es auch einige Unterschiede, wie beispielsweise den Untergrund, auf dem die beiden Protagonisten stehen. Auch die Bewegungen der beiden scheinen im Detail nicht mit dem Bewegungsablauf auf dem Original übereinzustimmen. Ein Beweis für eine Fälschung des »Studio-Videos« ist das aber nicht. Denn ein Fünf-Minuten-Clip von den mehrstündigen Dreharbeiten wird nur einen kleinen Teil der Aufnahmen zeigen und muss nicht unbedingt die letztlich verwendeten Szenen enthalten. Auch kann es natürlich sein, das man im Verlauf des Drehs mit verschiedenen Untergründen, Kulissen und Beleuchtungen experimentiert hat, bis man schließlich mit dem Ergebnis zufrieden war. Mit Sicherheit sind die Szenen mehrfach gespielt und aufgenommen worden, und aus diesem Material hat man dann den endgültigen Clip zusammengesetzt.

Mutmaßliches »IS-Studio« mit Kameras und Darstellern

»Wir von Cyber Berkut erhielten die Datei, deren Bedeutung gar nicht hoch genug eingeschätzt werden kann, zu unserer Verfügung«, schrieb die Hacker-Gruppe dazu (techworm.net, Hacking News, 12.7.2015). »Lieber Senator McCain! Wir empfehlen Ihnen, bei Ihrer nächsten Auslandsreise und speziell auf dem Gebiet der Ukraine keine vertraulichen Dokumente mitzunehmen. Auf einem der Geräte Ihrer Kollegen haben wir eine Menge interessanter Dinge gefunden. Wir haben beschlossen, einiges mitzunehmen: Dieses Video sollte in den Besitz der internationalen Gemeinschaft gelangen!« Wobei eine Hackergruppe normalerweise nicht angeben würde, wie sie zu einer Datei gekommen ist, um niemanden zu gefährden und die

Quelle nicht zu verstopfen. Es kann sich also genauso gut um ein Ablenkungsmanöver handeln, um die wahre Quelle des Videos zu verschleiern. Genauso gut kann der Clip irgendwo in den USA entwendet worden sein.

Wenn der IS »noch eins draufsetzt«

Aber das ist nicht das eigentliche Thema. Denn nun, am 3. Februar 2015, setzten die Videoproduzenten des IS noch eins drauf. Was an diesem Tag veröffentlicht wurde, wirkte wie die Antwort auf all die vielen Zweifel an der Foley-Enthauptung. Ganz offensichtlich wollte man das damalige Video übertreffen und nun etwas Überzeugenderes produzieren, das über jeden Zweifel erhaben wäre – nämlich eine Hinrichtung, die von A bis Z zu sehen wäre und bei der man das Sterben des Todeskandidaten die ganze Zeit scheinbar unzweifelhaft mitbekäme. Mit einer »echter wirkenden« Enthauptung hätte man den Zweiflern nicht kommen können, weil dann alle früheren Enthauptungen noch unechter gewirkt hätten. Auf diese Weise wäre man erst auf die vielen Fehler der früheren »Aufführung« aufmerksam gemacht worden. Um die seinerzeitigen Inszenierungen nicht zu konterkarieren, musste die Hinrichtungsart also gewechselt werden. Und was eignet sich da besser als eine Verbrennung? Zum einen ist die Verbrennung eines lebenden Menschen noch grausamer als eine Enthauptung. Zum anderen kann die Phantomtruppe IS nur noch vorwärts und nicht mehr zurück. Aus propagandistischen Gründen kann der IS nur noch grausamer werden, aber niemals milder. Die Bedrohung darf daher nicht abnehmen, sondern muss ständig wachsen. So wurde auch die hier zu schildernde Verbrennung eines angeblichen jordanischen Kriegsgefangenen bald durch angebliche Massenverbrennungen übertroffen. Kurz: Die islamistischen Terroristen müssen einfach immer mehr »durchdrehen« und jedes Mal alles bisher Dagewesene in den Schatten stellen.

Die Werkzeuge der Illusion

Diesmal beglückte man die Welt mit geschlagenen 22 Minuten und 34 Sekunden direkt aus dem Horrorvideostudio. Schon an dem einleitenden trailerartigen Zusammenschnitt konnte man sehen, dass hier vielleicht keine professionellen Henker, aber professionelle Filmemacher am Werke waren (siehe u. a. leaksource.info: »Jordanian Pilot Kaseasbeh Burned Alive by Islamic State«, 4.2.2015). An verschiedenen einleitenden Statements und Kriegsbildern konnte man erkennen, dass der IS vielleicht kein Henkermesser bedienen kann – *Final Cut* und *Adobe After Effects* aber auf jeden Fall. Die »IS-Studios« beherrschen sämtliche Bild-, Schnitt- und Soundkniffe, die sonst nur Hollywood-Studios »draufhaben«. Die Splitscreen- und Überblendungsverfahren erinnerten verdächtig an Hollywood-Blockbuster-Kino im Stil von *Mission Impossible* oder *Matrix*. Es standen offenbar feinste Schnittsoftware, Cutter und Mediendesigner zur Verfügung, geübt in westlicher Dramaturgie und Bildsprache. Auch mit Special Effects dürften diese Leute durchaus vertraut sein, was bedeutet, dass man diesem Video nichts, aber auch gar nichts glauben kann. Die Werkzeuge der Illusion waren allesamt vorhanden und wurden schon vor der eigentlichen Verbrennungsszene reichlich eingesetzt.

Eine stressfreie Ansprache

Nach den einleitenden Sequenzen folgt zunächst ein politischer Teil im Stil einer Dokumentation, die der BBC alle Ehre machen würde. Die Bildsprache, das Tempo, die Schnitteffekte – alles erinnert an typische westliche »TV-Sprache«. Dazu Animationen vom Feinsten: Ein Jagdbomber, der gerade eine Stadt bombardiert, verwandelt sich in einen arabischen Schriftzug. Erst bei Minute 3:50 taucht erstmals der Delinquent selbst auf – angeblich ein am 24. Dezember 2014 gefangen genommener jordanischer Kampfpilot namens Muath al-Kasasbeh, ausgerechnet angetan mit orangefarbener amerikanischer Sträflingskleidung. Auch diesmal arbeitet das angebliche Hinrichtungsopfer wieder brav mit, was angesichts des ihm bevorstehenden Schicksals einmal mehr verblüffte. Ruhig und stressfrei legt der Pilot in einem komplett schwarzen Studio in ein Ansteckmikrofon eine Art Geständnis ab – aufgenommen aus zwei Blickwinkeln. Anders als weiland James Foley scheint al-Kasasbeh diesmal zwar gewisse Stressanzeichen im Gesicht zu tragen, vor allem einen blauen Augenring oder eine blaue Strieme unter dem rechten Auge – vielleicht der Überrest von einem »Veilchen«. Aber ansonsten wirkt das Gesicht normal. Das Auge ist nicht geschwollen. Im Bild sieht man den Delinquenten jeweils kaum länger als 20 bis 30 Sekunden sprechen, also vielleicht eine Teleprompter-Seite lang. Ab Minute 10:40 sieht man ihn mit der linken Hand links vor sich auf die Tischplatte tippen – vermutlich, um den Teleprompter weiterzublättern. Begleitet von einer professionellen Animation erzählt al-Kasasbeh fehlerfrei und ohne Stocken, wie er am 24. Dezember 2014 in Jordanien gestartet und in der Luft betankt worden sei, um an sein Ziel in der Region Ar-Raqqah, Syrien, zu gelangen.

An dem Angriff auf den IS seien Jets aus den Vereinigten Arabischen Emiraten, Marokko und Saudi-Arabien beteiligt gewesen. Dabei seien lasergesteuerte Bomben zum Einsatz gekommen. Anschließend zeigen Animationen, wie Jagdbomber kleine Babys und verschiedene andere Ziele ins Visier nehmen – was für viele Teile der von den USA und Israel beherrschten Welt wohl den Tatsachen entspricht. Aber gerade das ist ja der psychologische Sinn der Sache: Da dies von den grausamen IS-Terroristen behauptet wird, wird es unglaubwürdig gemacht und/oder vom Zuschauer abgelehnt.

Der lange Vorlauf vor der eigentlichen Verbrennung hat eine abschreckende Wirkung, denn bei den vielen grausamen Bildern beginnen im Verlauf des Videos immer mehr Zuschauer »abzuspringen«. Dass sich die Verbrennung am Ende des Videos wirklich jemand ansieht, ist gar nicht beabsichtigt. Im Gegenteil, es sollen so viele Zuschauer wie möglich vorher abgeschreckt werden. Die meisten Betrachter werden es sich wohl »schenken«, nun auch noch der Verbrennung des Piloten beizuwohnen und diese etwa auch noch kritisch zu hinterfragen. Die grausamen »Rausschmeißer« erfüllen daher den Zweck, erstens die Zuschauer von der Betrachtung der falschen Hinrichtung abzubringen und zweitens deren Glaubwürdigkeit zu untermauern, ohne dass sie überhaupt jemand gesehen haben muss. Denn da die im Vorfeld gezeigten schrecklichen Bilder zweifellos echt waren, wird damit auch die darauf folgende Brandhinrichtung geglaubt, ohne dass sie jemand gesehen haben muss.

Eine fein inszenierte Hinrichtung

Obwohl ich selbst schon viele schreckliche Videos und Fotos gesehen habe, musste auch ich tagelang mit mir kämpfen, um mir dieses Video »anzutun«. Woran man deutlich die extrem abschreckende Wirkung der vorhergehenden Szenen erkennen kann. Man konnte ja nie wissen: Vielleicht war die mysteriöse IS-Truppe diesmal wirklich so weit gegangen, einen Menschen vor laufender Kamera bei lebendigem Leibe zu verbrennen? Von den Milliarden Menschen, die von dem Video hörten und das Ereignis für bare Münze nahmen, haben es meiner Meinung nach höchstens ein bis zwei Prozent wirklich von Anfang bis Ende gesehen. Doch wenn man sich einmal überwunden hat und den Schwindel erkennt, kann man sich auch distanzieren und »lohnt« es sich, denn die angebliche Verbrennung des jordanischen Piloten Muath al-Kasasbeh ist nicht weniger fein inszeniert als das agitatorische Vorspiel. Und vor allem weitaus besser als die früheren Enthauptungsvideos.

Frisch gewaschen und gestärkt

Die Szene spielt inmitten einer Kriegsruine, die von stummen und vermummten Gestalten bevölkert wird. »Alle Soldaten sind schön aufgestellt, es stimmt jeder Anschluss des Schnitts. Ich sehe das als Beweis für eine Manipulation im großen Ausmaß«, meinte der österreichische Reporter Jürgen Preissler, der zwei Jahrzehnte lang als Kameramann und Techniker beim öffentlich-rechtlichen Fernsehen tätig war und über ein extrem geschultes Auge in Sachen Bildgestaltung, Beleuchtung, aber auch Verhalten von gefilmten Personen und Akteuren verfügt. Ab Minute 14:38 sieht man den Delinquenten zum ersten Mal –

fast wäre man versucht zu sagen: »ins Bild latschen«. Aus dem Hintergrund nähert er sich einer Reihe vermummter, stramm aufgestellter IS-Kämpfer in frisch gewaschenen und gestärkten Kampfanzügen. Obwohl aus der Anwesenheit der bewaffneten Truppe hervorgeht, dass es ihm nun an den Kragen gehen soll, schaut er sich nur etwas verwundert um und nähert sich ohne die geringste Angst und Vorsicht. Al-Kasasbeh kommt genau aus der Richtung eines mit Schutt beladenen Schaufelladers, der später die verbrannte Leiche zuschütten soll. Eine ausgeklügelte Dramaturgie. Doch wenn man genau hinsieht, stellt man fest, dass der Hintergrund mit dem Schaufellader seltsam körperlos und zweidimensional wirkt, fast wie eine Fototapete oder eine in der Nachbearbeitung eingefügte Kulisse. Der todgeweihte Delinquent ist weder gefesselt, noch wird er begleitet, und dennoch macht er nicht den geringsten Versuch davonzulaufen. Erstaunlich – wenn man da an den »Death Walk« im Todestrakt von US-Gefängnissen denkt, wo mehrere kräftige Männer den Todeskandidaten in die Mitte nehmen müssen, damit sich dessen natürliche Reflexe auf dem Weg zur Hinrichtung nicht durchsetzen und er mit Händen und Füßen um sein Leben kämpft (siehe auch der Spielfilm *Dead Man Walking*, 1995). Man spricht dabei auch von einem Mann, der – wörtlich übersetzt – zur Hinrichtung »gegangen wird« (»being walked«). Schließlich dürften auch dem jordanischen Piloten die Enthauptungen durch den IS bekannt gewesen sein. Aber dennoch scheint er eine solche Hinrichtung für eine ziemlich lockere Sache zu halten: Er spaziert eben mal zur Hinrichtungsstätte, sieht sich ein wenig um, nur um anschließend ohne zu murren in den Feuertod zu gehen.

Muath al-Kasasbeh: keine Angst vor den Vermummten

Keine Angst vor den Vermummten

Nach einem Bildschnitt sieht man die vermummte Truppe nun frontal, wobei der Delinquent von rechts ins Bild tritt und am rechten Bildrand stehen bleibt, so dass sich ein perfekt eingerichtetes und ausgewogenes Bild ergibt: rechts der Todgeweihte, links die Reihe der IS-Kämpfer. Die ausgeklügelte Bildgestaltung spricht dafür, dass er genau an einem markierten Punkt stehen bleibt, den man nicht sehen kann, weil die Füße des Delinquenten nicht im Bild sind. Dazwischen werden immer wieder Schockbilder von Kampfflugzeugen und Kriegsgreueln geschnitten, vordergründig, um die Schuld al-Kasasbehs zu untermauern. In Wirklichkeit sorgen die Bilder dafür, dass nun auch noch die letzten Zuschauer abspringen. Die eigentliche Verbrennungsszene dürfte sich nur noch ein kleines Häuflein Hartgesottener angesehen haben.

Im nächsten Bild folgt formatfüllend das Gesicht des Piloten, immer noch völlig stressfrei und ruhig. »Des Piloten linkes

Auge hat jetzt weniger Schminke, da wir uns in einer Großaufnahme befinden«, so Jürgen Preissler. »So bewegt sich kein zum Tode Verurteilter«, meint Preissler zum Auftritt des jordanischen Kampfpiloten, dem die Vermummten in ihren frisch gestärkten Anzügen nicht die geringste Angst einzujagen scheinen. Noch immer blickt er völlig unbefangen um sich, während man im Hintergrund den Schrei einer Krähe, also eines Aasvogels, hört. Sicher kein Zufall, sondern wahrscheinlich ein beigemischter Soundeffekt.

Kein Kampf um die Kugel

Die eigentliche Hinrichtungsszene beginnt erst ab Minute 16:53. Nun sieht man den Verurteilten still in einem kleinen Käfig stehen. Die Kamera schwenkt langsam über seine orangefarbene, offenbar mit irgendeiner Substanz befeuchtete Kutte. Sollte es sich dabei um eine brennbare Flüssigkeit handeln, hätte al-Kasasbeh spätestens jetzt mitbekommen haben müssen, worum es geht: dass man gedenkt, ihn bei lebendigem Leibe zu verbrennen. Doch statt nun endgültig zu flehen, zu schreien und an den Stäben seines Gefängnisses zu rütteln, bleibt er ruhig und rührt sich nicht vom Fleck. Und das ist unlogisch, denn um wie viel gnädiger wäre doch eine Kugel aus einem der zahlreichen vorhandenen Gewehrläufe, als sich stillschweigend in ein so grausames Schicksal zu ergeben! Jeder andere würde nun wohl um diese erlösende Kugel kämpfen – nicht aber al-Kasasbeh. Eine Nahaufnahme seines Gesichts zeigt immer noch keine Zeichen von Angst, höchstens etwas Fragendes, das jedoch angesichts der vielsagenden brennbaren Flüssigkeit längst überholt erscheint. Längst muss dem Unglücklichen klar sein, was ihm nun droht.

Zwei IS-Kämpfer entzünden die Lunte (Screenshot)

Verbrennung wie aus der Hobbythek

Erstaunlich ist nach wie vor, dass er dabei mitspielt, besonders in der nächsten Szene, in der zwei IS-Kämpfer die zum Käfig führende Lunte entzünden. Das Ganze erscheint wie eine Laborsituation – eine Versuchsanordnung direkt aus der *Hobbythek* oder der *Sendung mit der Maus:* Seht her, liebe Kinder, hier ist der Käfig, da die Lunte, und dort stehen die bösen IS-Kämpfer. Alles ist labormäßig angeordnet, damit auch noch der Letzte kapiert, was hier passiert: Hier der schwarze Käfig mit dem orangefarbenen Delinquenten, da die schnurgerade Lunte und dort die beiden IS-Kämpfer, die jene schön langsam mit einer großen Fackel entzünden. Spätestens als sich die Vermummten der Lunte nähern, wäre wohl jeder andere durchgedreht – nicht aber al-Kasasbeh. Er bleibt labormäßig exakt in der Mitte seines Gefängnisses stehen und wartet darauf, dass die Flammen in seinen Käfig eindringen! Kaum zu glauben.

Jeder andere hätte sich nun in die hinterste Ecke des Käfigs verkrochen, geschrien, an den Stäben gerüttelt oder versucht, die Konstruktion hochzuheben, um daraus zu entkommen. Und falls er dabei erschossen worden wäre – na, wenn schon. Mit anderen Worten, dieses Verhalten des Brandopfers ist vollkommen unnatürlich und unglaubwürdig. Zumindest hätte man erwartet, dass sich al-Kasasbeh in einer Ecke seines Käfigs Schutz suchend zusammenrollt. Doch statt den (wie auch immer sinnvollen) Versuch zu unternehmen, sich in Sicherheit zubringen, schützt der Mann interessanterweise nur seine Hände, und zwar, indem er sie vor sein Gesicht hält.

Ein toller »fire stunt«

Um eine Brandhinrichtung wirklich glaubwürdig zu machen, hätte man nun sehen müssen, wie eine lebendige Person von A bis Z verbrennt – und zwar ohne jeden Schnitt. Allein deshalb hätten sich Schnitte während des eigentlichen Vorgangs strikt verboten. Das Problem ist aber, dass hier an mehreren entscheidenden Stellen geschnitten wird – das erste Mal, bevor das Feuer zu Füßen al-Kasasbehs auf diesen überspringt. Nach dem Schnitt sieht man die »bekuttete« und nun brennende Person nur noch von hinten, weiß also nicht, ob dies noch ein und derselbe al-Kasasbeh ist. Als man die von Flammen eingehüllte Gestalt schließlich wieder von vorne sieht, kann man ihn jedenfalls nicht wiedererkennen. Wobei die nun folgenden Aufnahmen durchaus spektakulär sind, da die Flammen den Betreffenden nunmehr fast vollständig einhüllen und auch Arme und Gesicht zu erfassen scheinen. Beeindrucken kann das freilich nur auf den ersten Blick. Denn wer bei *YouTube* schon einmal unter dem Begriff »fire stunt« nach Videos gesucht hat, der weiß, dass in diesem Bereich fast alles möglich ist – sogar ein brennendes Gesicht. Erreicht wird das durch ein dick aufgetragenes Spezialgel, das brennen kann, ohne dass die Haut darunter verkohlt. Aber auch Kopf- und Handmasken kommen in Frage. Konzentrieren wir uns daher auf den nächsten Schnitt. Beim ersten wurde der echte al-Kasasbeh möglicherweise durch einen Stuntman ausgetauscht, der mit »fire stunts« vertraut ist.

Eine schwarze Gestalt

Die Frage bleibt, warum dieser Schnitt überhaupt nötig war: Warum konnte man den gesamten Verbrennungsvorgang nicht am Stück zeigen? Und warum waren noch weitere Schnitte nötig? Ein Erklärung könnte lauten: Da man natürlich auch einen Stuntman nicht vollständig abbrennen lassen kann, sind weitere Schnitte unvermeidbar, und zwar zu dem Zeitpunkt, an dem ein Stuntman jeweils gelöscht werden müsste. Ganz im Gegensatz zu dem Eindruck einer langwierigen Verbrennung, der in der Öffentlichkeit entstanden ist, dauert die längste Einstellung mit ein und derselben brennenden Gestalt nur etwa sieben Sekunden. Lang kommt einem das nur deshalb vor, weil man sich die unendlichen Qualen vorstellt, die so etwas bereiten muss. Irgendwann sind die Möglichkeiten eines Stuntmans jedoch ausgereizt; ein weiterer Umschnitt ist daher fällig. Für die folgende Handlung kommen nur zwei Möglichkeiten in Frage: eine Animation oder eine Puppe. Bei dem nächsten »Darsteller«, auf den nach dem brennenden Stuntman umgeschnitten wird, handelt es sich denn auch nur noch um eine in Flammen eingehüllte schwarze Gestalt ohne Gesicht und andere Identitätsmerkmale. Ob das also wirklich al-Kasasbeh ist, darf angesichts der vorausgegangenen Schnitte bezweifelt werden. Die schwarze Gestalt bewegt sich überdies nicht mehr wie ein natürlicher Mensch, sondern erscheint merkwürdig schwere- und körperlos. Sie läuft nun in Flammen gehüllt durch den Käfig, um schließlich in die Knie zu sinken und den Kopf zu senken. Mit dem Auftreten dieser Gestalt kommt es plötzlich zu einem äußerst merkwürdigen Phänomen, nämlich, dass die Flammen, die scheinbar aus dem Menschen oder seiner Kleidung schlagen, nun die darüber befindlichen Gitterstäbe in Mitleidenschaft ziehen. Und zwar nicht etwa, indem diese schmelzen oder sich verbiegen, was angesichts des flüchtigen Feuers ohnehin unmöglich wäre (es sei denn, der Käfig wäre aus Pappe oder Plastik, was natürlich nicht auszuschließen ist). Nein, vielmehr werden die Gitterstäbe durch die Flammen plötzlich auseinandergerissen und seitlich versetzt, um sich anschließend wieder in Reih und Glied einzupassen.

Al-Kasasbeh: flackernde Gitterstäbe im Verbrennungsvideo (Screenshot)

Eine schmucke Leiche

Ende der Illusion: Wie jeder weiß, der schon einmal ein Grillfeuer beobachtet oder gar gefilmt hat, passiert den Metallstäben des Grills dabei gar nichts. Ob man sie nun »live« betrachtet oder auf einem Video, sie bleiben schön brav an Ort und Stelle. Ganz offensichtlich handelt es sich hier also um einen elektronischen Störeffekt, bei dem das in dieser Szene ebenfalls künstlich animierte Feuer auch die abgebildeten Gitterstäbe in Mitleidenschaft zieht. Offenbar konnte man die animierte Figur, das animierte Feuer und die Gitterstäbe elektronisch nicht sauber trennen, so dass auch die Gitterstäbe zu »flackern« begannen. Da für die Grausamkeit der Inszenierung nun noch eine Nahaufnahme des total verkohlten Opfers nötig ist, springt nach dem folgenden Schnitt der nächste Darsteller ein, nämlich ein Dummy. Dessen verkohlten Kopf sieht man plötzlich in einer Nahaufnahme hinter den Gitterstäben, die nun solide an ihrem Platz verharren, was bedeutet, dass wir es wieder mit einer real gefilmten Szene und nicht mit einer Animation zu tun haben. Aber erstaunlicherweise werden nun plötzlich mitten über das Bild Schrifttafeln gelegt – ein beliebter Trick, um Unzulänglichkeiten zu kaschieren. Denn sonst hätte man die Schrift ja auch am unteren Bildrand einblenden können. Liegt es daran, dass unter der offenbar schwarz verkohlten Haut nun etwas zum Vorschein kommt, das wie graues Plastik aussieht? Wie schon in Sachen Stuntman kann einem auch hier ein Blick hinter die Kulissen die Augen öffnen. Für Leichen aller Art gibt es im Internet eigene Shops, zum Beispiel »Dapper Cadaver« (zu deutsch: »Schmucke Leiche«): »Hergestellt in den USA, eignen sich Dapper Cadavers äußerst realistische Latex-Leichen perfekt als Halloween-Leichen oder Horrorfilmrequisiten«, kann man da lesen. »Unsere Leichenrequisiten hatten Auftritte in Top-Krimis genauso wie in Thrillern wie *Law & Order* und *Supernatural.*« Und »supernatürlich« sind sie denn auch, die Leichen von Dapper Cadaver, die sogar Nahaufnahmen standhalten – aber nicht billig. So muss man für einen »verbrannten Ben« gut und gerne 750 Dollar hinblättern, für einen »verbrannten Frank« sogar 800. Und es sieht ganz so aus, als hätte sich der IS für seine Inszenierung der Pilotenverbrennung nirgendwo anders als in einem solchen Shop bedient. Jedenfalls sieht man unter der »Haut« deutlich eine graue Masse hervortreten, die aussieht wie Plastik. Die kniende Gestalt kippt nun langsam nach hinten und wird unmittelbar darauf von einer Ladung Schutt aus der erwähnten Baggerschaufel begraben.

Aber was ist da nun wirklich gelaufen? Schließlich kann man doch den jordanischen Kampfpiloten al-Kasasbeh mit allen Daten bei *Wikipedia* finden, und zwar samt Foto. Demnach wurde er am 29. Mai 1988 als Spross einer prominenten jordanischen Familie geboren; sein Onkel sei gar Generalmajor der jordanischen Armee gewesen. 2009 schloss er dem zufolge die König-Hussein-Luftwaffenschule ab und trat der Königlich Jordanischen Luftwaffe bei. Am 24. Dezember 2014 verschwand er schließlich mit seiner F-16 während eines Bombeneinsatzes gegen den IS in der Nähe von Raqqa, Syrien, vom Himmel – ob abgeschossen oder als Folge eines Defekts, ist unklar. Nachdem er sich mit dem Fallschirm habe retten können, sei er von Kämpfern des Islamischen Staates gefangen genommen worden.

Wie man den Dschihad fabriziert

Also ist doch alles echt – oder nicht? Auf der anderen Seite wäre es natürlich die leichteste Übung, im Rahmen der aufwendigen Videoproduktion auch eine entsprechende Legende und gegebenenfalls auch eine *Wikipedia*-Seite zu erstellen – mit einem Foto des Pilotendarstellers in Uniform. Und schon hätte man ein perfektes Propaganda-Phantom. Aber auch dann, wenn al-Kasasbeh echt sein sollte, wäre es natürlich kein Problem, ihn für einen Darsteller-Einsatz abzukommandieren. Denn schließlich ist psychologische Kriegführung auch Kriegführung – nur dass solche Bomben eben nicht am Boden, sondern in den Gehirnen zünden. Wenn man berücksichtigt, dass Jordanien ein Verbündeter der USA im Krieg gegen Syrien ist, und wenn man ferner bedenkt, dass der Islamische Staat den USA einen maßgeschneiderten Vorwand liefert, endlich auf syrischem Boden Krieg zu führen, kommt man der Antwort schon sehr nahe. Die Greuelpropaganda ermöglicht den USA, überall dort Krieg zu führen, wo der schreckliche IS angeblich auftritt. Mit anderen Worten, man muss nur hier und da ein paar IS-Terroristen plazieren, um sie anschließend »bekämpfen« zu können und auf diese Weise den »Dschihad« praktisch zu »fabrizieren«. Eine Verschwörungstheorie? Ja – aber nur dann, wenn neuerdings auch der etablierte TV-Sender Euronews zu den Verschwörungstheoretikern zählte. Der überschrieb nämlich ein Gespräch mit einer ehemaligen IS-Geisel mit dem Titel: »Wie man den Dschihad fabriziert« (online, 2.3.2015).

Keine Ahnung vom Islam

Es handelte sich um ein Interview, das die französische IS-Geisel Nicolas Hénin dem Sender gegeben hatte. Hénin war zwischen Juni 2013 und April 2014 vom Islamischen Staat festgehalten worden. Und dieser Mann hatte während seiner Gefangenschaft wirklich merkwürdige Dinge mitbekommen. So hätten die vermeintlichen Super-Fanatiker des IS, die im Namen des Islam angeblich Menschen köpfen und verbrennen, überhaupt keine Ahnung von dieser Religion. Viele von ihnen seien verlorene Seelen, die in einer Art kultureller Wüste lebten und diese Leere mit der Idee einer Bestimmung füllten. Hénin glaubt, sie würden einer »Gehirnwäsche« unterzogen. Da sei zum Beispiel der Amokschütze Mehdi Nemmouche, den er traf und der angeblich ein jüdisches Museum in Belgien angegriffen hatte. Nemmouche sei lediglich ein TV-Süchtiger, dessen kulturelle Bezüge aus seinen Nachmittagen vor dem Fernseher stammten, erzählte Hénin. Er sei nach Syrien gekommen, um berühmt zu werden und ins Fernsehen zu kommen. Sein ganzes Weltbild stamme aus dem Reality-TV, aus Unterhaltungssendungen, Gerichtsshows, und seine gesamte Ideologie fuße eher auf dem französischen Fernsehen als auf dem Koran. Nur die Propaganda des IS sei vom Feinsten. »Der Islamische Staat ist in dieser Hinsicht sehr intelligent«, meint Hénin. Er nutze die gesamte Bandbreite der Medien und Ausdrucksformen. Und die IS-Kämpfer sprächen dieselbe »kulturelle Sprache« wie der Westen, was anhand der oben beschriebenen Bilder von der angeblichen Verbrennung ja auch schon festgestellt wurde: »Das sind Leute, die dieselben Filme gesehen haben wie wir, die dieselben Videospiele gespielt haben wie unsere Kinder, die dieselben Bücher gelesen haben, die in dieselbe Kultur getaucht wurden. Das ist die Twitter- und Facebook-Generation, die dieselbe Kultur und dasselbe Weltbild teilt.« So langsam kennt man sich gar nicht mehr aus – was macht denn dann einen Dschihadisten überhaupt noch aus? Wenn er ohnehin dieselbe Kultur wie der Westen teilt, wofür kämpft er dann eigentlich? Wo ist denn dann noch das Motiv für einen grausamen Kampf für »islamische Werte« und gegen den Westen? Vor unseren Augen löst sich damit der gesamte Islamische Staat in nichts auf, denn schließlich fußt er eigentlich ja nur auf einer Kultur, nämlich der muslimischen. Keine islamische Kultur, kein islamisches Weltbild und kein islamischer Fanatismus – kein islamischer Staat. So einfach ist das.

Ein Haufen Hohlköpfe

»Man braucht nicht viel, um jemanden in einen Dschihadisten zu verwandeln«, meint Hénin. »Man nehme jemanden, der nicht viel im Kopf hat, und fülle dieses Gehirn mit einem Dutzend arabischer Worte und einigen grundlegenden Vorstellungen über den Islam, die gar nichts mit dem Islam zu tun haben. Sie haben nur ein rudimentäres Verständnis des Islam. Das gilt für die meisten von ihnen.« In Wirklichkeit besteht der Islamische Staat also nur aus einem Haufen Hohlköpfe mit angeschlossener Propagandaabteilung – die allerdings Spitze ist, wie wir bereits festgestellt haben. Hénin sprach gleich von mehreren »Produktionsfirmen«, die die IS-Videos herstellen würden. Die wichtigste davon sei von deutschen »Dschihadisten« gegründet worden. »Dies sind Jungs von uns, das sind keine Syrer oder Iraker.« Aber wie weit geht dieses »von uns« eigentlich? Sind es etwa tatsächlich »unsere Leute«, also westliche Propagandisten, die den ganzen IS-Horror erst produzieren und zum Leben erwecken? Je länger Hénin über dieses Thema sprach, umso hauchdünner wurde die Grenze zwischen fehlgeleiteten westlichen »Dschihadisten« und westlichen Medien-Söldnern, die den »Islamischen Staat« einfach am Computer fabrizieren. Wie wir spätestens seit dem Spielfilm *Wag the Dog* wissen, muss man einen Krieg in unserer modernen Medienwelt in erster Linie produzieren und nicht führen. Aber auch das normale Personal des IS sind nicht etwa furchterregende Araber mit Krummsäbeln, sondern Franzosen, Engländer, Spanier und andere – Hénin erzählte, er habe eine ganze Palette von Sprachen gehört. Denn der Islamische Staat rekrutiere nun mal Kämpfer in der gesamten westlichen Welt. Aber was ist daran dann noch »islamisch«? Der »Islamische Staat« reduziert sich demnach auf:

- Greueltaten, die professionell gedreht und am Computer zusammengeschnitten werden,
- (westliche) Produktionsfirmen, die die »Potemkinschen Dörfer« des IS produzieren,
- westliche Rekruten, deren gesamte Kultur und deren Weltbild aus dem Westen stammen,
- Hohlköpfe, die keine Ahnung vom Islam haben und mit ein paar arabischen Worten und Koranphrasen zum Dschihadisten »getunt« werden.

Unter dem Strich bleibt nichts

Errechnet man daraus die Summe, bleibt unter dem Strich eigentlich nichts Authentisches übrig. Der Islamische Staat erscheint als westliches Schreckensphantom, das als Rechtfertigung dient, um in beliebigen Ländern des Nahen und Mittleren Ostens Krieg führen zu können. Dasselbe gilt übrigens auch für die nigerianische Terrorgruppe Boko Haram. Ob die Terroristen wirklich vor Ort sind oder aber nur in Videos auftreten, spielt ja gar keine Rolle – denn 99,99 Prozent der Menschen werden ohnehin nur mit den Videos konfrontiert und nicht mit der Realität vor Ort. Woher soll man also schon wissen, ob die in dem Brandvideo gezeigte Kriegsruine in Syrien wirklich existiert? Wer wollte das widerlegen? Und wenn, dann könnte sie inzwischen ebenso gut abgerissen oder weiter zerbombt worden sein.

Bleibt nur die Frage, warum die westlichen Propagandisten für ihre Zwecke nicht wirklich einen Menschen bei lebendigem Leibe verbrannt haben – an irgendwelchen menschlichen Hemmungen kann das eigentlich kaum liegen. Auf eine Leiche mehr oder weniger kommt es schließlich nicht an. Auf der anderen Seite ließe sich die Verbrennung eines echten Menschen – oder die echte Verbrennung eines Menschen wohl kaum so »schön« labormäßig kontrollieren und inszenieren wie die »Verbrennung« des jordanischen Piloten Muath al-Kasasbeh. Wie bereits angedeutet, würde das Ganze aufgrund der verzweifelten Gegenwehr des armen Opfers vermutlich im Chaos enden. Im richtigen Leben stellt sich kein Mensch gerne als lebende Propagandafackel zur Verfügung. Des Weiteren ließen sich missglückte Einstellungen auch nicht wiederholen. Was eine Filmcrew aber nun mal braucht, ist absolute Kontrolle. Und das ist wohl der eigentliche Grund, warum in den meisten dieser Videos nicht wirklich getötet wird …

Heimliche Euthanasie: Für jede Leiche gibt es Bares

Krankenhäuser scheinen sich immer mehr in Orte des Versagens und Verbrechens zu verwandeln. Nach dem Prozess um das ebenso überraschende wie seltsame Ableben des amerikanischen Comedy-Stars Joan Rivers beschäftigte Ende Februar 2015 ein schockierender Fall von Massenmord in einem deutschen Krankenhaus die Öffentlichkeit. Blicken wir kurz zurück: Klinikum Delmenhorst, Intensivstation, etwa 2003. Pfleger Niels H. macht sich an einem Bett zu schaffen, deaktiviert den Monitoralarm, zieht ein Medikament auf eine Spritze und injiziert die Arznei in den Venenzugang des Patienten. Eigentlich ist das Mittel gegen Herzrasen gedacht, doch der Patient hat gar kein Herzrasen. Und statt zehn Milliliter, wie normal, spritzt H. gleich 30 bis 40 Milliliter. Dann aktiviert er den Monitoralarm wieder und verlässt den Raum. Kurz darauf schrillen die Glocken, Schwestern und Pfleger eilen ins Zimmer. Nun spielt H. den großen Retter, schreit Anweisungen und versucht, den Patienten zu reanimieren. Manchmal hat er Glück und wird gefeiert. Doch diesmal ist die schnelle »Hilfe« vergebens – aus einem Kranken wird ein Mordopfer (geschildert nach *Die Welt*, online, 26.2.2015).

Der schlimmste Serienmörder der Geschichte

Erst nach zwei Jahren flog der »Todespfleger« auf. Im Jahr 2005 wurde der Mann auf frischer Tat ertappt, wie er gerade einem Opfer eine Spritze setzte. 2008 wurde er deswegen erstmals wegen versuchten Mordes zu siebeneinhalb Jahren Haft verurteilt. Doch die vollendeten Morde blieben ungesühnt. Nur der Hartnäckigkeit einer Frau, deren Mutter 2003 im Delmenhorster Krankenhaus verstarb, war es zu verdanken, dass H. 2014 erneut vor Gericht landete. Zwar wurde er diesmal – am 26. Februar 2015 – wegen zweifachen Mordes, zweifachen Mordversuchs und gefährlicher Körperverletzung zu lebenslanger Haft verurteilt. Der Mann gab anlässlich seines Prozesses jedoch zu, alles in allem 90 Patienten auf diese Weise »behandelt« zu haben – mindestens 30 sollen daran gestorben sein. Kein Zweifel: H. könnte der schlimmste Serienmörder in der deutschen Geschichte sein. Er selbst hat sich angeblich so bezeichnet. Ein Psychopath? Wahrscheinlich. Eine spektakuläre Ausnahme? Mitnichten. Es wird Zeit, solche Vorkommnisse nicht nur als monströse Einzelfälle und die Täter als einsame Henker zu betrachten, die vollkommen isoliert ihr Unwesen treiben. Auch ein Unkraut gedeiht schließlich nicht ohne Nährboden. Was uns gemeinhin als Orte der Heilung, Pflege und Betreuung erscheint – Kliniken und Pflegeheime –, ist für Mord und Totschlag schließlich wie geschaffen: Nirgendwo sonst sind so viele Menschen ohnehin schläfrig, betäubt, bewusstlos oder komatös. Nirgendwo sonst sind so viele Menschen dem Tod so nahe wie im Krankenhaus. Nirgendwo sonst sind so viele Menschen so alleine. Kurz: An keinem anderen Ort sind so viele Menschen so hilflos und ausgeliefert wie im Krankenhaus und Pflegeheim. Ein unbeobachteter Moment, ein kleiner »Schubs« – und schon sind sie »hinüber«. Dafür gibt es viel unauffälligere Mittel als eine »Todesspritze« oder ein Herzmedikament, das hinterher im Arzneischrank fehlt. Die »normale« Massentötung im Krankenhaus geschieht heimlich, still und leise.

Todesursache Verdursten

Zum Beispiel durch Austrocknung (Exsikkose), zu deutsch: Verdursten. Wer tagelang zu wenig Wasser bekommt, liegt bald »komatös« im Bett und stirbt ganz unauffällig. Was für die Angehörigen wie ein natürlicher Sterbeprozess aussieht, könnte in Wirklichkeit Mord, Totschlag oder fahrlässige Tötung sein:

- Niemand muss dabei aktiv tätig werden.
- Arzneimittel sind nicht nötig, fehlen nicht im Arzneischrank und können bei einer Obduktion oder Exhumierung daher auch nicht nachgewiesen werden.
- Kein Angehöriger kommt auf die Idee, dass der Patient ganz einfach verdurstet sein könnte – denn das hat das Krankenhaus oder das Pflegeheim doch »sicher im Griff«.
- Kaum ein Besucher achtet auf die Wasserversorgung des Kranken – und auf eine Infusion schon gar nicht.
- In der Regel heißt es: »Er trinkt halt nichts mehr.« Auf die Idee, dass man den »Sterbenden«« durch Wasser ganz schnell »reanimieren« könnte, kommen naturgemäß nur wenige Laien.
- Besonders bei alten Menschen sieht der Verdurstungsprozess ganz »natürlich« aus – so, als würde der Mensch auf einmal verfallen und dahinscheiden: Der Patient wird plötzlich schläfrig, »dement«, »komatös«, bekommt trübe Augen und stirbt.
- Hinterher heißt es: »Die Uhr war abgelaufen«, es war »halt so weit«, »sie war ja auch schon … 70, 80, 90, da kann man halt nichts machen«, »der Tod gehört zum Leben« und so weiter.

Austrocknung im großen Stil

Weit hergeholt? Keineswegs. Vielmehr wird diese Form der »Euthanasie« offenbar in großem Stil betrieben. Oder warum sonst sind ausgerechnet Harnwegsinfekte mit 40 Prozent die häufigste Krankenhausinfektion (medizininfo.de: Die häufigsten Krankenhausinfektionen, ohne Datum)? Das liegt nicht etwa nur am Blasenkatheter, über den bisweilen Keime eindringen können. Vielmehr setzen sich leichter Bakterien fest, wenn die Harnwege nicht ausreichend gespült werden. Erst an zweiter Stelle stehen Atemwegsinfektionen (zum Beispiel die gefürchtete Lungenentzündung), dann erst kommen Wundinfektionen, Blutvergiftung oder sonstige Entzündungen. In Großbritannien sterben jedes Jahr 40 000 Patienten ausgerechnet an einem Nierenversagen – das Endstadium der Austrocknung. »Verdursten in Großbritannien jährlich tausende Krankenhauspatienten?«, fragen sich laut *Zahnärztlichen Mitteilungen* die Ärzte dort (online, 3.6.14). Die Zahl der Todesfälle als Folge von Nierenversagen liege »deutlich über der Zahl von Todesfällen als Folge multiresistenter Krankheitserreger wie MRSA« (Methicillin-resistenter Staphylococcus aureus). Dabei müssen sich die Ärzte keineswegs verwundert die Augen reiben. Vielmehr wissen sie sehr genau um die Ursachen. Schließlich gibt es da den sogenannten »Liverpool Care Pathway« (LCP) – den »Liverpooler Pflege-Abgang«. Zunächst für Krebspatienten entwickelt, wird dieser »Fahrplan in den Tod« in Großbritannien inzwischen auf viele todkranke oder noch nicht so todkranke Patienten angewendet. Sobald die Ärzte der Meinung sind, dass ein Patient wahrscheinlich sterben werde, kann er, ohne ihn selbst oder seine Angehörigen zu fragen, auf den LCP geschickt werden – vor allem, indem Nahrung, Wasser und Medikamente abgesetzt werden.

Das System der Todeslisten …

Und dieser Meinung sind Ärzte in Großbritannien ziemlich oft, denn für jede Leiche gibt es schließlich Bargeld. Wenn sie ihr LCP-Soll erfüllen, erhalten die Kliniken Geld. »Tatsächlich werden die Patienten in Death Lists eingetragen, regelrechten Todeslisten«, berichtete die Website *Katholisches.info:* »Die dort verzeichneten Personen werden im Fall eines Herzinfarkts oder akuter Atemprobleme nicht wiederbelebt. Die Nahrungs- und Flüssigkeitszufuhr wird eingestellt. Laut britischem Gesundheitsministerium werden jährlich 130 000 Menschen so behandelt, mindestens 60 000 ohne ihr Wissen« (8.1.2013). Die christliche Ärztevereinigung *Christian Medical Fellowship* (CMF) habe aufgedeckt,

> »daß durch das Death-List-System der Tod von Menschen gefördert werde, die noch Jahre leben könnten. (…) Laut CMF ködere das Gesundheitsministerium die Krankenhäuser durch finanzielle Anreize, die Death List einzuführen und möglichst viele Patienten darin einzutragen. Die Krankenhäuser, die das LCP-System eingeführt haben, hätten, so die Ärztevereinigung, 30 Millionen Pfund zusätzlich erhalten und dies angesichts der knappen Mittel im Gesundheitswesen.«

Dabei müsste es heißen: *gerade* angesichts der knappen Mittel im Gesundheitswesen. Denn einen älteren Patienten nicht zu behandeln, sondern einfach verdursten zu lassen (vielleicht unter Verabreichung einiger Schlaftabletten) spart nun mal viel Geld.

Die Wiederauferstehung der Frau Greenwood

Tatsächlich hätten sich in einer ganzen Reihe von Fällen Familienangehörige beschwert, »dass sie nicht zu Rate gezogen oder auch nur informiert wurden, als Wasser und Nahrung bei ihren Verwandten abgesetzt wurden«, schrieb der britische *Telegraph* (online, 31.10.2012). Des Weiteren beruhten diese tödlichen Maßnahmen nur auf einer Annahme, nämlich der, dass die Patienten ohnehin nicht zu retten seien. Allerdings ist das mit derartigen Prognosen so eine Sache: So waren keineswegs alle Patienten, wie von den Ärzten behauptet, todgeweiht, sondern erholten sich später wieder, etwa, wenn sie aus irgendeinem Grund doch wieder Wasser bekamen. Berühmt ist in Großbritannien zum Beispiel der Fall der 82-jährigen Patricia Greenwood, die von den Ärzten im Krankenhaus von Blackpool auf den »Liverpooler Pflege-Abgang« geschickt wurde. Wasser und Nahrung wurden abgeklemmt und zum Abschied die Angehörigen zusammengetrommelt. Als die jedoch nein sagten und ihrer Mutter und Oma wieder Wasser gaben, blühte diese wieder auf wie eine vertrocknete Zimmerpflanze. »Ich überlebte den Pfad des Todes«, titelte dazu die *Daily Mail* (online, 26.10.2012): »Die Ärzte gaben Patricia, 82, noch zwei Tage zu leben, aber ihre Familie trotzte den Ärzten und gab ihr Wasser durch einen Strohhalm. Nun plant sie eine Kreuzfahrt«: »Innerhalb von Stunden konnte Frau Greenwood wieder selbständig essen und trinken, sie ist jetzt wieder zu Hause und bezeichnet sich selbst stolz als ›Liverpool-Care-Pathway-Überlebende‹«, so die Zeitung. Ein Foto zeigte sie fröhlich im Kreise ihrer Lieben.

Gibt es auch einen deutschen »Pflege-Abgang«?

Könnte es sein, dass der Liverpooler »Pflege-Abgang« auch hierzulande praktiziert wird? Nehmen wir zum Beispiel einen Fall, um den sich noch keine Polizei und kein Gericht gekümmert hat. Im Februar 2015 wird Andreas B. (85, Name geändert) mit einer Lungenentzündung in ein Münchner Krankenhaus eingeliefert. Was er jetzt braucht, sind Antibiotika und vor allem Wasser. Die Angehörigen wähnen den Patienten in guten Händen. Doch als die Tochter ihren Vater am nächsten Tag besucht, fällt sie aus allen Wolken: Der alte Mann hat trübe Augen, einen völlig ausgetrockneten Mund und ist kaum noch ansprechbar. Der Urin im Beutel am Bett ist braun. Die Frage, ob er sich Antibiotika und Wasser wünsche, kann er zwar noch bejahen. Doch die Ärzte haben beides abgesetzt – angeblich »auf eigenen Wunsch«. Der Tochter sagt der Vater jedoch etwas anderes. Sie muss erst mit der Polizei drohen, bevor die Behandlung wieder aufgenommen wird. Einen oder zwei Tage später wäre der Senior tot gewesen – und sein Ableben hätte ganz »natürlich« ausgesehen. Spätestens jetzt wird der Angehörigen klar: Ihr Vater sollte sterben! Nur durch ihre Wachsamkeit überlebt er. Wenige Tage später kann sie ihn wieder nach Hause holen; kurz darauf ist er den Umständen entsprechend wieder wohlauf.

Ein ganz besonderer Moment …

Die Frage, die die Tochter bis heute umtreibt, lautet: Warum waren die Ärzte regelrecht erpicht darauf, den Erster-Klasse-Patienten sterben zu lassen? Gibt es etwa auch hierzulande »Geld für jede Leiche« – von wem auch immer? Denn schließlich drohen den Kassen und dem Gesundheitssystem durch ältere Intensivpatienten hohe Verluste, insbesondere wenn sie privat versichert sind. Jedes Jahr, das ein Senior mit Hilfe des Krankenhauses überlebt, kann so Zehntausende kosten – nicht zuletzt auch die Rentenkasse. Rechnet man einmal alles zusammen, kommen da schnell 100 000 Euro pro Jahr zusammen – oder mehr. Erprobt wurde der LCP in Deutschland schon längst, und zwar ausgerechnet in Oldenburg, wo der »Todespfleger« Niels H. vor seiner Mordserie in Delmenhorst gearbeitet hatte. In Oldenburg wurde der »deutsche LCP« schon 2007 fünf Monate lang getestet, wobei 24 Patienten euthanasiert oder »mit Hilfe des LCP begleitet« wurden, wie es heißt. Danach wurden die Erfahrungen diskutiert, allerdings nicht mit den Angehörigen, sondern mit Pflegern und Ärzten. Die waren fast durchweg zufrieden und erteilten dem »Todesfahrplan« Bestnoten.

Manche Zitate aus der Ergebnisdiskussion klingen, als würden Ärzte und Pfleger ihre Rolle als Herren über Leben und Tod genießen: »… dieser Moment, in dem wir entscheiden, dass wir jetzt mit dem LCP starten, das ist schon irgendwie ein ganz besonderer, und sich da noch mal alles bewusst zu machen, alles durchzugehen, das erlebe ich auch als sehr positiv«, meinte eine Pflegefachkraft. Bedenken, dass »Sterbende abgehakt werden«, wurden nur vereinzelt geäußert (*Deutsche Medizinische Wochenschrift* 134/2009, S. 1399–1404). Und dennoch ist das die Realität – denn die Entscheidung, den LCP einzuleiten, ist für den Betroffenen nun mal das Todesurteil – und zwar ohne Verteidigung und meistens ohne Revision. Denn er selbst und seine Angehörigen werden häufig gar nicht gefragt. Sie werden nur mit einem schnellen Verfall und Tod konfrontiert.

Symptome des Verdurstens:

- Bewusstseinstrübung
- Sprachstörungen
- geistige Abwesenheit
- nicht mehr ansprechbar
- schwindende Kräfte
- trockener Mund (darauf achten, ob das Pflegepersonal den Mund mit einem »Stäbchen« anfeuchtet)
- Mundgeruch
- Augenringe
- trübe Augen
- brauner oder wenig bis gar kein Urin
- Fieber

Quälende und auffällige Symptome der Austrocknung werden gerne durch Schmerz- und Schlafmittel kaschiert.

»Genau das ist die Praxis«

Nachdem ich im Internet über dieses Thema berichtet hatte, gab es viele Reaktionen. »Genau das ist die Praxis«, schrieb ein Andreas Griese (Rechtschreibung jeweils korrigiert): »Ich habe meine Mutter sieben Jahre bis zum Tod gepflegt und begleitet. Die schlimmste Zeit für alte kranke Menschen ist im Krankenhaus, wenn kein Mensch da ist [und] auf sie aufpasst, werden sie misshandelt und Essen und Wasser entzogen und auch mit Keimen vergiftet. (…) Das durfte ich lange mit ansehen.« Eine Elisabeth schrieb:

»Wenn ich über dieses Thema nachdenke und mir die letzten Krankenhausaufenthalte meiner Angehörigen in Erinnerung rufe, wird mir einiges klar. Meinen dementen Opa z.B. mussten wir leider auch für kurze Zeit in die ›Kurzzeitpflege‹ geben … wenn wir ihn nicht rausgeholt hätten, wäre das sein sofortiges Ende gewesen. Mit welchen Medikamenten sie ihn dort ruhigstellen wollten, weiß ich nicht genau, jedenfalls war er wie tot, er reagierte nicht mehr, starrte nur noch ins Leere. Als wir ihn wieder selber zu Hause pflegen konnten (auch mit genügend zu trinken!), blühte er wieder richtig auf, geistig und körperlich. Und das war nicht der einzige Fall in unserer Familie, über den ich solche Geschichten erzählen könnte …«

Ein anderer Leser machte dieselben Erfahrungen wie die Tochter von Andreas B.: »Das kann ich alles bestätigen. Wäre ich selbst nicht immer ins Krankenhaus gefahren und hätte meiner Mutter zu trinken gegeben, wäre sie längst verstorben. Ein weiterer Krankenhausaufenthalt kommt jetzt ohnehin nicht mehr in Frage, da die Ärzte schon sauer sind, dass sie überhaupt noch lebt.« Seltsam – nicht wahr? Warum waren die Ärzte, genau wie bei Andreas B., »sauer«, dass die Patientin noch lebte? »LCP, glaube ich, ist auch hier angekommen«, schrieb ein anderer Leser oder eine Leserin: »2007 lag ich nach einer sehr schwierigen Operation einige Wochen im Bett, war also ein riesiger Unkostenfaktor. Nach drei Wochen bekam ich Wasser in den Beinen und Füßen, wurde untersucht, und daraufhin [wurde] mir mitgeteilt, ich dürfe nicht viel trinken, sollte so wenig wie möglich sein. Drei Tage später war auch mein Urin dunkel …« Interessant, denn eine therapeutische Maßnahme kann dies kaum sein. Dunkler Urin ist nämlich ein Zeichen für De-

hydrierung und drohendes Nierenversagen. Ein anderer Arzt fiel denn auch aus allen Wolken und wies den oder die Patientin an, »wenigstens zwei Liter täglich« zu trinken, woraufhin auch sofort eine Besserung einsetzte. Es »wäre vielleicht notwendig, dass krankenhausfremde Ärzte die Leichenschau machen«, meinte der oder die Betroffene.
Es sind eben nicht nur die spektakulären »Todespfleger«, die Hunderte von Patienten »abspritzen«. Vielmehr wird die Mehrzahl »lästiger«, »teurer« und »überflüssiger« Patienten klammheimlich und unauffällig »um die Ecke gebracht« – zum Beispiel durch Verdursten und den berüchtigten »Liverpool Care Pathway«. Was auf dem Papier nach einer sanften palliativen Sterbemethode für wirklich Todkranke aussieht, wird in der Praxis missbraucht, um Tausende Menschen umzubringen.
Alles in allem gibt es viele Gründe, in einem deutschen Krankenhaus zu sterben:

- mangelnde Hygiene und Krankenhauskeime,
- Vernachlässigung und Gleichgültigkeit,
- bewusste oder fahrlässige Falschbehandlung (z. B. Dehydrierung),
- bewusster oder fahrlässiger Ärzte- und Pflegerpfusch bei Operationen und anderen Behandlungen,
- Missbrauch von Patienten als »Übungsmaterial« im OP-Saal,
- »Organspende«: Todeserklärung von angeblich »Hirntoten« mit anschließender Ausschlachtung des Patienten,
- »Todespfleger« und »Todesärzte«, die Patienten regelrecht ermorden.

Moralisch und fachlich verwahrlost

Was die Sache nicht leichter macht, ist, dass im deutschen Gesundheitswesen engagierte Ärzte, Schwestern und Pfleger direkt neben gewissenlosen Quacksalbern und sogar Killern arbeiten (wie der Fall des Todespflegers H. beweist). Wer heute gut behandelt wurde, kann schon morgen todgeweiht sein, wenn die Kollegin des netten Arztes das Krankenzimmer betritt. Während die engagierten Helfer, die sich wirklich um ihre Patienten sorgen, immer weniger werden, sind viele deutsche Krankenhäuser moralisch, fachlich und auch finanziell verwahrlost und haben sich zu einer Gefahr für die öffentliche Sicherheit entwickelt. Laut AOK-Krankenhaus-Bericht von 2014 sterben pro Jahr 19 000 Menschen durch Behandlungsfehler im Krankenhaus, mehr als fünf Mal so viele wie im Straßenverkehr (3400). 190 000 Patienten erlitten gesundheitliche Schäden. Die Zahl der »unerwünschten, vermeidbaren Zwischenfälle« schätzte die AOK auf 360 000 bis 720 000: So oft »passierten in den Kliniken pro Jahr Dinge, die eigentlich nicht passieren sollten« (siehe *RP Online*, 21.1.2014). Dazu kommt noch die mangelnde Hygiene: Nach Medienberichten »könnten jährlich 40 000 Menschen an Krankenhauskeimen sterben« (*T-Online*, 21.11.2014). Dabei sind die Statistiken keineswegs vergleichbar. Denn während ein Tod durch Verkehrsunfall relativ offensichtlich ist, gilt das für Sterbefälle durch Behandlungsfehler, Vernachlässigung und »heimliche Euthanasie« nicht. Im Krankenhaus und Pflegeheim stirbt es sich unauffällig. Die Mehrzahl der Fälle landet daher wohl in keiner Statistik. Der Überforderung und menschlichen Verwahrlosung vieler Ärzte und Pflegekräfte entspricht die menschliche Verwahrlosung von Verwandten, die sich nicht um ihre Angehörigen kümmern.

Von den bedauernswerten »Einzelmenschen«, die gar keine Verwandten (mehr) haben, ganz zu schweigen. Mit anderen Worten, Krankenhäuser (und auch Pflegeheime) sind eine der größten Gesundheitsgefahren überhaupt, vor der andere Risiken, wie der Straßenverkehr oder gar aufgeblasene Bedrohungen wie Terrorismus, vollkommen verblassen. Betrachtet man das gesamte Gesundheitssystem, so dürfte es pro Jahr wohl Hunderttausende auf dem Gewissen haben.

Die Grenze zwischen Helfern und Henkern

Die Beweislage ist oft schlecht, denn Ärzte und Ärztinnen halten zusammen und rücken Krankenakten häufig nur widerwillig heraus – und wenn, dann wird das eine oder andere darin eben »vergessen« oder gefälscht: »Mediziner manipulieren in vielen Fällen Patientenakten, um nach Behandlungsfehlern nicht haften zu müssen«, berichtete 2012 das TV-Magazin *Report Mainz* (zit. nach *WAZ,* online, 27.9.2012). Alte und kranke Menschen sind naturgemäß hilflos und Pflegepersonal und Ärzten die meiste Zeit alleine ausgeliefert. Und wer noch zu fit ist, wird häufig mit Medikamenten und mittels Dehydrierung lahmgelegt. Angehörige und Staatsanwälte tun sich schwer, diese Mauern des Schweigens und Vertuschens zu durchbrechen. Im Prinzip bräuchten rechtsfreie Räume wie Krankenhäuser und Pflegeheime eigene Staatsanwälte, die routinemäßig Krankenakten überprüfen – schon zur Abschreckung. Und diese Staatsanwälte müssten in regelmäßigen Abständen ausgewechselt werden. Des Weiteren wären sorgfältige Leichenschauen und mehr Obduktionen nötig. Eine Obduktion fürchten viele Ärzte wie der Teufel das Weihwasser. Wieder andere Patienten sterben durch Fahrlässigkeit, Schlamperei und mangelnde Hygiene. Die immer wieder durch die Schlagzeilen geisternden »Todespfleger« oder »Todesschwestern« sind nur die Spitze des Eisbergs. In Wirklichkeit sind die Grenzen zwischen Helfern und Henkern fließend. Ist es nur ein Zufall, dass in Oldenburg, wo H. tätig war, auch der sogenannte »Liverpooler Care Pathway« erprobt wurde? Schließlich könnten solche legalen oder akzeptierten Formen der Euthanasie auch die Hemmschwelle für andere Täter senken. Denn die agieren ja nicht im luftleeren Raum. »Auch die Kliniken tragen eine Mitschuld«, sagte der Richter beim Urteil gegen Niels H.: »Zu keinem Zeitpunkt sei der Wille vorhanden gewesen, sich genauer mit der Person Niels H. zu beschäftigen, und das, obwohl die Sterberate in Delmenhorst in der Dienstzeit des Pflegers um das Doppelte anstieg, der Gilurytmal-Verbrauch um ein Mehrfaches«, zitierte die *Welt* den Juristen (online, 26.2.2015). Noch wenige Wochen vor dem letzten Mordversuch habe ein Kollege vier Ampullen des Herzmedikaments, die er aus dem Mülleimer gefischt hatte, der Pflegedienstleitung übergeben. »Doch der Vorgesetzte sagte nur: ›Schweigen Sie darüber‹, ließ die Beweismittel verschwinden und kümmerte sich nicht weiter um den Fall.« Was nur beweist, dass auch andere im Umfeld solcher Killer ein Fall für den Staatsanwalt wären. Und außerdem nahelegt, dass H. noch viel mehr Morde begangen haben könnte, als bislang aufgeflogen sind. Inzwischen prüft eine Sonderkommission insgesamt fast 200 Verdachtsfälle. Denn »zwischen 2003 und 2005«, während H. auf der Intensivstation des Klinikums Delmenhorst arbeitete, starben dort fast 200 Menschen mehr als normal (*ndr.de*, 10.11.2014).

David Crowley: Exitus eines Phantoms

17. Januar 2015. Der Ramsdell Drive in Apple Valley, Minnesota, ist eine einfache Vorstadt-Wohngegend, bebaut mit den typischen »Rambler Homes«: flachen Einfamilienhäusern in Holzbauweise mit den obligatorischen Garagenauffahrten. In der Nummer 1051 wohnt die Familie Crowley: David Crowley, 29, Irakveteran und Filmausstatter, seine Frau Komel, 28, und seine fünfjährige Tochter Rani. Aber Mitte Januar 2015 hatte Nachbar Collin Prochnow schon länger nichts mehr von den Crowleys gehört und gesehen. Zuerst dachte er, sie seien über Weihnachten verreist, doch dann fiel ihm und seiner Frau ein Licht im Haus auf. Als sich Prochnow schließlich um die Mittagszeit des 17. Januar 2015 dem Heim seiner Nachbarn näherte, stapelten sich dort ungeöffnete Päckchen vor der Tür. »Ich klingelte, um zu sehen, ob jemand öffnet«, erzählte Prochnow einem lokalen TV-Sender. Doch stattdessen bellte nur der Hund der Familie. Ein Blick durch ein Fenster enthüllte Schreckliches: Da lagen die Leichen der Crowleys, daneben eine Waffe und (laut Polizei) »ein sehr wütender Hund«.

Die Ängstlichen sterben zuerst

Wenn Kredite platzen und Jobs gekündigt werden, wenn Träume zerbrechen und Häuser zwangsversteigert werden, dann kommen solche Familiendramen in Amerikas Vorstädten zwar immer wieder mal vor, doch der Tod der Familie Crowley entwickelte sich schnell zum Politikum. Denn David Crowley war nicht irgendwer. Seit Jahren arbeitete er an einem Filmprojekt

In einem solchen Rambler Home wurde die Familie Crowley tot aufgefunden

der besonderen Art. In dem Streifen *Gray State* (»Der Dunkle Staat«) wollte er dem amerikanischen Polizeistaat die Maske vom Gesicht reißen und zeigen, was Regierung und Katastrophenbehörden in Zukunft für die Bürger planen. Der Film ist eine dunkle Dystopie über eine Welt, die nach einem wirtschaftlichen Zusammenbruch zum Gefängnis für Millionen umgebaut wird. Im Mittelpunkt steht eine Revolution gegen die amerikanische Notstandsbehörde FEMA (Federal Emergency Agency), die angeblich die Internierung von Millionen Bürgern plant. In *Gray State* werden Wohnungen mit Kameras gespickt, Kinder mit Elektronikbausteinen »gechippt«, Aufstände von vermummten FEMA-Kommandos niedergeschlagen, Menschen von Hubschraubern verfolgt und Bürger standrechtlich erschossen. »Wenn die Gesellschaft zusammenbricht, sterben die Ängstlichen zuerst«, heißt es in dem Trailer für den Spielfilm. »Wenn der Staat jede einzelne seiner Waffen gegen uns richtet – wie lange können wir dann widerstehen?« Kein Zweifel: ein unbequemer Film. Und nun war David Crowley, Autor, Regisseur und Spiritus Rector, tot.

Ein etwas zu perfektes Szenario

Die Frage ist nur: Stimmte das auch? Denn das Ganze war doch ein etwas zu perfektes Szenario:

- Während (selbst)mordende Familienväter häufig an verschiedenen Orten in einer Wohnung oder in einem Haus zuschlagen (typischerweise im Kinder- und/oder im Schlafzimmer), lagen die drei Leichen der Crowleys »fein säuberlich« aufgereiht im Wohnzimmer an der Vorderfront des Hauses.
- »Alle drei starben jeweils durch einen einzigen Kopfschuss, und die Waffe lag neben David Crowley«, teilte die Polizei mit.
- Weder im Haus noch an den Körpern wurden irgendwelche Zeichen eines Kampfes gefunden.
- Die Hintertür des Rambler Homes war unverschlossen und stand einen Spalt breit offen.

Kaum zu glauben: Da braucht also ein Familienvater genau drei – quasi chirurgische – Schüsse, um seine Frau, seine Tochter und schließlich sich selbst zu töten. Keiner der Schüsse wurde von den Nachbarn gehört, was auf den Einsatz eines Schalldämpfers hinweisen könnte, und die Hintertür des Hauses war offen. Ist das nicht verdächtig? Wurden die Crowleys in Wirklichkeit vielleicht ermordet, und wurde der Mord als »erweiterter Suizid« getarnt? Denn natürlich präsentierte die Polizei keine harten Fakten für das angebliche Familiendrama, sondern nur schwammige Andeutungen, der Übersichtlichkeit halber hier in Aufzählungspunkten: »Zurzeit wird uns klar,

- dass dort einige Medikamente genommen wurden,
- dass es einen gewissen finanziellen Stress gab
- und – wie wir aus den Nachrichten erfahren haben – eine beginnende Isolation«,

erklärte zum Beispiel der ermittelnde Polizeibeamte Captain John Bermel vom Apple Valley Police Departement (laut der Nachrichten-Website *TwinCities.com*, 23.1.2015). Allerdings dürfte das unter dem Strich auf 50 Prozent aller Familien zutreffen. Fast in jedem Haushalt werden »einige Medikamente genommen«, gibt es »finanziellen Stress« und vielleicht auch eine gewisse »Isolation«. Die schwammigen Aussagen stehen in hartem Kontrast zu den Beweisen, die man bei einem solchen Familiendrama eigentlich erwarten würde. Zum Beispiel,

- um welchen Typ Waffe es sich handelte, und wem das Schießeisen gehörte. Handelte es sich um Crowleys Eigentum oder um eine fremde Waffe?
- ob aus dieser Waffe in letzter Zeit geschossen wurde.
- wie der Ladezustand der Waffe war: War sie völlig entladen, fehlten genau drei Patronen, oder war sie gar voll geladen (kein Selbstmord mit dieser Waffe)?
- wie laut Schüsse aus dieser Waffe klingen, und wie weit man sie hören kann. Da Amerikaner mit Schussgeräuschen

vertraut sind, hätten eigentlich mehrere Nachbarn die Schüsse mitbekommen müssen.

- wo die Patronenhülsen lagen. Im Gegensatz zu der Waffe wurden sie nicht erwähnt.
- was die Beschusstests ergaben: Wurden die drei Projektile in den Opfern tatsächlich aus dieser Waffe abgefeuert?
- wo Schmauchspuren und Blutspritzer auf Crowleys Kleidung und Schusshand waren.

Wenn eine Waffe abgefeuert wird, lagern sich erstens Pulverreste auf der Schusshand ab. Während diese Pulverspuren bei einem lebenden Täter innerhalb von Stunden verschwinden können (z. B. durch Duschen/Händewaschen), bleiben sie bei Selbstmördern über längere Zeit erhalten. Ein entsprechender Test wäre deshalb wichtig gewesen. Bei einem aufgesetzten oder »unmittelbaren Nahschuss« spritzt zweitens Blut aus den Wunden auf Schusshand und Kleidung, zum Beispiel auf den Ärmel. Erst recht, wenn gleich drei Mal aus nächster Nähe auf einen Menschen geschossen wird. Crowleys Hand und Ärmel müssten also sehr blutig gewesen sein. Umgekehrt spricht das Fehlen dieser Spuren gegen die »murder-suicide«-Version. Denn es ist ja wohl kaum anzunehmen, dass sich Crowley nach seinem Selbstmord noch sorgfältig die Hände gewaschen hat. Des Weiteren gaben die Behörden auch nicht an, ob die gefundene Waffe überhaupt Crowley gehörte. Zwar wollte die Polizei eine »Notiz« gefunden haben, doch Näheres teilte sie auch darüber nicht mit: weder, ob es sich wirklich um einen Abschiedsbrief handelte, noch, ob die Notiz handgeschrieben war oder was sie ansonsten enthielt. Ohne all diese Beweise lässt sich ein »murder-suicide«-Fall aber beim besten Willen nicht aufmachen.

Ein Fressen für kritische Geister

So war es kein Wunder, dass die Wahrnehmung in einem bestimmten Teil der Öffentlichkeit kippte und der Eindruck entstand, dass der Autor eines unbequemen Films tot aufgefunden und ohne jeden stichhaltigen Beweis als Mörder und Selbstmörder dargestellt werden sollte. Sofort schossen Mutmaßungen und Spekulationen ins Kraut, die Crowleys seien in Wirklichkeit ermordet worden. Kritische Internetportale überschlugen sich mit Theorien und Gegentheorien über die Hintergründe des plötzlichen Ablebens von David Crowley und seiner Familie. Gleichzeitig schnellten die Klickzahlen für Crowleys Filmtrailer zu *Gray State* in die Höhe, und das Thema Notstand und Aufstandsbekämpfung durch die Katastrophenbehörde FEMA wurde unter die Leute gebracht – und zwar auf besonders glaubwürdige Weise.

Crowleys mysteriöser Selbstmord war quasi der Echtheitsstempel für alle kritischen Geister: An seinen Enthüllungen musste etwas dran sein! Denn wenn die Regierung versuchte, seinen Film mit Hilfe eines getarnten Mehrfachmordes zu unterdrücken – müssen diese Informationen dann nicht wahr sein? Natürlich. Denn sonst würde man ja nicht versuchen, sie auf diese brutale Weise zu unterdrücken. Allerdings stimmte etwas an dieser Rechnung nicht, denn der angebliche Mord an Crowley und seiner Familie war ganz sicher die beste Werbung, die man sich für sein Filmprojekt und dessen Inhalt überhaupt denken konnte. Um es klar zu sagen: Der angebliche Selbstmord und Mord des geheimnisvollen Filmemachers David Crowley war ein richtig schöner fetter Köder für die »Verschwörungstheoretiker«-Szene, die ihn – wie gesagt – auch sogleich schluckte.

Real oder irreal?

In Wirklichkeit erscheint aber die gesamte Crowley-Geschichte als irreal: sowohl der Selbstmord als auch der Mord. Denn außer den fehlenden konkreten forensischen Fakten (siehe oben) gab es noch weitere fehlende Informationen sowie Widersprüche und Spuren, die die ganze Aufregung um den Macher des Films *Gray State* als Inszenierung erscheinen ließen:
1. Es gab zwar einen Trailer, aber keinen Film. Normalerweise wird ein Trailer aus Szenen des fertigen Films zusammengeschnitten. Das muss auch so sein, denn

- man kann ja nicht sämtliche Schauspieler nur für einen 30- oder 90-Sekunden-Trailer engagieren, einkleiden, Set und Ausstattung herrichten, um das Ganze dann für den »richtigen« Film später zu wiederholen.
- man kann ja nicht wissen, ob die Szenen des Trailers überhaupt im fertigen Film vorkommen werden, da Letzterer komplett neu produziert und geschnitten würde. Am Ende würde man den fertigen Film in seinem eigenen Trailer nicht wiedererkennen. Oder den Trailer nicht im Film.
- einen Trailer vor dem Film herzustellen ist also eine eher bizarre Idee und stellt die Verhältnisse auf den Kopf.
- die Produktion eines Trailers würde Mittel verbrauchen, die zunächst für den Film gebraucht werden. Der jahrelange Rummel um einen Trailer und um die Handlung des Films würde dazu führen, dass sich am Ende niemand mehr für den Film interessiert.

2. Laut der regierungskritischen US-amerikanischen Veteranen-Website *Veterans Today* wusste man nicht einmal etwas

von einem Treatment oder einem Drehbuch für den Film (27.1.2015). Aber wie wollte Crowley dann den Film planen und irgendjemanden für den Stoff interessieren, zum Beispiel ein Hollywood-Studio?

3. Der geplante Film war keineswegs so unbequem, wie es immer dargestellt wurde. Es stimmt nicht, dass die etablierte Filmindustrie solche Themen überhaupt nicht anfassen würde; Projekte wie *Staatsfeind Nr. 1* oder *Die Insel* beweisen das Gegenteil. Tatsächlich hat Hollywood schon die düstersten Dystopien in Szene gesetzt. Auch Arnold-Schwarzenegger-Filme wie *Terminator* gehören in dieses Genre. In Wirklichkeit gäbe es wohl keinen Grund, deswegen einen Filmemacher zu beseitigen, der weder ein Treatment noch ein Drehbuch vorweisen konnte und das Geld für eine große Filmproduktion schon gar nicht – nur jede Menge hochtrabender Pläne und ein paar reißerische Bilder, die einen Trailer darstellen sollten: »War ›Der dunkle Staat‹ wirklich Bedrohung genug für die ›Neue Weltordnung‹ oder andere, um die Crowleys ermorden zu lassen?«, fragte *Veterans Today:* »Der Film befand sich nicht in Produktion, und es gibt keine verlässlichen Informationen, dass irgendjemand Millionen in das Projekt investieren wollte« (*Veterans Today*, a.a.O.). In Wirklichkeit war *Gray State* wohl jene Art von Projekt, das sich auch ohne den Tod des Autors und Regisseurs von selbst erledigt hätte. Nicht zuletzt deshalb, weil es von Beginn an von hinten aufgezäumt wurde.

4. »In einem Interview hat Crowley behauptet, der Trailer habe 6000 Dollar gekostet«, rechnete der Autor Michael T. Winter in dem alternativen Nachrichten-Blog *Activist Post* vor: »In dem Trailer kommen Panzer, explodierende Gebäude und teure militärische Ausrüstungen vor. Man braucht keinen Hochschulabschluss, um zu wissen, dass er mit all den Explosionen, schwe-

ren Ausrüstungen und Panzern einen Haufen mehr gekostet haben muss. Wo kommt das Geld dafür her?« (26.1.2013).

5. Im Gegensatz zu der angeblich »vielversprechenden Karriere«, die der geheimnisvolle Crowley gerade absolvierte, wohnte er offenbar in einem Billigheim aus dem Jahr 1968. Aber war das überhaupt wirklich der Fall? Auf Pressebildern wirkte das angebliche Haus der Crowleys wie irgendein leerstehendes Rambler Home irgendwo in den Vereinigten Staaten – ohne die geringsten Spuren von Leben. Ein fünfjähriges Mädchen – und mitten im Winter keine Skier, Schlitten, keine Winterschuhe und kein Schneemann vor der Tür? Auch auf älteren Sommerbildern des Anwesens ist keine Spur von Leben zu entdecken: kein Spielzeug, kein Fahrrad und auch kein Roller. Auch sonst sind rund um das Haus keine persönlichen Kennzeichen oder Gegenstände der Familie zu erkennen: keine Autos, keine Motorräder, keine Fahrräder. Auch der angebliche Haushund hatte weder Hundehütte noch Wassernapf oder Spielzeuge vor der Tür oder im Garten. Das Gebäude selbst trug auch keine individuellen Kennzeichen wie Pflanzen, Schmuck, US-Flaggen oder irgendwelche Gebinde an Türen und Fenstern. Kurz: Auf den von den Medien präsentierten Bildern wirkte das Haus wie unbewohnt. Genau genommen könnten die Aufnahmen von irgendeinem x beliebigen verlassenen Rambler Home in den Vereinigten Staaten stammen. Tatsächlich existieren gerade von Anwesen im Ramsdell Drive in Apple Valley, Minnesota, viele solcher Bilder – und zwar auf Maklerseiten.

6. Der Filmemacher tingelte zwar durch die alternativen Medien und gab dort viele Interviews, war in Wirklichkeit aber ein Phantom: »Recherchen nach der Produktionsfirma von ›The Gray State‹, Hot Head Productions aus Minnesota, endeten in einer Sackgasse«, schrieb Winter auf *Activist Post* (a.a.O.).

Zwar gebe es eine Website dieses Namens, aber die gehöre einer anderen Firma in New York. Ein weitere Website dieses Namens führe zu einem Schlüsseldienst, der seit sieben Jahren dieselbe Telefonnummer habe. Und schließlich wisse man auch sehr wenig über David Crowley selbst. Zwar gebe es sehr viele Internetseiten mit Interviews über den Trailer, was er für die Gesellschaft bedeute und so weiter: »Aber es gibt *nichts* über den Mann selbst. Im Zeitalter von LinkedIn, Facebook, Twitter und anderen sollte man meinen, dass es wenigstens *etwas* über diesen Menschen gebe. Seine Biografie deutet darauf hin, dass er gerne Filme macht (die nicht genannt werden) und dass er in der Armee war. Aber das ist es dann auch schon.«

7. Warum wurden die Crowleys nicht schon früher gefunden, nachdem sie an Weihnachten zuletzt gesehen worden sein sollen? Drei Wochen bis zum 17. Januar sind in dieser Zeit der Feiertage und Familientreffen eine lange Zeit. Warum wurden sie von Eltern, Verwandten oder Nachbarn nicht schon früher vermisst?

8. Warum waren die Vorhänge am Tag des Leichenfundes weit offen, wenn sie laut Aussagen der Nachbarin Judy Prochnow »normalerweise« doch geschlossen waren (*StarTribune*, online, 19.1.2015)? Warum sind Vorhänge »normalerweise« geschlossen? Auch am helllichten Tag? War das Haus tatsächlich unbewohnt, und wurden die Vorhänge nur zur »Präsentation« der Leichen aufgezogen?

9. Warum sagte Nachbar Collin Prochnow, dass die Leichen »einfach nicht menschlich« aussahen: »Er kam nach Hause und und sagte, da waren Puppen [›Mannequins‹] auf dem Boden. Und eine Waffe«, sagte seine Frau Judy laut *StarTribune* (online, 19.1.2015). Und warum erwähnte er demnach zwar eine Waffe, aber keine Patronenhülsen und auch kein Blut?

10. Sollte dieser Tatort gestellt gewesen sein, wäre Crowley genau der richtige Mann für den Job gewesen. Crowley entstammte selbst der Film- und Illusionsindustrie. Er betrieb eine Filmausstattungs- und Trainingsfirma namens The Bullett Exchange (Der Schusswechsel), die Schauspieler im Umgang mit Waffen schulte. Laut Selbstbeschreibung lieferte Bullet Exchange Requisiten, Kostüme, echte und Platzpatronen und stellte Requisiteure sowie militärische Beratung zur Verfügung.
11. Warum erschoss Crowley nicht auch seinen Hund? Ein liebender Tierfreund würde seinen vierbeinigen Begleiter wohl kaum sich selbst überlassen.
12. Und wenn da wirklich seit Tagen oder Wochen ein Hund neben den Leichen seines Herrchens und von dessen Familie saß – warum hatte man sein Bellen dann nicht schon früher gehört? Zumal durch die dünnen Wände des Holzhauses? Und warum war der Hund nicht schon längst durch die offene Hintertür hinausgelaufen und alleine herumgestreunt, was bestimmt aufgefallen wäre? Denn schließlich musste das Tier ja etwas fressen und trinken – oder hat der Vierbeiner seinen Trinknapf etwa selbst gefüllt und seine Dosen selbst geöffnet?

Die Enthüllung ist die bessere Pressemitteilung

Wie man sieht, ergibt die ganze Crowley-Geschichte überhaupt keinen Sinn. Fragen wir einmal so: Was ist die »Gray State«-Enthüllung über den in den USA geplanten Notstandsstaat und die »FEMA-Diktatur« überhaupt für eine Enthüllung? Erstens wirbelt eine Enthüllung mit anschließendem Tod des Enthüllenden besonders viel Staub auf. Wenn jemand eine Information oder einen Inhalt verbreiten wollte, dann würde er genau so vorgehen (in diesem Fall, um die bevorstehende Notstandsdiktatur in den Vereinigten Staaten bekannt zu machen). Zweitens erinnert die Enthüllung stark an die Snowden- und Assange-Skandale. Handlung: Ein Held deckt brisante Informationen auf und wird daraufhin verfolgt, im Fall Crowley angeblich sogar getötet.

Auch die Snowden-Enthüllungen bekamen erst durch die Verfolgung des Helden die richtige Aufmerksamkeit und quasi den »Echtheitsstempel«. Denn wer wegen seiner Veröffentlichungen in ein fremdes Land fliehen muss, dessen Enthüllungen sind gewiss bedeutend und wahr. Ein weiteres Beispiel ist *Wikileaks*-Gründer Julian Assange. Wobei einen in den Fällen Snowden und Assange zusätzlich misstrauisch machen sollte, dass diese beiden Protagonisten von den Mainstream-Medien global gehypt wurden. Die Mainstream-Medien selbst bauten Snowden und Assange zu verfolgten Helden auf mit der Konsequenz, dass das Publikum all ihre Enthüllungen schluckte. Was nicht bedeutet, dass diese falsch sein müssen, sondern nur, dass sie verbreitet werden sollten. Denn merke: Wer der Regierung nicht glaubt, der glaubt den (vermeintlichen) Staatsfeinden bestimmt. Informationen, die der Regierung entrissen werden, die »durchsickern« oder »enthüllt« werden, sind nun mal viel glaubwürdiger als jede Pressemitteilung. Und wenn der Held nach seiner Enthüllung auch noch verfolgt oder sogar »geselbstmordet« wird, dann müssen seine Aussagen ja einfach wahr sein – oder nicht? Denn sonst wäre die Regierung doch nicht so »sauer«! Aber dennoch kann beides von der Regierung stammen: die Pressemitteilung und die Enthüllung. Deswegen haben schon manche Regierungen Staatsfeinde als »Sprecher« eingestellt. Denn merke: Die Enthüllung ist immer noch die glaubwürdigste Pressemitteilung. Was also soll die ganze Crowley-Inszenierung? Nur ganz wenige haben sich diese Frage gestellt. Die meisten »Verschwörungstheoretiker« haben die Version vom Mord an einem unbequemen Filmemacher, der als erweiterter Selbstmord getarnt wurde, ohne weiteres geschluckt.

Von Huxley zu Orwell?

Nun, die Wahrheit lautet: Noch ist das westliche Imperium ja eine Huxleysche Tyrannei, also eine sanfte Form der Unterdrückung durch Verführung, Ablenkung und Sedierung, die man noch nicht als solche wahrnimmt. Sie ähnelt dem Vergnügungspark in Carlo Collodis Parabel *Pinocchio*: Wir amüsieren uns so lange, bis wir alle leicht zu beherrschende Esel geworden sind. Es gebe, so der amerikanische Journalist Chris Hedges, einen alten Streit, welche der beiden größten Dystopien der Menschheit am Ende Wirklichkeit werde: die *Schöne Neue Welt* von Aldous Huxley oder *1984* von George Orwell: »Orwell warnte vor einer Welt, in der Bücher verboten sind. Huxley warnte vor einer Welt, in der niemand mehr Bücher lesen will«, so Hedges. Was einem bereits irgendwie bekannt vorkommt.

> »Huxley warnte vor der Zerstörung der Kultur durch seichte Vergnügungen. Orwell warnte vor einem Staat, der die Menschen durch einen endlosen Krieg ständig in Angst hält. Huxley warnte vor einem Staat, in dem sich die Bevölkerung nur noch mit Trivialitäten und Klatsch beschäftigt und nicht mehr an der Wahrheit und wirklich wichtigen Informationen interessiert ist. Orwell warnte vor einem Staat, in dem jedes Gespräch, ja sogar jeder Gedanke überwacht und jeder Dissident brutal bestraft wird« (truthdig.com, 27.12.2010, Übersetzung Wolfgang Jung).

Laut Hedges haben beide recht. Denn könnte es nicht sein, dass dies keine Widersprüche, sondern Entwicklungsstufen sind? Stufe 1 wäre die Diktatur der Zerstreuung nach Huxley, Stufe 2 die Diktatur der Überwachung und Gewalt nach Orwell. Und genau damit macht uns Crowleys angebliches Filmprojekt bekannt. Es jubelt uns das ganze Unterdrückungsthema unter und erhält anschließend noch das Gütesiegel des ermordeten Filmemachers. Denn wer ermordet wird, hatte uns sicher etwas Wichtiges zu sagen.

Wer aufbegehrt, wird erschossen

Dieser Meinung waren auch andere, die sich ausführlich mit dem angeblichen Filmprojekt *Gray State* auseinandersetzten: »Der 2:40 Minuten lange Trailer scheint ein einziges Ziel zu haben: dem Publikum Angst einzuflößen«, schrieb Winter auf *Activist Post*.

> »Er beschäftigt sich mit drastischen, gewalttätigen Darstellungen von Razzien, Kopfschuss-Exekutionen und einschüchternden Szenen von FEMA-Truppen, die im Gleichschritt gegen aufständische Bürger marschieren. Der Trailer ist voll vom Klang schwerer Maschinengewehre, knatternder Hubschrauber und schreiender Menschen – und voll von Toten, sehr vielen Toten. Oberflächlich betrachtet könnte man dem unerschrockenen Regisseur und seiner Mannschaft applaudieren, Hollywood die Stirn zu bieten (wovon in Interviews viel Aufhebens gemacht wurde) und darüber hinaus den Mut zu besitzen, unsere Regierung in einem derart schlechten Licht zu zeigen. Aber die Oberfläche ist nun mal oberflächlich, und wir leben in einem Zeitalter der Täu-

schung. Dank des Internets liegen die Pläne der Globalisten offen zutage« (*Activist Post*, a.a.O.).

Das Ziel bestehe, so Winter, darin, die Menschen einzuschüchtern, ihnen Furcht und Hoffnungslosigkeit einzuflößen und sie vor dem, was kommen werde, zu warnen. Wobei Warnung vielleicht nicht ganz der richtige Ausdruck ist, sondern eigentlich handelt es sich bei dem angeblichen Enthüllungstrailer von *Gray State* um eine versteckte Drohung. Aber an wen richtete sie sich? Wirklich an »den kleinen Mann auf der Straße«? Sicher: Der wird in dem Trailer gezeigt – als Opfer von Verhaftungen, Foltern und Erschießungen. Andererseits erreichten der Trailer und der Fall Crowley nie ein breites Publikum, was natürlich daran lag, dass es nur einen Trailer gab und keinen Film. Die Sache verbreitete sich daher hauptsächlich in der »Verschwörungstheoretiker«-Szene, und hier lautete die Botschaft: Wenn du Ärger machst und etwas aufdeckst, wie Crowley, dann liegst auch du eines Tages mit deiner Familie tot im Wohnzimmer.

Germanwings-Absturz: Hexenprozess gegen einen Toten

Na, das ist ja mal wieder eine feine Überraschung: Am 24. März, rechtzeitig vor dem Osterfest, wenn Millionen Menschen in die Flieger steigen, um in den Urlaub oder zu ihren Freunden und Verwandten zu reisen, stürzt in den französischen Alpen ein ausgewachsener Airbus ab, verteilt sich wie Konfetti über die Hänge und bleibt weiter unten als gehäckselter Flugzeugschrott liegen. Der Crash soll das Megaverbrechen des Jahres 2015 gewesen sein: Als der Kapitän auf der Toilette war, soll der Co-Pilot die Maschine gegen die Berge gesteuert und so absichtlich zum Absturz gebracht haben. Zwei Tage nach dem Unglück wurde diese Version festgeklopft. Befragen konnte man den Co-Piloten Andreas Lubitz allerdings nicht mehr, verteidigen konnte er sich auch nicht, und ein Gerichtsverfahren hat es gegen einen Toten natürlich auch nicht gegeben. Sprich: Beweise für diese Anschuldigung mussten nicht präsentiert werden. Daher ist der ganze Vorgang keineswegs erwiesen. Vielmehr handelte es sich in Wirklichkeit um einen Hexenprozess post mortem, der die wahren Hintergründe vertuschen sollte.

Doch der Reihe nach: Am 24. März 2015 soll um zehn Uhr morgens in Barcelona eine Germanwings-Maschine vom Typ Airbus A320 nach Düsseldorf gestartet sein. An Bord sollen sich 144 Passagiere und sechs Besatzungsmitglieder befunden haben. Die Flugnummer habe 4U9525 gelautet. Gegen 10.30 Uhr soll der Airbus seine Reiseflughöhe von rund 11 600 Metern erreicht haben. Um etwa dieselbe Zeit soll der Kapitän das Cockpit verlassen haben, wahrscheinlich um auf die Toilette zu gehen. Um 10.31

Andreas Lubitz: Hexenprozess gegen einen Toten

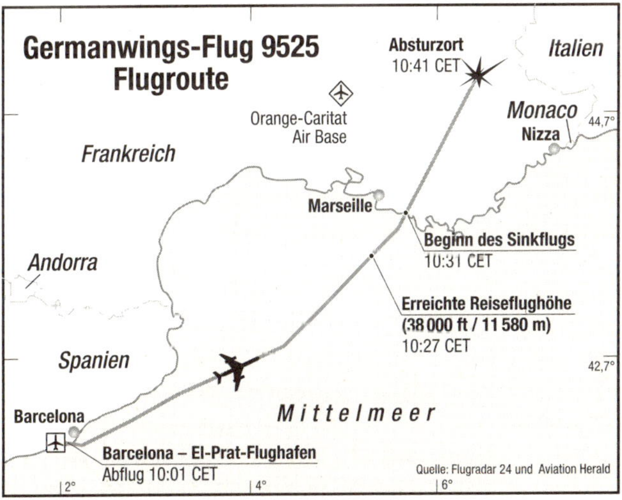

Die Route von Germanwings-Flug 4U9525

Uhr soll die Maschine beim Erreichen des französischen Luftraums ohne Rückfrage bei der Flugsicherung und ohne jeden Notruf plötzlich einen schnellen Sinkflug eingeleitet haben und nach etwa acht bis zehn Minuten in den französischen Alpen zerschellt sein, wobei alle 150 Insassen ums Leben gekommen sein sollen.

Während alle Welt auf die geschredderten Wrackteile starrte und den Erklärungen eines französischen Staatsanwalts lauschte (siehe unten), kümmerte sich kein Mensch um das Höhenprofil der Maschine, das den Flugverlauf quasi »von der Seite« zeigt:

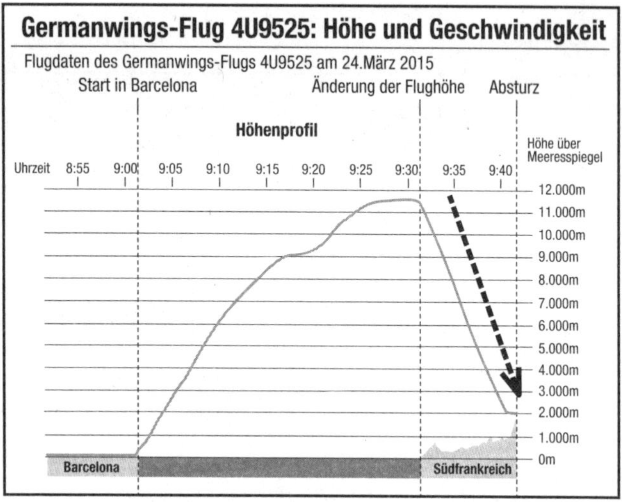

Germanwings-Flug 4U9525: Abstieg an der französischen Küste (Quelle: zerohedge.com)

Ein »klinisch totes Flugzeug«

Der nebenstehenden Grafik zufolge begann der Sinkflug von Flug 4U9525 exakt an der französischen Landgrenze – und zwar schlagartig. In dem Moment, als der Airbus zwischen Marseille und Toulon die französische Küste erreichte, sackte er plötzlich ab. Ist es Zufall, dass der Kapitän ausgerechnet kurz vor dem Überfliegen der französischen Landgrenze auf die Toilette musste? Und warum leitete der Co-Pilot den Sinkflug ausgerechnet exakt an der französischen Grenze ein? Germanwings-Flug 4U9525 krachte daraufhin in die Alpen, nur wenige Minuten bevor die Maschine den französischen Luftraum in Richtung Italien oder Schweiz wieder verlassen hätte. Kurz: Während alle Welt davon redete, dass sich der Co-Pilot der Maschine für seinen Selbstmord und Massenmord die »Berge« ausgesucht habe, hatte er sich in Wirklichkeit exakt das französische Hoheitsgebiet ausgesucht. Während es sich bei den »Bergen« in Wirklichkeit nur um die Ausläufer der Alpen handelte (siehe unten).

Die ersten Zeugen fallen aus

Die ersten Zeugen für das Geschehen fallen schon mal aus. Da die Piloten angeblich keinen Notruf absetzten, haben sie niemandem erzählt, was mit ihrem Flugzeug passiert ist. Und das scheint langsam in Mode zu kommen: So war es auch bei Malaysia-Airlines-Flug MH370, bei Malaysia-Airlines-Flug MH17, bei AirAsia-Flug QZ8501 und jetzt angeblich auch bei Germanwings-Flug 4U9525. Einen abrupten »K.-o.-Schlag« erhielt nach offizieller Darstellung aber nur Malaysia-Airlines-Flug MH17, der angeblich abgeschossen wurde (am 17. Juli

2014 über der Ostukraine). Die restlichen Flüge bewegten sich noch viele Minuten oder Stunden durch den Luftraum, bevor sie (angeblich) abstürzten, ohne dass sich die Piloten meldeten. Die Kommunikation brach einfach ab, und das Cockpit blieb stumm. Nicht nur die Blackboxdaten fehlten also (MH370) oder wurden bisher weitgehend geheim gehalten (MH17), sondern auf diese Weise fielen auch noch die Piloten als Zeugen dafür aus, was mit ihrem Flugzeug eigentlich passierte. Doch nun zu Flug Germanwings 4U9525.

Nichts gesehen, nichts gehört?

Nur ganze wenige Augen- und Ohrenzeugen vom Absturzort berichten von einer Explosion oder einem Knall. Und da, wo es solche O-Töne zu geben scheint, erlebt man eine Überraschung: »Ich habe zuerst nichts gesehen, aber ein Geräusch gehört. Wie ein Pusten – dort oben«, sagte zum Beispiel ein französischer Anwohner der Gegend in einem *Bild*-Video. »Einige Sekunden später habe ich die Spitze des Flügels vorbeifliegen sehen. Eine Minute später war dann ein lauter Knall zu hören. Und das war's. Wir haben nicht verstanden, was da passiert ist.« Hört man jedoch dem französischen Originalton zu, stellt man fest, dass das Wort »Knall« gar nicht benutzt, sondern in der Übersetzung hinzugedichtet wurde. In Wirklichkeit gebrauchte der Zeuge an dieser Stelle überhaupt keinen Begriff, sondern machte nur ein lautmalerisches Geräusch, das von den Übersetzern einfach als »Knall« gedeutet wurde. »Bum« oder »Paff« hatte der Mann aber nicht gesagt, sondern eher eine Art lautes Rauschen imitiert (*YouTube*-Video »Germanwings – Augenzeuge sah das Flugzeug (Lubitz, Pilot, Airbus, Alpen)«, 30.3.2015). Den allermeisten Zeugen zufolge produzierte die eine halbe Stunde vor dem Crash gestartete (also aufgetankte) Maschine beim Aufprall weder einen Knall noch Rauch: »Da war nicht wirklich ein Knall, kein Rauch, auch sonst nichts Besonderes«, zitierte die Schweizer Boulevardzeitung *Blick* einen Sägereichef namens Sébastien Giroud aus Prads-Haute-Bléone. Und genau das kann eigentlich nicht sein. Ein Flugzeug scheint er zwar gesehen zu haben: Auffällig sei »die Flughöhe gewesen. Das Flugzeug habe ›die Berge nicht überfliegen‹ können, ›das war unmöglich‹.« Auch weitere Beobachter bestätigten, »keine Explosion oder einen Crash gehört zu haben. ›Ich habe das Flugzeug ein paar Sekunden gesehen, mehr nicht‹, sagt ein Mann namens Eric zu BFMTV«, einem privaten französischen Fernsehsender. Seltsamerweise erfuhr auch dieser Augenzeuge »erst später über Dritte vom Absturz«. Einen Bergführer namens Stefan Neuhauser irritierte nicht das Flugzeug, das er hörte: »Flugzeuge sind in dieser Gegend in den französischen Alpen immer wieder zu hören. Doch der Flieger, der ihn aufhorchen lässt, ist tiefer unterwegs als sonst«, zitierte die *Augsburger Allgemeine Zeitung* den Mann: Die Fluggeräusche seien »komisch« gewesen – »lauter, sehr viel lauter«. Minutenlang sei der Lärm zu hören gewesen: »Ganz so, als ob ein Flugzeug noch einmal durchstartet«, so der Bergführer. »Oder wie im Landeanflug.« Aber als er in den Himmel blickte, sah er keinen Flieger. »Der Bergführer Stefan Neuhauser aus Kempten ahnt nicht, dass er Ohrenzeuge einer der größten Flugzeug-Katastrophen der letzten Jahre geworden ist«, schreibt die *Augsburger Allgemeine Zeitung* (online, 24.3.2015). Und das ist, genau genommen, falsch, denn Ohrenzeuge wurde Neuhauser demnach eben gerade nicht. In Wirklichkeit bekommt Neuhauser gar nichts mit – außer dass es plötzlich »ganz still« ist: »Auf einmal dann ist der Lärm weg. Schlagartig. Keine Detonation ist zu hören gewesen, keine Explosion, nichts.« Das sind wohl die seltsamsten Augen- und Ohrenzeugenberichte von einem Flugzeugabsturz, die man je gehört hat. Denn wenn diese Augenzeugen

- ein Flugzeug,
- aber keinen Absturz gesehen,
- keinen Knall gehört
- und auch keine Rauchwolke gesehen haben,
- dann hat es keinen Absturz gegeben, sondern
- dann haben sie lediglich ein fliegendes Flugzeug wahrgenommen.

Welches Flugzeug?

Was haben die Augenzeugen überhaupt für ein Flugzeug gesehen? Alle glaubten natürlich, die Augenzeugen redeten von Germanwings-Flug 4U9525, einem Airbus A320. Und sie selbst glaubten das auch. Aber wenn man genauer hinhört, stellt man fest: Gesagt hat das keiner. Sondern alle haben nur von »einem Flugzeug« oder »dem Flugzeug« gesprochen. Dass alle von derselben Maschine redeten, wurde einfach angenommen – aber fest steht das keineswegs. Viele Augenzeugen sprachen lediglich von einem niedrig fliegenden Flugzeug, bei dem sie keinen Absturz wahrnahmen – keinen Knall, keine Explosion, keinen Rauch. Etwas, das übrigens auch durch die »Absturzstelle« bestätigt wurde (siehe unten). Wie haben die Augenzeugen die Maschine also »identifiziert«? Wie kamen sie darauf, dass es sich um Germanwings-Flug 4U9525 handelte? Typische Aussage: »Als ich das Flugzeug vorbeiziehen sah, dachte ich: Hm, ein bisschen niedrig. Als ich dann später hörte, dass ein Flugzeug abgestürzt sei, dachte ich sofort an dieses.«

Demnach handelte es sich also um eine Identifizierung »im Nachhinein«: Als der Zeuge später von dem Germanwings-Absturz hörte, »dachte« er an das Flugzeug, das er gesehen hatte. Aber was für ein Flugzeug hatte er denn nun wirklich gesehen? Das weiß eigentlich kein Mensch. Niemand weiß, welches Flugzeug die Augenzeugen gesehen haben, weil sie es weder ausreichend beschrieben (Farben, Zahl der Triebwerke etc.) noch gar den Typ (Airbus A320) und die Kennung (D-AIPX) erkannt hatten. Moderne Düsenjets sind sich sehr ähnlich, und die Augenzeugen waren schließlich Laien.

Kein Knall, kein Brand, kein Aufschlag?

Viele dieser Zeugen haben wie gesagt keinen Absturz wahrgenommen, auch nicht akustisch. Dass »es« abgestürzt sein soll, haben die meisten erst später von den Medien erfahren. Eine weitere Ohrenzeugin hörte keinen Aufschlag, sondern lediglich, wie etwas herunterfiel: Ob sie gehört habe, wie das Flugzeug abgestürzt sei, wurde sie am 24. März 2015 von dem Sender BBC gefragt. Antwort: »Ich bin mir nicht sicher, ob es das abstürzende Flugzeug war. Wir hörten ein seltsames Geräusch, das uns nicht an einen Flugzeugabsturz denken ließ. Es war ein tiefes Geräusch, nicht sehr hoch – aber wie etwas Leichtes, das herunterfällt. Ich habe zuerst gedacht, dass es ein kleines Erdbeben war, weil wir vor einiger Zeit hier eines hatten. Dann arbeitete ich weiter und dachte nicht mehr daran. Eine halbe Stunde später kam jemand in mein Büro und erzählte mir, dass hinter uns ein Flugzeug abgestürzt sei. (…) Es ist so schockierend. Wir konnten nicht glauben, dass so etwas hier passiert ist. Es ist schrecklich …« (*BBC News*, YouTube-Video »Alps Plane Crash: First Witness Reporting«, 24.3.2015).

Trümmerteile aus dem Salzstreuer?

Auch von einer Explosionswolke, wie sie nach einem Absturz normal ist, war weder etwas zu sehen noch wurde darüber berichtet. Die Absturzstelle selbst sah aus, als hätte jemand mit dem Salzstreuer kleine Trümmerteile und Kleiderknäuel verteilt, die aussahen wie eine Altkleidersammlung. Die Kleidungsstücke lagen auf großen Haufen, als stammten sie aus einer geplatzten Waschmaschine. Und das Wichtigste: Sie enthielten keine Körperteile. »Bergführer Jean-Louis Bietrix flog gestern mit den Einsatzkräften über die Unfallstelle«, berichtete die Schweizer Boulevardzeitung *Blick:* »›Leider konnte man nichts mehr machen‹, erzählt er BFMTV. ›Da waren winzige Trümmerteile.‹« Größere Wrackteile habe er nicht gesehen: »Da war nichts mehr. (…) Das Flugzeug war komplett weg« (online, 25.3.2015). Aber warum erwähnt der Bergführer nur Trümmer, aber keine Leichen? Laut *Mopo24* sagte der Feuerwehrmann Éric Sapet der französischen Zeitung *Le Monde*: »Alles ist pulverisiert. Man kann nichts mehr auseinanderhalten. Man sieht nichts, man kann nicht einmal ein Flugzeug darin erkennen. Das Größte, das ich erkennen konnte, hatte die Größe eines Autokotflügels, nicht größer« (*Internetz-Zeitung*, 25.3.2015). Hm – komplett oder weitgehend aufgelöste Flugzeuge haben wir in den letzten Jahren schon häufiger gehabt; angefangen bei den Flugzeugen des 11. September 2001 über Flug MH370 (bis auf ein winziges, angebliches Wrackteil spurlos verschwunden) bis hin zu Flug MH17 (nur ein Teil des Wracks gefunden). Aber »die Schulphysik lehrt uns: Materie kann nicht verschwinden. Sie kann nur umgewandelt werden (sonst würde Scottys Beamen schon längst funktionieren)«, schrieb ein mir bekannter Materialexperte, der sich gründlich in den Absturz eingearbeitet hatte (siehe auch Ende des Kapitels).

Wie Konfetti: Absturzstelle von Germanwings-Flug 4U9525

»Da war nichts, als ich näher kam …«

Zum Glück verfügen wir über mehrere einzigartige Videodokumente. Das erste stammt von dem französischen Journalisten Nicolas Balique, der nicht weit vom Absturzort wohnt und »nach eigenen Angaben als erster Journalist und zu Fuß die Absturzstelle des Germanwings-Airbus erreicht« haben will, so *euronews.com* am 25. März 2015. Vom Absturz hatte auch er nichts mitbekommen. Obwohl er »nur wenige Kilometer entfernt vom Absturzort … auf der Veranda eines Hauses von Freunden« saß, habe er »das herabstürzende Flugzeug zunächst nicht bemerkt«. Nachmittags um vier kam er an der Absturzstelle an, also gut fünf Stunden nach dem Crash. Erstes Ergebnis: Das Flugzeug war keineswegs »an einer Felswand zerschellt«, wie Medien wie *Spiegel Online* noch am 29. März meldeten – wahrscheinlich um den hohen Grad der Zerstörung plausibel zu machen. Vielmehr lagen die Trümmer zwischen einigen Hügeln oder lockeren Aufschüttungen herum. Aber auch das war wenig eindrucksvoll: »Ich dachte, das Flugzeug kann einfach nicht hier runtergekommen sein«, sagte Balique laut *euronews*. Seine Wahrnehmungen erinnern stark an das, was Augenzeugen an den Absturzstellen vom 11. September 2001 sahen – nämlich nichts. Oder fast nichts: »Ich hatte den Eindruck, dass das Flugzeug nicht da sein konnte«, sagte Balique laut *euronews:* »Ich sagte zu mir: Es ist nicht möglich, es ist nicht hier, oder wo das passiert sein könnte? Da war nichts, aber als ich näher kam, vielleicht auf 300 Meter, fand ich kleine Wrackteile« (online, 25.3.2015). Von Leichen sagte auch er in diesen O-Tönen nichts. Dennoch glaubten er und viele andere daran, dass hier ein Flugzeug abgestürzt war. Wie sagte doch schon 1922 der Propagandaexperte Walter Lippmann: »Meistens schauen wir nicht erst und definieren dann, wir definieren erst und schauen dann.« Wobei das Definieren heute die Medien für uns übernehmen: Wenn man uns sagt, das sei eine Absturzstelle, dann sehen wir eben auch eine Absturzstelle, obwohl es sich vielleicht nur um einen Müllhaufen handelt.

Keine normale Absturzstelle

Balique konnte den fraglichen Hügel aus einer Entfernung von etwa 300 Metern aufnehmen (globalnews.ca: »Ground footage shows debris of flight Gernanwings 9525 in French Alps«, 24.3.2015). Das Video zeigt eine hügelige Voralpenlandschaft, kein Hochgebirge. Oder besser gesagt: Die Hügel wirken wie natürliche Aufschüttungen aus sehr lockerer Erde. Auf dem Grat eines der Buckel befindet sich ein dunkler Fleck, nichts Beeindruckendes: kein Krater vom Rumpf oder von den Triebwerken. Zwischen den Buckeln oder Hügeln sind die winzigen Trümmer quasi wie Konfetti oder wie Kieselsteine heruntergerieselt. Es gibt keine Anzeichen dafür, dass es sich hier um einen großen Airliner handelte. Man sieht:

- weder Einschlagkrater noch -schneise,
- keinen Rauch,
- kein größeres Teil wie Triebwerke, Tragflächen, Nase oder Heck – nur Metallschnipsel,
- keine Sitze,
- keine abgeschnittene oder verbrannte Vegetation,
- keine Koffer,
- keine Leichen oder Leichenteile,
- keine Tragen, Bahren, Leichensäcke oder Abdeckplanen/-tücher,
- keine aufgereihten Leichensäcke,
- keine Rettungshubschrauber, Sanitäter, Ärzte,
- keine Leichensäcke schleppenden Einsatzkräfte.

Angesichts von 150 Insassen und demzufolge mehreren hundert Leichen und Leichenteilen kann das nicht sein. Man sieht überhaupt erstaunlich wenig Einsatzkräfte vor Ort. Am Fuß des Hügels steht nur ein verlorenes Grüppchen von vier oder fünf Personen herum, die technische Helfer sein könnten.

Ein dubioses Video

Und noch etwas fehlt: Später wurden auch

- keine Pässe,
- keine Handyfotos,
- keine letzten Nachrichten der todgeweihten Passagiere präsentiert, weder per SMS noch auf Papier gekritzelt.

Solche Nachrichten kennt man aber von länger dauernden Abstürzen. Sollten zum Beispiel ausgerechnet 16-Jährige wie die der Halterner Schulklasse, die heutzutage mit ihrem Handy verwachsen sind, tatsächlich nichts Derartiges hinterlassen haben? Immerhin soll es bis zu zehn Minuten gedauert haben, bis die Maschine aufschlug. Zwar sollen Handys der Opfer gefunden worden sein; diese sollen laut dem französischen Staatsanwalt Brice Robin jedoch in sehr schlechtem Zustand gewesen sein (*Spiegel Online*, 1.4.2015). Am 31. März 2015 präsentierten die *Bild*-Zeitung und das Magazin *Paris Match* dennoch ein Video aus der abstürzenden Maschine. Aber der Beweiswert war gleich null. Der Clip dauerte nur wenige Sekunden, und weder Maschine noch Passagiere waren darauf identifizierbar. Das Video zeigte das Innere eines Flugzeugs bei einem ganz normalen und ruhigen Reiseflug, wie es täglich tausendfach von Passagieren gefilmt wird. Die Kamera blickte aus dem Fenster auf eine weit unten liegende Wolkendecke. Plötzlich verwackelt das Bild, und im Hintergrund sind aufgeregte und ängstliche Stimmen zu hören. Aber warum sollten die Passagiere bereits jetzt – in Reiseflughöhe – Angst gehabt und geschrien haben? Das widersprach zumindest dem französischen Staatsanwalt, der die Passagiere erst ganz zum Schluss auf der Tonaufnahme des Voice Recorders gehört haben wollte (siehe unten). Und warum filmte hier jemand aus dem Fenster statt auf das dramatische Geschehen um ihn herum? Kurz: Es konnte sich um ein x-beliebiges Handyvideo handeln, wie es häufig in einem Flugzeug gemacht wird – zum Beispiel bei Turbulenzen, wobei auch viele Passagiere kreischen und schreien. Der Sender CNN nahm denn auch den *Bild*-Reporter in die Mangel, der in den Besitz des Videos gelangt sein wollte. »Die französischen Behörden sagen, sie kennen das Video nicht. Ein Beamter am Absturzort sagt CNN, Berichte über ein Video seien ›komplett falsch‹«, sagte die Moderatorin zu dem Journalisten, der keinen Beweis für die Echtheit des Videos erbringen konnte, da auf dem Clip – wie gesagt – keinerlei individuelle Merkmale der Germanwings-Maschine oder ihrer Passagiere zu erkennen waren. Aber wie die Medienwelt nun einmal funktioniert, blieb der Eindruck haften, es gebe tatsächlich authentische Aufnahmen aus dem Inneren der todgeweihten Maschine. Ein Eindruck, der auch deshalb entstand, weil Fernsehsender in Berichte über das Video beliebige Innenaufnahmen aus Flugzeugen mischten, ohne das Video selbst zu zeigen. Dazu wurden Animationen von einem im Hochgebirge fliegenden Flugzeug gezeigt – was auch nicht zu Flug 4U9525 passte. Denn in Wirklichkeit streifte der Flieger laut den offiziellen Darstellungen nur die Ausläufer der Alpen. Wieder andere luden beliebige Innenaufnahmen aus Flugzeugen auf YouTube hoch und gaben sie als Bilder aus der Germanwings-Maschine aus. Das angebliche Originalvideo ist inzwischen seltsamerweise aus dem Internet verschwunden. Auch bei *Bild* und *Paris Match*, die das Video entdeckt haben wollen, wird der Clip nur noch beschrieben, aber nicht mehr gezeigt (siehe z. B. »Neues Beweismittel: Video aus Todesflieger zeigt letzte Sekunden«, *Bild.de*, 31.3.2015).

Ein Etikett für die Absturzstelle?

Doch zurück zu den erwähnten Aufnahmen des Journalisten Balique von der Absturzstelle. Das berühmte Trümmerteil mit der deutschen Flagge und der perfekt erhaltenen Registrierungsnummer des Flugzeugs sieht man darauf zum Beispiel nicht. Erst auf späteren Abbildungen in der Presse prangte da ein Rumpfteil an einem Hang, das deutlich die Flugzeugregistrierung D-AIPX und die deutsche Flagge trug. Die angebliche Fundstelle des Stücks auf Baliques Video zu identifizieren tat man sich dagegen schwer, weil dieses Trümmerteil in anderen Quellen nur in Großaufnahme zu sehen war – also fast ohne Umgebungszusammenhang. Fakt ist, dass man es auf Baliques Video nicht erkennt, und auch er selbst nicht auf dieses Teil zoomt, was er sicherlich getan hätte, wenn er es gesehen hätte. Entweder hat dieses Trümmerteil also ganz woanders gelegen, oder es war zum Zeitpunkt von Baliques Aufnahme nicht vorhanden.

Das Fragment mit der Registrierungsnummer wirkt ohnehin wie eine Etikettierung des Trümmerfeldes: »Wie wahrscheinlich ist es, dass bei diesem klein geschredderten Flugzeug ausgerechnet ein Trümmerstück mit der kompletten Kennung und Flagge erhalten bleibt?«, fragten Kritiker und rechneten vor: »Der Registrierungscode des Flugzeugs D-AIPX war über die letzten hinteren vier Passagierfenster in der Nähe der hinteren Tür gemalt. (…) Dieser kleine Bereich machte weniger als ein Prozent, ungefähr 0,5 Prozent, der gesamten Flugzeughülle aus. Oder ein Zweihundertstel des Flugzeugs. Die Wahrscheinlichkeit, dass dabei ausgerechnet die Flagge und die Kennung in einem Stück erhalten bleiben, beträgt eins zu einer Billion …« (YouTube-Video »Germanwings Fake Evidence #1

Deeper Analysis – Germanwings Flight 4U9525 AirBus A320 Crash Hoax«, 30.3.2015). Und wenn dieses Trümmerteil aus dem hinteren Bereich der Maschine so gut erhalten war – wo war dann eigentlich das daran anschließende Heck mit den riesigen Höhen- und Seitenflossen?

Trümmerteil: Etikett für die Absturzstelle?

An ein Flugzeug erinnerte auf den ersten Blick sonst nur noch ein anderes Fragment mit einigen Fenstern. Es war exakt quadratisch und ohne jede Brand- oder Explosionsspur. Auch dieses Stück war nicht auf Baliques Video zu erkennen. Explosionen würden keine solchen quadratischen und sauberen Trümmerteile produzieren, meinten Kritiker. Es sehe vielmehr wie bewusst aus dem Flugzeugrumpf herausgeschnitten aus. Außerdem sei seltsam, dass dieses größere Trümmerteil am Hang liegen blieb, während leichtere Teile nach unten rutschten (YouTube-Video »Germanwings 4U9525 Plane Crash Hoax Fake Evidence: intentionally created and planted evidence #2«, 27.3.2015).

Pulverisierte Menschenleben

Angesichts der kargen Absturzstelle behalf sich Balique mit einer Überlegung, die auch am 11. September 2001 von vielen Augenzeugen der rätselhaften Absturzorte angestellt wurde: »Ich hatte den Eindruck, die Maschine wurde pulverisiert, als sie in den Berg krachte. Ich denke, für die Familien ist das unvorstellbar. (…) Ich wiederhole, es ist unvorstellbar, dass diese Menschenleben pulverisiert wurden.« Das ist nicht nur unvorstellbar, sondern auch unmöglich. Wir sprechen hier schließlich nicht von einer Atombombe. »Das kann ich mir nur schwer vorstellen«, schrieb mir vor Jahren auch der (inzwischen pensionierte) Gerichtsmediziner Professor Wolfgang Eisenmenger aus München zu den geringen Leichenresten bei den Flugzeugabstürzen von 9/11. Denkbar wäre das vielleicht dann, »wenn ein Flugzeug mit hoher Geschwindigkeit gegen eine Felswand prallt. Da zieht es die Leute förmlich aus der eigenen Haut, so dass das [diese Überreste] von den Bergungskräften nicht unbedingt von der Felswand abgekratzt wird.« Flug Germanwings 4U9525 prallte aber nicht im 90-Grad-Winkel gegen eine Felswand, sondern die Trümmer setzten in einem flachen Winkel auf lockerem Gelände auf. Bei Flugzeugkatastrophen, zu denen er hinzugezogen wurde, sei von den Menschen »noch das meiste vorhanden gewesen«, so Professor Eisenmenger. Das gelte auch dann, wenn das Flugzeug beim Aufschlag explodierte und in Brand geriet: »Nur bei einem stundenlangen Kerosinbrand wäre es nicht ausgeschlossen, dass man kaum noch etwas findet.« Ein solcher Brand war bei Flug 4U9525 jedoch nicht zu beobachten. Normalerweise »bleibt einiges zurück«, erklärte Eisenmenger. »Interessanterweise entwickelt der menschliche Körper gegen Hitze eine gewisse Resistenz, es ist immer wieder erstaunlich, was alles erhalten bleibt.« Der Torso zum Beispiel sei ein massives Stück, das gar nicht so einfach zu zerstören sei. »Es gibt Leichen, die bröckeln außen völlig ab, verlieren Arme und Beine, aber im Torso ist noch einiges vorhanden, wie zum Beispiel Gedärm und weitere innere Organe« (siehe Gerhard Wisnewski: *Operation 9/11*, München 2011, S. 231).

Fünf vielsagende Videos

Nach den Aufnahmen des Journalisten Balique entstanden noch weitere Videodokumente. Der französische TV-Sender France TV präsentierte fünf davon auf seiner Website:

1. Absturz in den Alpen: die ersten Bilder der Trümmer (Crash dans les Alpes: les premières images des débris?)
Beschreibung: Veröffentlicht am 24. März um 17.52 Uhr, also nur wenige Stunden nach dem Absturz. Ein Hubschrauber fliegt in geringer Höhe über das beschriebene hügelige Gelände. Obwohl die Kamera immer wieder stark zoomt, erkennt man lediglich kleine, nichtssagende Schrottteile. Nur ein kleines Trümmerteil trägt die Buchstaben »nw«. Insgesamt sieht man lediglich eine Handvoll Personen in Bergausrüstung, die auf dem Gelände herumlaufen. Während diese Personen in aller Deutlichkeit optisch aufgelöst werden (mit Kopf, Armen und Beinen), sieht man

- keine Leichen oder Körperteile,
- Leichensäcke,
- Leichensammelstellen oder Ähnliches,
- keine Flugzeugsitze,

- keine Koffer oder anderes Gepäck,
- keine Papiere oder Dokumente, wie sie viele Passagiere bei sich haben.

Die Bergung der 150 Toten und des Gepäcks kann so wenige Stunden nach dem Unglück aber auf keinen Fall abgeschlossen gewesen sein. Siehe nächstes Video.

2. Nach dem Absturz der Germanwings-Maschine endet die Suche nach den Leichen (La recherche des corps prend fin dans les Alpes après le crash de Germanwings)
Beschreibung: Veröffentlicht am 4. April 2015, also zehn Tage nach dem Absturz. Diesem Video zufolge endete die Suche nach den Leichen erst Anfang April, also etwa eine Woche nach dem Absturz. Demnach hätte man auf dem vorherigen Video (Nr. 1) sehr wohl noch Insassen, Bahren, Leichensäcke und Ähnliches sehen müssen. Und auf den Aufnahmen des Journalisten Balique erst recht, der die Absturzstelle wenige Stunden nach dem Crash besuchte. Dieses Video hier (Nr. 2) zeigt die Anfahrt einer Militärtruppe zum Unfallort über einen Zufahrtsweg. Am »Absturzort« angekommen, legen die Männer weiße Schutzanzüge und Mundschutz an und packen Bahren aus, was wohl den Eindruck erwecken soll, dass sie es mit Leichen oder Leichenteilen zu tun bekommen werden. Die Bahren bleiben in dem Video aber leer. Sie sind nur ein Symbol, das »Leiche« suggeriert. In Wirklichkeit kann man die Männer anschließend nur bei der Sammlung von altem Schrott beobachten. Sie bilden eine Kette und reichen sich alte Flugzeugreste weiter – ohne jede Brandspur oder Spuren von Blut oder Gewebeteilen. Darunter auch keine Flugzeugsitze oder Teile davon, wie zum Beispiel Armlehnen. Das Gelände zeigt

ebenfalls keine Brandspuren. Die Männer sind, wie gesagt, auch keine Unfalluntersucher, die die Teile in eine Skizze einzeichnen oder katalogisieren, sondern sie sammeln die Trümmer lediglich auf. Zwar hantieren sie zwischendurch auch mit gefüllten schwarzen Säcken, doch dabei handelt es sich nicht um Leichensäcke, sondern um Mülltüten, die sie bequem in einer Hand halten. Große Leichenteile wären dafür zu schwer. Anders als der Videotitel suggeriert, geht es in Wirklichkeit an keiner Stelle um Leichen. Nichts davon bekommt man zu sehen, auch nicht »gepixelt«. Man sieht auch keine Dokumentationsarbeiten am Unfallort: Niemand fotografiert, notiert oder zeichnet. Auch dass die Flugzeugtrümmer von einem Messingenieur eingemessen werden, um den Zerlegungsprozess der Maschine zu rekonstruieren, konnte man nicht beobachten. Kurz und gut, es geht bei der Operation lediglich darum, den Berg aufzuräumen. Der Abmarsch erfolgt über den Zufahrtsweg.

3. Crash in den Alpen: die lange und kostspielige Reinigung der Absturzstelle (Crash dans les Alpes: la longue et coûteuse dépollution du site)

Beschreibung: Veröffentlicht am 14. April 2015. Die Reinigungsoperation geht auch in diesem Video weiter und wird nun auch so genannt (siehe Titel). Keine Kleidung, Koffer, Papiere, Brandspuren im Gelände. Auf einem Schrottteil kann man die Farben von Germanwings erkennen. Hier kann man auch sehen, wo der Schrott landet: Er wird in große weiße Plastiksäcke gepackt, die von einem Hubschrauber hochgezogen werden. Anschließend werden sie in großen Müllcontainern abgesetzt. Und das ist denn doch ein erstaunlicher Befund – wurden diese Trümmer demnach überhaupt nicht weiter untersucht?

4. Germanwings: Die Räumung der Absturzstelle geht weiter (Germanwings: le déblaiement du site du crash de l'A320 se poursuit)
Beschreibung: Veröffentlicht am 14. April 2015. Dem vorangegangenen Video sehr ähnlich. Nur alter (Flugzeug-)Schrott. Keine Brandspuren. In einem Interview erzählt der Chef der französischen Untersuchungsbehörde etwas über die Bergung der Trümmer. Auch das bekannte Fragment mit der Flugzeugkennung D-AIPX ist zu sehen sowie eine alte, zerbeulte »Blackbox« und ein Rad.

5. Absturz der Germanwings: Die Untersuchung geht weiter (Crash de la Germanwings: l'enquête se poursuit)
Beschreibung: Veröffentlicht am 19. April 2015. An einem Gedenkstein legen Menschen üppige Blumensträuße nieder. Die Absturzstelle ist sechs Kilometer entfernt. Inschrift auf dem Stein: »In Erinnerung an die Opfer des Flugzeugunglücks vom 24. März 2015«. Keine weiteren konkreten Angaben: keine Namen der Opfer, der Fluggesellschaft, der Flugnummer, des Flugzeugtyps – nichts. Im Prinzip könnte sich der Stein auf irgendein »Flugzeugunglück« an diesem Tag beziehen. Angeblich kommen Dorfbewohner jeden Morgen hierher, um Blumen niederzulegen und den Ort »auf die Ankunft der Familien der 150 Opfer vorzubereiten«: »Darüber hinaus wurde eine Beziehung zwischen den Dorfbewohnern und den Angehörigen der Opfer, die bereits hergekommen sind, geschmiedet«, behauptet des Video. Einen Monat nach dem Absturz sei das kleine Dorf Vernet »zu einem Ort der Besinnung« geworden. Dann wieder die bekannten Schrottbilder sowie eine Aufnahme des nun geräumten Geländes. Eine Offizielle erzählt irgendetwas von angeblicher Kerosinverschmutzung. An keiner Stelle in den

Videos sah man jedoch Experten für Altlastenbeseitigung oder Hinweise, dass das Gelände abgetragen worden wäre. Später zeigt der Clip einen lieblos improvisierten Gedenkraum mit Devotionalien: Luftballons, Teddybären u. a.
Ein großes doppelseitiges Bild im *Stern* vom 23. April 2015 verdeutlichte die ganze Misere der Medien. Nach dieser langen Zeit kann auch der *Stern* nur ein Foto von etwa hundert Plastiksäcken mit Flugzeugschrott vorweisen, aber nicht von Leichensäcken! Danach hat offenbar auch die *Stern*-Redaktion vergeblich gesucht – sonst hätte man sich hier nicht mit einem Bild von Schrott in Säcken begnügt. Ein großes Flugzeugteil sieht man auf dem Foto schon gar nicht. Die großen Teile würden irgendwo anders »zusammen liegen«, so die *Stern*-Redaktion.

»Der 4U9525-Absturz ist ein Schwindel«

Das meiste von dem, was man bei anderen Abstürzen findet, fehlte also. Wenn man die Aufnahmen vom Absturzort von Germanwings-Flug 4U9525 einmal mit einem anderen gut dokumentieren Absturz in den Bergen vergleicht, trifft man auf ganz andere Bilder. Am 12. August 1985 krachte Japan-Airlines-Flug 123, eine Boeing 747, nach dem Start vom Tokyo International Airport in den 2000 Meter hohen Mount Takamagahara. 520 der 524 Insassen kamen dabei ums Leben. An der Absturzstelle wimmelte es nur so von Helfern, Leichen, Leichenteilen, Leichensäcken, Hubschraubern, Tragen, Bahren, Koffern, Sitzen, großen Flugzeugteilen und anderem mehr. Für Kritiker ist die Germanwings-Absturzstelle daher ganz einfach ein Schwindel: »Anders als der gefälschte Germanwings-Absturzort, der eindeutig inszeniert wurde, gab es an der Japan-Airlines-Absturzstelle Überlebende, echte Leichen, überall verstreute Körperteile, echte Triebwerke und andere große Teile wie die Tragflächen«, heißt es in einem Video, in dem die beiden Abstürze verglichen wurden. »Journalisten wurde erlaubt, die Rettungskräfte zur Absturzstelle zu begleiten, um alles persönlich aus nächster Nähe aufzunehmen, Rettungskräfte bei der Rettung von Überlebenden und der Bergung von Toten und von Leichenteilen zu zeigen. Nachrichtenreporter zeigten die Flugzeugtrümmer, tote Passagiere, verstreute Leichenteile aus nächster Nähe. Alles wurde gezeigt, denn anders als bei dem Germanwings-Schwindel gab es nichts zu verbergen.« An der Germanwings-Absturzstelle gebe es keine Triebwerke, echten Leichen oder Leichenteile. Anders als den Gefälligkeitsjournalisten sei es normalen Nachrichtenreportern nicht erlaubt worden, dem falschen Rettungsteam zu folgen, um alles aus nächster Nähe persönlich aufzunehmen. Es gebe nicht einmal Nahaufnahmen des Flugzeugschrotts, der dort plaziert worden sei, um Trümmerteile vorzutäuschen. Alles werde unter Verschluss gehalten. Der Ort des Schwindels und Informationen darüber stünden der Öffentlichkeit nicht zur Verfügung, weil es sich bei der gesamten Angelegenheit um einen Betrug handele (YouTube-Video »Germanwings 4U9525 Plane Crash is Fake. See a Real Plane Crash: Japan Airline Flight 123«, 29.3.2015).

So eine Zumutung! Wie kann man so traurige Flugzeugabstürze nur am laufenden Band in Frage stellen! Ganz einfach: Weil sie offenbar am laufenden Meter manipuliert werden. Oder hält jemand die Serie von dubiosen Abstürzen seit dem Verschwinden von Flug MH370 am 8. März 2014 etwa für normal? Schon quantitativ, also statistisch, ist eine derartige Häufung großer Flugzeugkatastrophen äußerst unwahrscheinlich. Qualitativ erst recht, wie die zahlreichen Merkwürdigkeiten im

Zusammenhang mit diesen Abstürzen oder Katastrophen beweisen. Es ist also klar, dass am Himmel irgendwelche Spielchen gespielt werden – aber wie? Und von wem? Und warum? Aufgrund der Augen- und Ohrenzeugen, der Videos und Fotos von der Absturzstelle der Germanwings-Maschine muss man feststellen: An dem beschriebenen Ort ist kein großer Airliner mit 150 Insassen und etwa 200 Sitzen abgestürzt. Sicher sind die Schulkinder und die anderen Passagiere und Besatzungsmitglieder wirklich verschollen oder tot. Nur an diesem »Absturzort« lagen sie offenbar nicht.

François Hollande weiß mehr

Besonders auffällig war, wie schnell Politiker und Behörden trotzdem eine »offizielle« Version präsentierten. Interessanterweise warteten die Behörden die Unfalluntersuchung nicht ab, sondern preschten sofort mit einer offiziellen Darstellung vor. Eine Version ohne Untersuchung ist jedoch gar keine Version, sondern bestenfalls eine Vermutung. So war das auch nach dem 11. September 2001, als die Bush-Regierung sofort »Osama und die 19 Räuber« beschuldigte, oder nach dem angeblichen Absturz von Flug MH17 am 17. Juli 2014, als sofort behauptet wurde, die Russen oder »prorussische Rebellen« hätten die Maschine abgeschossen. Ein Ergebnis ohne Untersuchung ist jedoch kein Ergebnis, sondern schlimmstenfalls reinste Phantasie und Propaganda. Im Fall des Germanwings Crashs machte der französische Präsident Hollande den Anfang. Kurz nach dem Absturz verkündete er in einer offiziellen Erklärung, dass es wahrscheinlich keine Überlebenden gegeben habe: »Die Umstände des Unfalls, die noch nicht aufgeklärt sind, lassen annehmen, dass es keine Überlebenden gibt.« Umstände, die noch gar nicht bekannt sind, lassen also vermuten, dass es keine Überlebenden gibt? Ein Widerspruch in sich. Aber den Medien fiel dieser offensichtliche Nonsens gar nicht auf, sondern sie machten daraus umgehend Gewissheit: Es gebe keine Überlebenden, meldeten sie unisono. Nur: Woher wollte der französische Präsident das so schnell wissen? Die Website von *Le Monde* zitierte Hollande am 24. März 2015 schon um 11.45 Uhr, also eine Stunde nach dem Absturz. Aber erst musste man das Flugzeug ja einmal aufspüren, anschließend zur Absturzstelle vordringen und schließlich 150 Insassen finden, untersuchen und für tot erklären! Um das Maß der Widersprüche voll zu machen, war den Medien noch Stunden später zu entnehmen, dass bislang niemand zur Unfallstelle gelangt war: »Die Rettungskräfte der Gendarmerie werden lange brauchen, um zur Unglücksstelle vorzudringen«, schrieb beispielsweise *Spiegel Online* noch um 17.02 Uhr: »Laut dem französischen Innenministerium liegt der Absturzort in rund 2000 Meter Höhe in den Alpen [was einen falschen Eindruck erweckte]. Ein Sprecher sagte, man gehe von einer extrem langen und schwierigen Suchaktion aus, weil das Gebiet so abgelegen sei.«

Ein Hellseher namens Hollande

Wie der französische Präsident angesichts dieser Lage prognostizieren konnte, dass es wohl keine Überlebenden gegeben habe, ist schleierhaft. Denn auch beim schlimmsten Crash bildet sich in großen Körpern wie etwa Flugzeugrümpfen eben doch die eine oder andere »Kräfteinsel«, in der Menschen überleben können. Der geschilderte Absturz der japanischen Boeing 747 in den Bergen bei Tokio, bei dem 4 von 524 Insassen überlebten, spricht da eine deutliche Sprache.

Auch die Vorstellung, dass etwaige Überlebende wenige Stunden später sicher gestorben seien, hilft nicht weiter, weil keineswegs sicher ist, dass Überlebende schwer verletzt sein müssen. Bei der japanischen Boeing 747 hatten zunächst sogar wesentlich mehr Menschen überlebt; sie starben dann vor allem deshalb, weil sie eine ganze Nacht auf die Rettungskräfte warten mussten.

Eine ganze Reihe von Menschen hat Abstürze in den Bergen überlebt. Im Prinzip wäre es möglich, bei einem solchen Crash noch Tage später Überlebende zu finden. Bei dem berühmtem Flugzeugabsturz der Rugby-Mannschaft in den Anden 1972 überlebten 16 Passagiere 72 Tage lang! Verletzte können weit über die Unfallstelle verstreut sein oder sogar im Schock durch die Gegend irren – alles schon da gewesen. Bevor man also behaupten kann, dass es keine Überlebenden gebe, muss der Tod jedes einzelnen Insassen ärztlich festgestellt worden sein. Man stelle sich umgekehrt vor, Hollande hätte sich geirrt, und es wären doch noch Menschen lebend geborgen worden: Durch welche Hölle hätte er damit die Angehörigen geschickt?

Man stelle sich ferner vor, dass ein solches Statement des Staatschefs natürlich die Rettungsanstrengungen sabotiert: Wenn ohnehin keiner überlebt hat, warum sich dann noch beeilen? Kurz und gut, bei einer echten Katastrophe wäre ein solches Verhalten absolut unvorstellbar. Und außerdem unkalkulierbar: Wie konnte er so sicher wissen, dass es keine Überlebenden gab? Ohne Vorwissen hätte er sich bestimmt nicht mit einem solchen Statement hervorgewagt. Kurz: Der Präsident konnte das, was er da sagte, unter keinen Umständen wissen – und wenn er es doch wusste, dann besaß er irgendein Insiderwissen über den Vorfall, das sicherstellte, dass er später nicht Lügen gestraft werden würde.

Er sagte kein Sterbenswort

Schon zwei Tage später, am 26. März 2015, wartete die französische Staatsanwaltschaft mit der nächsten kühnen Darstellung auf: Bei einer Pressekonferenz erklärte der französische Staatsanwalt Brice Robin, die Auswertung des Cockpit Voice Recorder (CVR) habe ergeben, dass sich Co-Pilot und Kapitän zunächst ganz normal unterhalten und auf den Anflug auf Düsseldorf vorbereitet hätten. Anschließend habe der Kapitän das Cockpit verlassen, sei bei seiner Rückkehr aber nicht mehr hineingelassen worden. Stattdessen habe der Co-Pilot bewusst den tödlichen Sinkflug begonnen – bis zum Aufschlag in den französischen Bergen, also eine Selbstmord- und Mordaktion. Aus den aufgenommenen Geräuschen und Dialogen wollte der Staatsanwalt folgenden Ablauf rekonstruiert haben:

- Nach einer 15-minütigen normalen Unterhaltung mit dem Co-Piloten habe der Kapitän das Cockpit verlassen,
- anschließend habe der Co-Pilot einen Knopf am Bordcomputer bedient und die Maschine so in den Sinkflug gebracht; danach habe der Kapitän wieder ins Cockpit gewollt,
- was aber nicht geklappt habe, woraus der Staatsanwalt schloss, dass dies auf einer Willensentscheidung des Co-Piloten beruhte. In Wirklichkeit geht das aus dem Verhalten des Co-Piloten aber nicht hervor, denn
- der Co-Pilot sagte laut Staatsanwalt kein Wort, hat also selbst keinen verbalen Beweis für ein bewusstes Handeln geliefert, zum Beispiel durch Absichtserklärungen, Ausrufe, Drohungen oder Ähnliches.
- Er habe lediglich die ganze Zeit »normal und regelmäßig« geatmet, woraus der Staatsanwalt den Schluss zog, dass er

> bei Bewusstsein gewesen sei: »Das ist nicht die Atmung von jemandem, der gerade einen Infarkt erleidet«, diagnostizierte Staatsanwalt Robin laut *heute.de* vom 26. März anhand der Atemgeräusche auf dem CVR.

Die *Bild*-Zeitung hat diese irre »Logik« auf die Spitze getrieben: »Lubitz reagierte nicht, sein Atem blieb ruhig. Er war demnach bei Bewusstsein« (online, 4.4.2015). Logisch wäre eher das Gegenteil.

Diagnose vom Staatsanwalt

Jeder Mediziner kann da jedenfalls nur vor Neid erblassen. Wo angehende Ärzte mühsam die Interpretation von Atemgeräuschen lernen müssen, schafft der Staatsanwalt das ohne jedes Stethoskop – ganz einfach anhand von Atemgeräuschen in einem lauten Cockpit. Selbst- und Massenmord und kein bisschen aufgeregt? Wer will so etwas glauben? Wenn schon Ferndiagnose, dann spricht ein ruhiger Atem dafür, dass der Co-Pilot von seinem angeblichen Selbstmord und dem Kampf des Kapitäns gegen die Cockpittür überhaupt nichts mitbekam. Wenn man schon die Aufzeichnung der Atmung des Co-Piloten interpretiert, muss man wohl feststellen, dass die ruhige Atmung die offizielle Version nicht unterstützt, sondern ihr widerspricht. Ganz richtig schrieb dazu der *Kopp Online*-Autor Daniel Prinz:

> »Wenn sich ein Flugzeug gerade im Absturz befindet, so wird der Puls eines auch noch so ›abgebrühten‹ Menschen recht hoch sein, und damit einhergehend wird die Frequenz der Atmung alles andere sein, nur nicht ›ruhig und regel-

mäßig‹. (…) Nachdenklich sollte vor allem stimmen, dass der Co-Pilot auch sonst kein einziges Wort vor dem Aufprall von sich gegeben haben soll. Nicht einmal einen einzigen kleinen Seufzer bzw. einen Ausdruck der Verzweiflung oder der Angst, während er acht Minuten lang in den Tod stürzt? Kein Aufschrecken? Kein ›Oh Gott‹ oder Ähnliches? Keine sonstigen, für Menschen typische Reaktionen bei Todesgefahr und Unfällen, welche unbewusst automatisch auftreten und eigentlich kaum zu unterdrücken sind?« (31.3.2015)

Hörspiel aus dem Cockpit

Auch dafür, dass der Sinkflug durch bewusstes Drehen eines »entsprechenden Knopfes« eingeleitet worden sei, hatte der Staatsanwalt nicht die geringsten Beweise. Denn so etwas kann man auf einer Tonaufnahme natürlich nicht hören. Der Staatsanwalt hatte sogar selbst erklärt, außer der Atmung des Co-Piloten keine Geräusche im Cockpit vernommen zu haben. Wie konnte er also die Bedienung eines Drehknopfes wahrgenommen haben? Seine ganzen Behauptungen beruhten schließlich nur auf dem »Hörspiel« des CVR, denn das eigentlich handfeste Beweismittel fehlte nach seinen Angaben zu diesem Zeitpunkt: der Flugdatenschreiber (FDR). Nur durch ihn hätte festgestellt werden können, was im Cockpit tatsächlich geschah und welche »Knöpfe« denn nun wirklich betätigt wurden. Aber bereits in den Abendnachrichten des 26. März wurden aus den nicht fundierten Mutmaßungen des Staatsanwalts Gewissheiten. Es bestehe »kaum ein Zweifel« daran, »dass der Co-Pilot die Katastrophe absichtlich herbeigeführt hat«, erklärte forsch Matthias Fornoff in einem *ZDF Spezial* am 26. März 2015: »Der Mann hat 149 Menschen getötet und sich selbst.« So etwas kann man ohne Beweise straflos nur von einem Toten behaupten. Und deshalb gehen Journalisten genauso gerne auf Verstorbene los wie Staatsanwälte.

Rasenmäher im Cockpit

Klar denken konnten offenbar nur noch wenige, etwa die Pilotengewerkschaft Vereinigung Cockpit (VC): »Wir waren geschockt, als wir die neuen Erkenntnisse über den Absturz gehört haben. Allerdings handelt es sich hierbei um einen ersten Zwischenbericht. Viele Fragen sind noch offen«, sagte VC-Sprecher Jörg Handwerg dem *Handelsblatt* (online, 26.3.2015). »So wirft nach Ansicht der Pilotenvereinigung Cockpit der Umgang mit den bisherigen Ermittlungsergebnissen erhebliche Fragen auf«, zitierte ihn die *Schweriner Volkszeitung* (online, 2.4.2015):

> »›Was wir bisher wissen, ist sehr dünn‹, sagte Cockpit-Sprecher Jörg Handwerg unserer Zeitung. ›Die daraus abgeleiteten Thesen sind demzufolge höchst forsch‹, meint der Sprecher des Berufsverbandes. Er hält sogar die These vom bewusst herbeigeführten Absturz noch längst nicht für erwiesen. Nach Kenntnis der Pilotengewerkschaft wurde vom schnell gefundenen Voice-Recorder, also der Sprachaufzeichnung aus dem Cockpit, zunächst nur eine Tonspur ausgewertet, die zudem beschädigt gewesen sei«,

so die *Volkszeitung*:

> »›Der Rekorder zeichnet jedoch mehrere Spuren auf‹, sagt Handwerg, der selbst Flugkapitän ist. Ihm ist ›unklar, wie man aus der einen Spur herausgehört haben will, dass der

Co-Pilot vorsätzlich die Schalter für den Sinkflug und zum Blockieren des Tür-Codes betätigte. Woraus will man das gehört haben?!‹ Immerhin herrsche im Cockpit regulär ein Geräuschpegel von 75 bis 80 Dezibel. Das entspricht etwa dem Lärm eines Rasenmähers oder Straßenlärm. Außerdem müssten zumindest in der letzten Flugphase diverse Warnsignale alles übertönt haben.«

Im Gegensatz zum französischen Staatsanwalt war dem Experten offenbar nicht klar, wodurch die bewusste Einleitung des Sinkflugs erwiesen gewesen sein soll: »Woran macht man beispielsweise fest, dass der Sinkflug vorsätzlich eingeleitet wurde?«, fragte Handwerg: »Aus unserer Sicht sind noch andere Möglichkeiten als Vorsatz denkbar.« So wisse man zum Beispiel noch nichts über den technischen Zustand des Flugzeugs, zitierte ihn das *Handelsblatt*. »Deshalb brauchen wir eine Auswertung des Flugdatenschreibers.«
Am Abend des 26. März kamen gar Politiker zu Bewusstsein. In der Talkshow *Maybrit Illner* trat Ex-Verkehrsminister Peter Ramsauer (CSU) auf die Bremse: »Es sei doch gar nicht gesagt, dass die Darstellung des französischen Staatsanwalts vom erweiterten Suizid des Co-Piloten tatsächlich zutreffe.« Und – man höre und staune: »Wenn ein Staatsanwalt etwas behauptet, müsse das schließlich keineswegs stimmen. Oft genug fielen die Urteile später anders aus.« Und der Luftfahrtexperte Andreas Spaeth wollte wissen, warum man eigentlich noch nach dem Flugdatenschreiber suche, wenn der französische Staatsanwalt die Angelegenheit bereits geklärt habe: »Klarheit über das, was sich während des Todesflugs abgespielt habe«, könne aber »schlichtweg noch gar nicht vorhanden sein« (zit. nach: *Spiegel Online*, 27.3.2015).

Faktenfreie Behauptungen

Eben – und genau deshalb ist es so verdächtig, wie der französische Staatsanwalt die Ursachenforschung in eine ganz bestimmte Richtung lenken wollte. In Wirklichkeit sprach einiges gegen seine Schilderung:

- Warum sollte der Flugkapitän bei einem Zweistundenflug schon nach 20 Minuten zur Toilette gehen? Normalerweise bekommen die Passagiere auf einer so kurzen Strecke niemanden aus dem Cockpit zu Gesicht.
- Warum wählt der Co-Pilot als Selbstmordmethode einen computergesteuerten acht bis zehn Minuten langen Sinkflug, statt die Maschine schnell manuell zum Absturz zu bringen?
- Warum schaut er dem programmierten Sinkflug acht bis zehn Minuten lang »in aller Seelenruhe« zu, während er damit rechnen muss, dass der Kapitän jeden Moment doch noch mit Gewalt ins Cockpit gelangt?
- Wie kann er angesichts der Dramatik des Geschehens einfach ruhig und gleichmäßig weiteratmen, während das Flugzeug abstürzt und der Kapitän von der anderen Seite gegen die Tür hämmert?
- Warum hört man die Passagiere angeblich erst kurz vor dem Aufprall schreien?
- Haben sie von dem verzweifelten Kampf des Kapitäns an der Cockpittür überhaupt nichts mitbekommen? Normalerweise würden sie zusammen mit dem Kapitän um den Zutritt zum Cockpit kämpfen.
- Dasselbe gilt natürlich auch für die Flugbegleiter.
- Warum haben die an Bord befindlichen Passagiere die Szenen nicht gefilmt, fotografiert, gepostet, getwittert und gesimst?

Mit anderen Worten, das Ganze klingt wie ein Kammerspiel. Besetzung:

- ein Flugkapitän,
- ein Co-Pilot,
- der Chor der Passagiere.

Wie kommt der Staatsanwalt ohne jeden positiven Beweis zu der Behauptung, der Co-Pilot habe »diesen Knopf aktiviert«, um den Sinkflug zu beginnen, was »als Absicht analysiert werden kann, das Flugzeug zu zerstören« (*Global News*, online, 26.3.2015)? Dass der Strafverfolger mit dieser Aussage nicht einmal wartet, bis der Flugdatenschreiber gefunden und dessen Aufzeichnung ausgewertet wurde, ist bezeichnend. Denn ein Sinkflug kann natürlich auf verschiedene Art und Weise eingeleitet worden sein, zum Beispiel auch durch einen totalen Triebwerksausfall oder durch einen Computerfehler.
Der Sprecher des Nationalen Aufsichtskomitees für Luftfahrtsicherheit, der französische Flugkapitän Gerard Arnoux, meldete nur zwei Tage nach dem Crash in den französischen Alpen »im *Grande Journal* starke Zweifel an der offiziellen Version des Germanwings-Absturzes an«, berichtete die *Epochtimes* (online, 12.5.2015): »Laut Arnoux gibt es drei fundamentale Fehler in der offiziellen Geschichte«:

1. Es sei »schlicht unmöglich, dass der Atem des Piloten auf dem Sprachrecorder zu hören war. In den Cockpits der ersten Generation des A320 ist es derart laut, dass die Piloten sogar Headsets brauchen, um miteinander zu sprechen. Undenkbar, dass bei diesem Hintergrundlärm Lubitz´ Atemgeräusche aufgezeichnet werden konnten, so Arnoux.«

2. Arnoux bestehe »kategorisch« darauf, dass der fragliche Drehknopf geräuschlos sei.
3. Überdies wundere sich Arnoux, »dass die Ermittler das laute und schrille Geräusch der Cockpittür nicht erwähnen, das ausgelöst wird, sobald jemand den Notfall-Code zur Öffnung derselben eingibt … das akustische Signal wäre in jedem Fall ausgelöst worden, sobald jemand von außen einen Code eingegeben hätte. (…) Davon wurde jedoch nichts erwähnt.«

Postmortaler Hexenprozess

Die Geschichte vom Kapitän, der das Cockpit verließ und anschließend nicht mehr hineingelassen wurde, war demnach also falsch. Bis dahin fehlte schließlich immer noch:

- jede Äußerung, Willenserklärung und auch ein Abschiedsbrief des Co-Piloten,
- jegliches Motiv für dieses bizarre Verhalten,
- jeglicher akustische und auch technische Beweis in Form von Flugschreiberdaten (FDR) und einer Unfalluntersuchung.

Für die Medien war die fragwürdige Erklärung des französischen Staatsanwalts jedoch der Startschuss zu einem postmortalen Hexenprozess gegen den Co-Piloten. Mit Verstorbenen befassen sich Journalisten nun mal besonders gern. Und Psychologen auch. Denn hier kann man die schönsten Geschichten konstruieren, ohne mit rechtlichen Problemen rechnen zu müssen. Angebliche psychiatrische Befunde des Co-Piloten wurden herumgereicht und diskutiert.

Depressive sind keine Massenmörder

Die angeblichen Depressionen des Co-Piloten sprechen jedoch nicht für, sondern gegen einen Selbst- und Massenmord. Jeder, der schon einmal Depressionen hatte oder Betroffene kennt, weiß, dass Depressive eher inaktiv sind und sich in sich zurückziehen. Eines werden sie eher nicht, nämlich aggressiv gegen andere: »In einem sind sich Fachleute einig: Depressive Menschen tun so etwas nicht«, schrieb die Medizinjournalistin Beatrice Hamberger am 6. April 2015 auf *gesundheitsstadt-berlin.de:* »Sie bringen kein Flugzeug mit 150 Menschen absichtlich zum Absturz, wie es Andreas Lubitz am 23. März mit Germanwings Flug 4U9225 offenbar getan hat.« – »Getan haben soll«, darf man der Ordnung halber korrigieren.

> »Nahezu jeder Psychiater, der sich bislang zu dem tragischen Flugzeugunglück öffentlich geäußert hat, beschreibt Depressive als vorwiegend friedliebende, zurückgezogene Menschen. Die Deutsche Gesellschaft für Psychiatrie, Psychotherapie, Psychosomatik und Nervenheilkunde (DGPPN), der Berufsverband Deutscher Nervenärzte und der Berufsverband Deutscher Psychiater unterstreichen in einer gemeinsamen Erklärung vom 2. April, dass zwar 90 Prozent der Suizide auf eine psychische Erkrankung zurückzuführen seien. ›Dabei werden die Suizide aber fast ausschließlich alleine durchgeführt‹, betonen die Experten. In der Luftfahrt sei gerade mal ein einziger Fall zweifelsfrei belegt, bei dem ein Pilot absichtlich eine Passagiermaschine abstürzen ließ. Ohne die genaue Diagnose von Andreas Lubitz zu kennen, sei es wenig förderlich, über die Auslöser zu spekulieren.«

Zwar sollen in Lubitz' Wohnung Psychopharmaka gefunden worden sein. Der einzig »harte Befund« fehlte jedoch: nämlich ob die Psychopharmaka auch in seiner Leiche gefunden wurden. Ebenso fehlte die Information über den Fundort der Leiche: Befand sich der Kapitän nun wirklich außerhalb des Cockpits und der Co-Pilot darinnen oder nicht? Bei anderen Flugunfällen wird das sehr wohl hinterfragt, um festzustellen, wer die Maschine wirklich steuerte. Auch bestimmte Verletzungen an Händen und Füßen lassen darauf schließen, welcher der beiden Piloten im Moment des Aufpralls »am Steuer saß«. Im Fall von Germanwings 4U9525 wurde dieser ganze Themenkomplex weder diskutiert, noch wurden entsprechende Befunde vorgelegt. Und das kann eben nicht daran liegen, dass die Maschine »gegen eine Felswand« prallte, wie zunächst berichtet wurde. Vielmehr fanden sich die Trümmer in einem lockeren, hügeligen Gelände. Auch diese harten Beweise für Lubitz' Schuld fehlen also.

Im Internet soll sich Lubitz über Selbstmordmethoden informiert haben – also ein Pilot, der schon als Jugendlicher Segelflugzeuge bestieg und mit der Durchführung eines sicheren und schmerzlosen Selbstmordes technisch keine Probleme gehabt haben sollte. Laut Staatsanwaltschaft Düsseldorf, die Lubitz' Hintergründe an seinem Wohnort untersuchte, fehlte es »sowohl an der belegbaren Ankündigung einer solchen Tat als auch an einem aufgefundenen Tatbekenntnis«. Auch für ein Motiv hatte die Staatsanwaltschaft nicht einmal »tragfähige Hinweise«: »Ebenso wenig sind im unmittelbaren persönlichen und familiären Umfeld oder am Arbeitsplatz besondere Umstände bekannt geworden, die tragfähige Hinweise über ein mögliches Motiv geben können« (31.3.2015).

Mit anderen Worten, an der Selbstmordgeschichte ist in Wirklichkeit überhaupt nichts dran. Unter dem Strich ließ sich gegen den toten Andreas Lubitz kein Fall konstruieren. Hätte er noch gelebt, wäre er von jedem Gericht freigesprochen worden – beziehungsweise es wäre nicht einmal zu einer Anklage gekommen.

Die *Bild*-Zeitung, die auch schon das fragwürdige Video aus der Maschine präsentierte hatte, gab sich alle Mühe, der Geschichte Leben einzuhauchen, und bezeichnete den Flieger trotzdem als »Amok-Piloten«. So präsentierte das Blatt am 28. März 2015 eine angebliche Ex-Freundin des Co-Piloten – natürlich anonym, so dass sich die Echtheit dieser Informantin nicht überprüfen ließ. Im vergangenen Jahr seien sie gemeinsam fünf Monate lang durch Europa geflogen und hätten heimlich zusammen in Hotels übernachtet. Laut der 26-jährigen Stewardess Maria W. habe Lubitz nachts von Flugzeugabstürzen geträumt und gesagt: »Eines Tages wird jeder meinen Namen kennen.« Kleiner Schönheitsfehler: »Ich halte das für ausgeschlossen, dass diese Meldung stimmt, weil die Fluggesellschaften ein Einteilungssystem haben, das quasi täglich rotierende Besatzungen vorsieht«, sagt Robert Stein, Pilot und Absolvent der Lufthansa-Verkehrsfliegerschule. Er selbst habe mit einer Stewardess gesprochen, die ihm gesagt habe, gemeinsame Einsätze mit bestimmten Besatzungsmitgliedern seien im Einzelfall zwar möglich, aber nur auf Antrag. »Aber es ist ausgeschlossen, dass jemand für fünf Monate lang permanent im gleichen Flieger eingesetzt war; das kann ich nicht nachvollziehen«, so Stein (*NuoViso TV:* »Was brachte Germanwings-Flug 9525 wirklich zum Absturz? Ein Faktencheck!«, 2.4.2015).

Die Sache stinkt wie ein reifer Käse

»Nicht nur die Marseiller Ermittler, auch die anderen französischen Offiziellen agieren in Sachen Germanwings undurchsichtig«, befand auch der Journalist Andreas van de Kamp in seinem politischen Blog *staatsstreich.at:* »Aus ihrem Verhalten lässt sich nur ableiten, dass sie eine vorgegebene Version als real life drama inszenieren wollen.« Die offizielle Theorie stinke wie ein reifer Käse. Und: »Trotz all der auffälligen Zufälligkeiten und der offenkundigen Unwahrheiten macht die Berichterstattung des Mainstreams freudig mit. Die Journalisten sind nicht in der Lage oder willens, zwischen der Ermittlungs-Burleske und den echten Geschehnissen zu unterscheiden.« Ebenfalls auffällig:

> »Inzwischen geht es weniger um plausible Erklärungsansätze als um die sogenannten soft facts, nämlich das Umfeld und die Umstände [von Andreas Lubitz], das Überdies und à propos. Die Theorie vom Amok-Piloten ist für die Beteiligten jedenfalls schon in Stein gemeißelt. Keine Beachtung wird dem Umstand geschenkt, dass die Pariser Politik wie gedruckt lügt und dass sich das penibel und zweifelsfrei dokumentieren ließe – beispielsweise anhand der Regierungsposition, dass man nicht vorgewarnt gewesen sei.«

Es falle »schon stark auf, wie sehr die Medien das Thema ›beerdigen‹ wollen (oder müssen?)«, bemerkte ein anderer Blogger: »Patsch, der Pilot war ein Selbstmörder. Punkt! Dann ein paar Sendungen über den irren Piloten, mit Psychologen, Flugexperten und Co., dann in jeder Nachrichtensendung, der Pilot war schuld. Auf jedem Radiosender, der irre Pilot hatte auch noch einen Krankenschein [Krankschreibung]. Quasi, der erste Mensch, der trotz Krankenschein arbeiten geht und sich dann auch noch das Leben nimmt …« (*ichfragmich.eu*, 28.3.2015).

Treueverrat bei Lufthansa

Besonders merkwürdig ist, dass Germanwings und Lufthansa dieses windige Spielchen sofort mitspielten und ihren verstorbenen oder verschollenen Mitarbeiter als Massenmörder beschimpfen ließen: »Wir müssen, und da spreche ich, glaube ich, für alle bei Lufthansa, fassungslos zur Kenntnis nehmen, dass das Flugzeug offensichtlich willentlich zum Absturz gebracht wurde, mutmaßlich durch den Co-Piloten des Fluges«, erklärte der Vorstandsvorsitzende Carsten Spohr von der Lufthansa schon nach der Pressekonferenz des Staatsanwalts am 26. März 2015.

Fassungslos kann man aber nur über diesen Treueverrat der Germanwings- und Lufthansa-Bosse sein. Schließlich gibt es auch noch andere interessante Befunde über das Schicksal des Flugzeugs, die nicht zu der Selbstmord- und Mordversion passen. Nach dem Absturz der Germanwings-Maschine lautete der Auftrag aber offenbar »Propaganda«. Der Co-Pilot Andreas Lubitz war zum Abschuss freigegeben worden, und Medien und Konzernchefs legten sich mächtig ins Zeug, um ihn zum alleinigen Sündenbock für das Geschehen aufzubauen. In Wirklichkeit hält die Geschichte vom Massen(selbst)mörder Lubitz nicht mal ansatzweise einer fachlichen und forensischen Überprüfung stand. Bis jetzt sind nicht die geringsten harten Beweise dafür in Sicht. Das gilt auch für den Flugdatenschreiber (FDR) und den Cockpit Voice Recorder (CVR).

Verwirrspiel um eine Blackbox

Während die französische Staatsanwaltschaft um die angeblichen CVR-Aufzeichnungen einen Riesenrummel veranstaltete, redete von den viel wichtigeren Flugschreiberdaten zunächst kaum jemand. Dabei wären sie besonders interessant gewesen, denn diese andere Blackbox kann über den »technischen Flugzustand« der Maschine viel besser Auskunft geben. Nur sie kann Beweise für jene Aktionen der Piloten liefern, die von der Staatsanwaltschaft einfach so unterstellt wurden. Um diese zweite Blackbox gab es jedoch ein seltsames Verwirrspiel: Mal wurde sie gefunden, mal wieder nicht, um schließlich auf ganz andere Weise wieder aufzutauchen: Als erstes Medium berichtete am 25. März 2015 erstaunlicherweise die *New York Times*, dass am selben Tag der Flugdatenschreiber (FDR) gefunden worden sei, also vor der Pressekonferenz von Staatsanwalt Brice Robin vom 26. März. Ein Ermittler habe erklärt, das Gerät sei »schwer beschädigt, seine Speicherkarte entfernt worden und verschwunden«. Genauer: »Der Beamte sagte, dass Arbeiter am Absturzort das Gehäuse der zweiten Blackbox, des Flugdatenschreibers, gefunden haben, von dem sich die Ermittler wichtige Informationen über den Flug erhofft hatten, einschließlich Geschwindigkeit, Höhe und Richtung. Aber er sagte, dass die Box beim Absturz schwer beschädigt wurde und dass der wichtige Speicherchip im Inneren entfernt wurde.«

Der unverwüstliche Zeuge

Beim Absturz schwer beschädigt und die Speicherkarte weg? Reden wir hier alle von demselben Gerät, nämlich einem Flugdatenschreiber: »Weder Crashs, Feuer, Wasser noch hoher

Druck können ihm schaden: Flugschreiber sind fast unzerstörbar und daher wichtig bei der Ursachenaufklärung«, erklärte *Focus Online* seinen Lesern den »letzten, unverwüstlichen Zeugen«: Er überstehe Abstürze beim Start »aus geringer Höhe« ebenso »wie einen harten Aufprall aus 10 000 Metern«. Weder versage die Blackbox »ihren Dienst in über 2000 Metern Meerestiefe noch in der Flammenhölle von über 1000 Grad Celsius. (…) Bevor der Flugschreiber aufgrund von Crash-Erkenntnissen meist im Heck installiert wird, muss er extreme Härtetests durchmachen. Für seine Zulassung wird er beispielsweise von einer Druckluftkanone mit über 500 km/h gegen eine Betonmauer geschossen und muss eine höllische Hitze von rund 1100 Grad Celsius weitgehend unbeschadet überstehen. Nagelbestückte Schwergewichte traktieren das stabile Gehäuse, das zudem zwischen eine Presse gelegt oder von Schneidbrennern minutenlang erhitzt wird. Nur wenige dieser Geräte wurden in den vergangenen Jahren so in Mitleidenschaft gezogen, dass die Daten nicht mehr ausgewertet werden konnten« (*Focus Online:* »Flugschreiber – Der unverwüstliche letzte Zeuge«, ohne Datum).

Wer hat den »Speicherchip« geklaut?

Aber noch unglaublicher ist ja, dass der Speicherchip dieses sagenhaften Geräts »entfernt« worden sein soll. Wer hatte das getan und warum? Kurze Zeit später änderte die *New York Times* diese Version. Nun hieß es nicht mehr, die Speicherkarte sei entfernt worden, sondern nur noch, sie sei nicht mehr vorhanden gewesen: Am Absturzort »fanden die Arbeiter das Gehäuse der zweiten sogenannten Black-Box, den Flugdatenschreiber, aber die Speicherkarte mit den Daten über die Flughöhe, Geschwindigkeit, Position und den Zustand des Flugzeugs befand sich nicht darinnen, weil sie offenbar losgerissen oder bei dem Aufprall zerstört« worden sei (*NYT,* a.a.O.). Wie und warum die unzerstörbare Blackbox so beschädigt werden konnte, dass die Speicherkarte verschwand, wurde natürlich nicht erklärt. Unverändert blieb die *NYT* aber dabei, dass der FDR am 25. März gefunden wurde. Auch der französische Präsident Hollande behauptete um dieselbe Zeit, dass der Behälter des Geräts gefunden worden sei, nicht aber das Gerät selbst – was immer das heißen sollte (*T-Online.de*, 25.3.2015).

Die Legende vom »Speicherchip«

Dass diese ganze Geschichte stinkt, zeigt ein Blick in das Innere eines solchen Flugdatenschreibers. Dieser enthält nämlich gar keine »Speicherkarte«. In einem runden Tresor aus massivem Stahl befindet sich vielmehr ein sogenannter »Stack« (Stapel) von Speicherplatinen: Vier identische Leiterplatten übereinander, die mit einem Datenkabel untereinander verbunden sind, damit alle mit denselben Daten bespielt werden. Das heißt, »der Speicherchip« kann bei diesem Typ Datenrekorder gar nicht »herausfallen«, »herausgeschleudert werden« oder einfach »verschwinden«. Dass nur die Hülle der Blackbox, aber nicht ihr Inhalt gefunden worden sei, sei »technisch kaum vorstellbar«, zitierte die *Schweriner Volkszeitung* den Pilotensprecher Jörg Handwerg (2.4.2015). Genauso wie die Vorstellung, jemand könnte »die Speicherkarte« einfach »entfernt« oder »herausgenommen« haben.

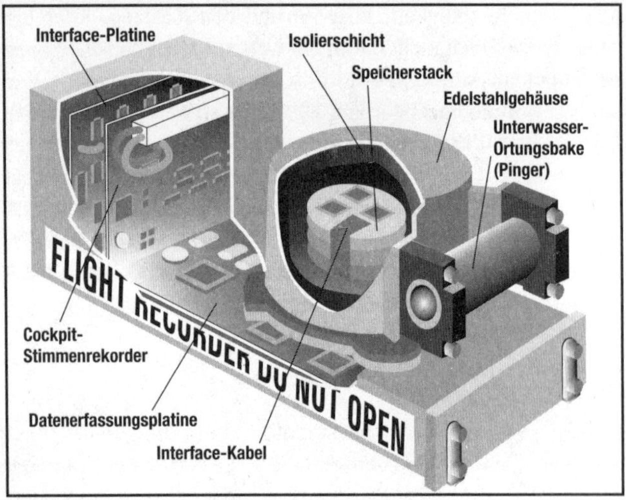

Unverwüstlich: der Flugdatenschreiber

Umstände, die zu denken geben

Laut anderen Medien war der Flugdatenschreiber aber noch gar nicht gefunden worden, sondern wurde auch noch Tage später gesucht. So berichtete etwa die Website des österreichischen ORF am 1. April 2015, die Suche konzentriere sich nun auf den zweiten Flugschreiber, denn dieser sei »noch nicht gefunden« worden. Auch das konnte sich Pilotensprecher Handwerg nach dem Auffinden des Cockpit Voice Recorder nur schwer vorstellen, denn Voice Recorder und Flugdatenschreiber seien »dicht beieinander im Flugzeug verbaut, so dass sie in vergleichbarem Abstand zur Aufprallstelle gelandet sein müssten«, zitierte ihn die *Schweriner Volkszeitung*. Er

wolle »gewiss keiner Verschwörungstheorie Vorschub leisten«, so Handwerg laut *SVZ:* »Aber die Umstände geben schon arg zu denken.«
Lag es daran, dass dem Staatsanwalt die Aufzeichnungen des FDR nicht passten und der Flugdatenschreiber noch manipuliert werden musste? Experten bezweifelten nämlich, dass der Absturz oder Kamikazeflug so überhaupt möglich gewesen wäre, schrieb die *Schweriner Volkszeitung* – beziehungsweise »dass die komplexe Computersteuerung der Maschine es erlauben würde, mit unverändert hoher Reisegeschwindigkeit bis in die geringe Absturzhöhe zu fliegen. Flugzeugtechniker sehen hier einen Grund, warum die Blackbox angeblich noch nicht gefunden wurde. (…) Es kam schon oft vor, dass sie dann plötzlich doch auftauchte – mit unerklärlichen Aufzeichnungslücken«, zitierte die Zeitung einen anonymen Experten. Und tatsächlich tauchte die mysteriöse Box kurz darauf doch noch auf – zum zweiten Mal sozusagen.

Eine Frau findet die Blackbox

Am 2. April war es so weit. An diesem Tag meldete die *Münchner Abendzeitung* die Entdeckung der Blackbox. Das habe der französische Staatsanwalt »der Nachrichtenagentur AFP bestätigt«. Und zwar musste erst eine Frau kommen, um das Wunder wahr zu machen. Wo Männer schon zehn Tage lang vergeblich gesucht hätten, sei einer gewissen Alice Coldefy das Unmögliche gelungen – erzählten jedenfalls die Medien. An ihrem allerersten Einsatztag vor Ort fand die Frau sogleich die vermisste Blackbox: »Zehn Tage lang hatten die Ermittler auf die Bergung des zweiten Flugschreibers gehofft; Alice Coldefy, einzige Frau in einem Spezialteam der französischen Bergwacht aus Chamonix, ist der so dringend erwartete Fund gelungen«, jubelte *Spiegel Online* in einem Video (3.4.2015). Die Gefeierte selbst beschrieb das Wunder allerdings eher als Gemeinschaftsarbeit: »Da war eine enge Rinne, in der sich Trümmerteile angesammelt hatten. Und als wir zwischen den Bekleidungsstücken suchten, haben wir die Trümmerteile des Flugzeugs ein wenig nach unten geschoben. Da der Boden sehr locker und mit rutschigem Kies bedeckt war, denke ich, dass die Blackbox unter den Trümmern hervorgerutscht ist, ausgelöst durch unser Graben.«

Ein Flugdatenschreiber zu viel

Vielleicht hatte die *New York Times* also falsch gelegen und das Auffinden des Flugdatenschreibers eine Woche zuvor einfach irrtümlich gemeldet? Aber warum dann die ausführliche Schilderung des beschädigten Geräts und der »entnommenen« oder verschwundenen Speicherkarte? Und warum erzählte der Hellseher aus dem Élyseé-Palast, François Hollande, dann etwas ganz Ähnliches? Eine Woche später taten die Medien jedoch so, als sei die ganze Blackbox zum ersten Mal aufgetaucht, nicht nur die angeblich »herausgerissene«, »entfernte« oder »verschwundene« Speicherkarte (die es, wie gesagt, so gar nicht gibt).

Nähme man das ernst, gab es demnach wohl zwei Flugdatenschreiber:

1. einen »ohne Speicherkarte«, der am 25. März gefunden wurde,
2. einen vollständigen, der am 2. April gefunden wurde.

Und das ist eindeutig ein Flugdatenschreiber zu viel, denn diese Flugzeuge besitzen nur ein solches Gerät. Die »zweite Blackbox« ist der Cockpit Voice Recorder.

Am 3. April 2015 gab die französische Untersuchungsbehörde BEA (Bureau d'Enquêtes et d'Analyses pour la sécurité de l'aviation civile) das Ergebnis einer »ersten Auswertung« bekannt:

> »Der Flugdatenschreiber (FDR, Flight Data Recorder) ist am gestrigen Abend in die Räumlichkeiten der BEA gebracht worden. Die Teams der BEA haben gleich nach der Ankunft mit den Arbeiten zur Öffnung begonnen.
> Eine erste Auswertung zeigt, dass der im Cockpit anwesende Pilot den Autopiloten genutzt hat, um das Flugzeug in einen Sinkflug auf eine Höhe von 100 Fuß zu bringen, dann hat der Pilot während des Sinkflugs mehrfach die Einstellungen des Autopiloten geändert, um die Geschwindigkeit des sinkenden Flugzeugs zu erhöhen. Die Arbeiten werden fortgesetzt, um den präzisen faktischen Ablauf des Flugs festzustellen.«

Am 6. Mai 2015 veröffentlichten die französischen Fluguntallermittler einen vorläufigen Bericht. Dem zufolge soll Lubitz das Spielchen mit dem Sinkflug bereits mehrere Male auf dem Hinflug von Düsseldorf nach Barcelona geprobt haben, indem er eine Flughöhe von 100 Fuß (30 Meter) einstellte (*BBC News*, online, 6.5.2015). Allerdings musste der Kapitän auch dabei schon das Cockpit verlassen haben. Hatte der etwa eine besonders schwache Blase? Wobei sich auch noch die Frage stellt, warum Lubitz die Maschine dann nicht schon zu diesem Zeitpunkt zum Absturz brachte. Laut dem amerikanischen Piloten und Luftfahrtveteranen Field McConnell kann man davon jedoch ohnehin kein Wort glauben: »Der Kapitän und die Crew hätten die [Höhenänderungen] mitbekommen und etwas gesagt, er [Lubitz] wäre dann seines Flugstatus enthoben worden wegen des Abweichens von einer vorgeschriebenen Flughöhe«, zitierte die *Epochtimes* den Flugexperten. In der Tat darf kein solches Flugzeug ohne Genehmigung seine Flughöhe verlassen: »Es kann also nicht sein, dass Lubitz am Hinflug unbemerkt an den Höheneinstellungen herum hantierte, er wäre vom Dienst suspendiert worden« (online, 12.5.2015).

War es in den Tagen vor dem 26. März hauptsächlich um technische Fragen wie defekte Sensoren und irregeleitete Bordcomputer (siehe unten) gegangen, rissen die französischen Behörden mit der legendären Pressekonferenz von Staatsanwalt Brice Robin vom 26. März das Ruder herum und bauten den verstorbenen Co-Piloten zum Schuldigen auf. Und einen Toten zu beschuldigen ist für einen Staatsanwalt nun mal ein Traumjob. Und für die Medien auch. Denn Beweise braucht man da keine. Tingelten einen Tag nach der Katastrophe noch dröge Luftfahrtexperten durch die Talkshows, bevölkerten nun »Psychologen« und »anonyme Bekannte« des Co-Piloten die Gesprächsrunden und Titelblätter.

Die reinste Kamikaze-Flotte?

Dabei war erst vier Tage vor dem Germanwings-Crash über einen verblüffend ähnlichen Vorfall noch ganz anders berichtet worden. Am 5. November 2014 hatte schon einmal ein Airbus auf fast derselben Strecke zu einem ganz ähnlichen Sinkflug angesetzt wie später Flug 4U9525. »Lufthansa-Airbus raste im

Sturzflug zu Boden«, schrieb noch am 20. März 2015 *Bild.de*. »Beinahe wäre ein Airbus A321 der Lufthansa mit 109 Passagieren auf dem Flug von Bilbao nach München abgestürzt«, berichtete am selben Tag auch *Spiegel Online*. Im November 2014 waren es angeblich »irregeleitete Bordcomputer« gewesen, die die Kontrolle übernahmen, so *Spiegel Online*. Auslöser des Zwischenfalls seien Sensoren gewesen, »die während des Steigflugs nach dem Start vereisten und das Computersystem des Flugzeugs mit falschen Daten fütterten«. Daraufhin hätten die Rechner »einen steilen Sinkflug« eingeleitet: »Die Maschine rauschte mit 1000 Metern pro Minute in die Tiefe.« Also genau mit jener Sinkrate, mit der später Co-Pilot Lubitz die Germanwings-Maschine ins Verderben gesteuert haben soll: »Nach Angaben von Lufthansa ereignete sich der Zwischenfall 15 Minuten nach dem Start in rund 9000 Metern Flughöhe«, also unter ganz ähnlichen Bedingungen wie bei Germanwings-Flug 4U9525. Und nicht nur das: Wirft man einen Blick auf eine Karte, muss der Zwischenfall ebenfalls kurz nach Überfliegen der französischen Grenze passiert sein. »Minutenlang konnten die Piloten den Absturz mit eigenen Steuerimpulsen nicht stoppen. Erst durch Abschalten der Bordcomputer gelang es der Crew, das Flugzeug wieder unter Kontrolle zu bekommen und sicher in München zu landen.« Laut *Spiegel Online* wäre das nicht jedem Piloten gelungen: »Zum Glück kannte sich der Kapitän in der komplexen Systemarchitektur aus«, zitierte die Website den Informatiker Peter Ladkin von der Universität Bielefeld: »Weniger geschulte Piloten wären auf diese Idee vermutlich nicht gekommen.« Laut *Spiegel Online* wäre es nur eine Frage der Zeit, bis eine Besatzung mit diesem Problem nicht fertigwürde, denn nach Informationen des Blattes gab es »allein bei der Lufthansa mehr als ein Dutzend Fälle von vereisten oder blockierten Sensoren«.

Nicht Schurken, sondern Helden

Bis zum angeblichen Absturz der Germanwings-Maschine waren die Piloten in solchen Fällen jedenfalls nicht die Schurken, sondern die Helden: »Nur dank der Piloten konnte das Flugzeug wieder unter Kontrolle gebracht werden.« Einmal angenommen, Germanwings-Flug 4U9525 wäre wirklich in den Alpen abgestürzt: Hatten Lufthansa und Germanwings mit der Behebung des Fehlers etwa zu lange gewartet, bis schließlich etwas schiefging? »Airbus soll Lufthansa den Austausch der Instrumente gegen die eines anderen Herstellers angeboten haben«, so die österreichische Zeitung *Die Presse* (online, 20.3.2015). Laut *Spiegel Online* waren diese Fühler jedoch »ähnlich anfällig«. Nur: Wie wahrscheinlich ist es, dass auch die Sensoren eines anderen Herstellers denselben Fehler produzieren? Antwort: äußerst unwahrscheinlich. Denn mal ehrlich: Die Geschichte von den »vereisten Sensoren« ist einfach zu lächerlich. Jeden Tag fliegen Tausende von Airbussen verschiedenster Fluggesellschaften in eisigen Höhen, ohne dass ihre Sensoren vereisen – die von Lufthansa und Germanwings aber schon? Oder war die Sache mit den Sensoren nur eine Ausrede dafür, dass immer wieder die Computer »durchdrehten«? Wurden die Computer zum Beispiel gar nicht von »vereisten Sensoren« mit falschen Daten gefüttert, sondern von Hackern, Militärs oder Geheimdiensten?

Flugzeug per Smartphone steuern

Tatsache ist ja, dass sowohl der Flug Germanwings 4U9525 als auch der Flug Lufthansa 1829 im November 2014 ihren Sinkflug just nach dem Erreichen des französischen Luftraums begannen.

Vereisen Sensoren hier etwa besonders gerne? Oder versuchte hier irgendwer (Hacker?) seit einiger Zeit, Lufthansa-Flugzeuge zu Boden zu bekommen (Germanwings ist eine Lufthansa-Tochter)? Denn wie immer lautet die Frage ja nicht, was wahr ist, sondern was man der Öffentlichkeit weismachen kann und will. Wenn schon, dann kann man der Öffentlichkeit nur etwas von »vereisten Sensoren«« erzählen – von einem Hackerangriff aber auf keinen Fall. Die Auswirkungen auf die betroffenen Konzerne, aber auch auf den gesamten Flugverkehr wären unübersehbar. Denn die Wahrheit ist: Ein Flugzeug kann man im Prinzip genauso hacken wie jeden Windows-Computer. Und noch schlimmer: Diese Technik ist weder brandneu noch geheim, sondern inzwischen weit verbreitet (siehe auch der Fall Roberts unten): Der Sicherheitsexperte Hugo Teso behauptete schon vor zwei Jahren, »dass er ›Kontrolle von den Sicherheitssystemen‹ übernehmen, dadurch die Flugrichtung ändern oder gar einen Absturz herbeiführen könne«, berichtete die *Frankfurter Allgemeine Zeitung* am 21. April 2015 (online). Nicht nur das: Anhand eines Simulators führte der Experte vor, wie er ein Flugzeug per Smartphone steuern konnte. Der Schlüssel dazu ist der Datenstrom zwischen der Maschine und den Bodenkontrollsystemen: »Bei seiner Demonstration zeigte Teso, wie einfach es ist, den Autopiloten mit falschen Informationen zu versorgen«, berichtete *oe24.at:* »So konnte er etwa Flugpläne manipulieren und falsche Wetterdaten schicken. Darüber hinaus hat er mit seinem Android-Smartphone sogar die Steuerung eines virtuellen Flugzeugs übernommen. Dies sei laut dem Forscher auch auf die Realität übertragbar« (12.4.2013). Natürlich könnte man auch falsche Sensorendaten in den Computer einspeisen und ihm so eine falsche Flughöhe vorgaukeln, die er dann durch einen Sinkflug zu korrigieren versuchen würde.

Aircrafts = Computers!

Im Internet findet sich sogar ein Vortrag mit einer PDF-Anleitung für einen solchen Hack. Titel: »Aircraft Hacking – Practical Aero Series«. Motto: »Aircrafts = Computers!«. Und damit sprach der Experte überhaupt eine große Wahrheit unserer Zeit aus. Denn heutzutage ist alles ein Computer und daher auch alles ein EDV-Problem: Autofahren genauso wie Telefonieren, Fliegen genauso wie das Schreiben von Texten, Zeitunglesen genauso wie Fernsehen. Das Problem ist nur: Was Internetexperten veröffentlichen, wissen Geheimdienste natürlich schon längst. *Rein theoretisch* könnte sogar ein unbekannter Selbstmörder und Mörder aus der Passagierkabine die Kontrolle über die Maschine übernommen haben: »Der US-amerikanische Internet-Sicherheitsexperte Chris Roberts soll laut einem veröffentlichten FBI-Dokument mehrmals Flugzeuge der Hersteller Airbus und Boeing gehackt haben«, berichtete *Focus online* am 18. Mai 2015 unter Berufung auf CNN: »In einem Fall soll es ihm sogar gelungen sein, die Kontrolle über die Turbinen eines Flugzeuges zu erlangen. (…) Roberts war im April von Beamten des FBI am Flughafen Syracuse in Gewahrsam genommen und verhört worden, nachdem er in einem Twitter-Tweet über das Hacken von Flugzeugen während des Fluges gewitzelt hatte.« Roberts wollte die Hersteller der Flugzeuge angeblich »auf Sicherheitslücken« aufmerksam machen: »In einem dieser Verhöre habe Roberts ausgesagt, die Schubkontrolle eines Flugzeugs unter seine Kontrolle gebracht zu haben. Er habe sogar einen ›Steig‹-Befehl an eine der Turbinen erteilen können, woraufhin sich das Flugzeug seitwärts bewegt haben soll.« Und jede Wette, dass solche Befehle später auf dem Flugdatenschreiber wie Befehle aus dem Cockpit aussehen würden.

Anfällig für Hacking: Flugzeug-Bordcomputer

Der unterbrechungsfreie Autopilot

Die Angreifer müssen jedoch keineswegs in der Maschine selbst sitzen. Laut dem bereits zitierten amerikanischen Flugveteran Field McConnell sind heutzutage viele Flugzeuge mit einem sogenannten »Uninterruptable Autopilot« ausgerüstet – einem gespenstischen Gerät, das von den Piloten nicht ausgeschaltet werden kann. Nach dem Germanwings-Absturz äußerte sich McConnell in einem langen Interview in der amerikanischen Radiosendung *Richie Allen Show*. Mit diesem Autopiloten sei es möglich, von außen die Kontrolle zu übernehmen – natürlich nur zu edlen Zwecken, zum Beispiel, wenn ein Flugzeug entführt wurde. »Für McConnell finden sich viele Ungereimtheiten in der Berichterstattung über den Absturz« von Germanwings-Flug 4U9525, berichtete die Website *The*

Vineyard Saker über McConnells Auftritt in der *Richie Allen Show*.

»Er spricht im Interview die Seltsamkeit an, dass der Pilot das Cockpit verlassen haben soll, dass Lubitz angeblich vollkommen gleichmäßig geatmet habe, und fragt, wie sich das abgespielt haben könne, wenn die Vorschriften besagen, dass oberhalb einer Höhe von 25 000 Fuß der verbleibende Pilot eine Sauerstoffmaske aufsetzen muss, wenn der andere das Cockpit verlässt.« Sieht man deshalb Piloten auf kurzen Flügen kaum auf die Toilette gehen – weil das möglicherweise Unbequemlichkeiten für den verbleibenden Flieger im Cockpit bedeuten würde? »Der unglaublich schnelle Informationsfluss über den Hergang des Absturzes« sei für McConnell »vollkommen unglaubwürdig«. Er verglich den Crash vom 24. März »mit Air France 447 aus dem Jahr 2009, bei dem die Veröffentlichung der Auswertungen ganze sechs Monate gedauert hatte«. Es sei, so McConnell, »kein Zufall, dass das Flugzeug in den französischen Alpen abgestürzt« sei »und nicht in Spanien oder Deutschland«. »Vonseiten ›jener, die solche Vorfälle geschehen lassen‹, seien die umgehende Analyse und die Präsentation eines rationalen Szenarios [also der Kamikaze-Version] offensichtlich notwendig, um die reisende Öffentlichkeit zu täuschen.«

Eine perfekte Wahl

Die französischen Behörden seien seiner Ansicht nach

> »›zu dramatisch und zu schnell‹ mit der Erklärung in die Medien gegangen, dass Lubitz für den Absturz verantwortlich sei, was auch von der European Cockpit Association heftig kritisiert wurde. ›Wenn diese Art von Vorfällen geplant wird, dann müssen die Beteiligten vorher ausgesucht werden. Sie müssen bestimmte Menschen ausfindig machen, die dann später geopfert werden, damit die untersuchenden Hirne der Öffentlichkeit die Lüge schneller glauben‹, so McConnell. Ein unerfahrener junger Pilot mit einer schwangeren Freundin, die ihn gerade erst verlassen hatte und der eine psychologische Historie vorzuweisen hat, sei die perfekte Wahl. Dann sei es ein Leichtes, das betreffende Flugzeug per ›Uninterruptible Autopilot‹ zu zerstören.«

> »McConnell weist darauf hin, dass die Lufthansa jeden einzelnen Flug ihrer und der mit ihr verbundenen Fluglinien überwacht, und stellt seine Ansicht zur Disposition: ›Wenn wir wirklich glauben sollen, dass der Co-Pilot das Flugzeug mutwillig zerstören wollte, so würde nach deren eigenen Angaben das Lufthansa-Dispatch-Centre sofort die Kontrolle übernehmen und das Flugzeug ferngesteuert auf jedem passenden Flughafen, der in deren Soft- und Hardware einprogrammiert ist, sicher landen.‹ Dies sei genau der Grund, warum Technologien wie der ›Uninterruptible Autopilot‹ entwickelt worden seien« (in: *Richie Allen Show* laut: *The Vineyard Saker*, deutsch, 6.4.2015).

»Jedes Zivilflugzeug ist eine latente Drohne«

Laut McConnell ist »jedes Zivilflugzeug heute eine latente Drohne«: »Jedes Flugzeug könne im Fall eines unvorhergesehenen Ereignisses übernommen werden. (…) Alles, worauf das System wartet, ist, dass jemand den Knopf zur externen Übernahme drückt. Im Fall von Germanwings 4U9525 hätte das Flugzeug pünktlich in Düsseldorf gelandet werden können, ohne dass irgendjemand an Bord zu Schaden gekommen wäre.«

In Wirklichkeit wäre demzufolge jeder potenzielle Retter von außen auch ein potenzieller Täter. Denn es stellt sich ja die Frage, warum die Maschine in diesem Fall *nicht* von außen übernommen und gerettet wurde. Am 19. Mai 2015 richtete ich deshalb folgende Anfrage an Lufthansa und Germanwings:

Sehr geehrte Damen und Herren,

Medienberichten zufolge besaß der Germanwings-Airbus, der am 24.3.2015 in den französischen Alpen abstürzte (Flug 9525), einen »Uninterruptable Autopilot« oder ein vergleichbares System, mit dem die Maschine von außen aus überwacht und ggf. ferngesteuert werden konnte.

Bitte erlauben Sie mir dazu eine Frage:

Entsprechen diese Berichte den Tatsachen: War es möglich, von außen in die Steuerung des Airbus einzugreifen oder zumindest einige Parameter zu verändern sowie Steuerbefehle zu geben?

Für eine baldige Antwort bedanke ich mich.

Mit freundlichen Grüßen
Gerhard Wisnewski

Die Antwort von Germanwings lautete »Nein« – die Maschine habe über keine solche »Fernsteuerungseinrichtung« verfügt. Von der Lufthansa traf dagegen keine Stellungnahme bei mir ein.

Angst vor dem »Schwarzen Autopiloten«

Aber leider gibt es ja auch eine Art »inoffiziellen«, sozusagen »Schwarzen Autopiloten« – nämlich dann, wenn die Flugzeuge gehackt werden. Wie gesagt, heutzutage ist alles ein Computer, auch und gerade ein Flugzeug, und zwar ein besonders komplizierter. Interessanterweise zeigten sich Piloten nach dem Germanwings-Absturz nach einer gewissen Anstandsfrist extrem beunruhigt über die Möglichkeit des Computerhackings in Flugzeugen: »Hersteller und Airlines wiegeln ab – doch deutsche Behörden und Piloten nehmen die Gefahr sehr ernst«, hieß es fast auf den Tag genau zwei Monate nach dem angeblichen Crash in einem großen Artikel im *Spiegel* mit dem bezeichnenden Titel »Der Computerabsturz« (23.5.2015). Direkt nach dem Germanwings-Crash hätte man einen solchen Bericht wohl kaum veröffentlichen können, aber acht Wochen nach dem angeblichen Kamikazeflug von Andreas Lubitz galt das Thema Computerhacking in Pilotenkreisen plötzlich als »dringlich und beunruhigend«: »Die Industrie und die Fluggesellschaft dürfen das nicht weiter aussitzen«, warnte Markus Wahl, Sprecher der Pilotenvereinigung Cockpit (VC). »Das Problem dürfe nicht verharmlost und nicht auf die lange Bank geschoben werden.«

Warum? War etwa irgendetwas in dieser Richtung passiert? Und die Frage ist ja auch: Warum wollten eigentlich gleich mehrere Piloten nach dem Absturz nicht mehr in ein Germanwings-Flugzeug steigen? Wurde Lubitz, nachdem sich die Piloten diesmal nicht gegen den verrückt spielenden Autopiloten »durchsetzen« konnten, einfach zum Sündenbock erklärt? Und machten Lufthansa und Germanwings deshalb umgehend dabei mit? Denn die Sache mit dem Autopiloten mag nicht erwiesen sein – Beweise für die Schuld des Co-Piloten hatte der französische Staatsanwalt aber ebenfalls nicht. Und zwar nicht einmal ansatzweise. Die dünnen Veröffentlichungen über den Flugdatenschreiber machten das nicht besser. Klopft man diese mit großem Rummel verkaufte Version ab, weht einem ausschließlich heiße Luft um die Nase. Dabei hatte Angela Merkel am 24. März noch den Tagesbefehl ausgegeben: »Jede Spekulation zur Absturzursache verbietet sich!« Aber wahrscheinlich gelten diese Tagesbefehle nicht für französische Staatsanwälte.

»Etwas von außen hat die Kontrolle übernommen«

Weit hergeholt? Keineswegs. Denn schon bei früheren Katastrophen brachten Experten Computerhacking ins Spiel. Am 9. Oktober 2014 veröffentlichte *Spiegel Online* beispielsweise ein Interview mit dem Chef der Fluggesellschaft Emirates über das Verschwinden vom Flug Malaysia Airlines MH370 am 8. März 2014. Man dürfe dieses Geschehen auf keinen Fall auf sich beruhen lassen, meinte Emirates-Boss Tim Clark: »Wir müssen herausfinden, wie dieses Flugzeug verschwinden konnte.« Nach Clarks Meinung hatte »etwas von außen die Kontrolle über das Flugzeug übernommen«.

Nun ist natürlich die Frage: Wenn es sich in Wirklichkeit um Computerhacking gehandelt hatte – warum hatte Lubitz dann den Kapitän nicht wieder ins Cockpit gelassen, um ihm zu helfen? Und vor allem: Warum fand sich dann kein überzeugendes Trümmerfeld der Maschine mit Leichen und Flugzeugsitzen? Antwort: In Wirklichkeit steckt wahrscheinlich noch mehr hinter dem Absturz von Flug Germanwings 4U9525: Hinter den Kulissen tobt seit Jahren ein Kampf um Flugzeuge, wobei Hacking sehr wahrscheinlich eine Rolle spielt, aber nicht immer gelingt, Ein Indiz dafür könnten die erfolgreichen Versuche von Piloten sein, ihre Maschinen wieder unter Kontrolle zu bringen, indem sie den Bordcomputer abschalteten. Wenn irgendjemand trotzdem ein Interesse haben sollte, der Öffentlichkeit einen großen Absturz zu präsentieren, musste er das Ganze daher inszenieren. Vorlage dafür sind militärische Planungen wie die berühmte »Operation Northwoods«, in deren Rahmen ebenfalls Flugzeuge samt Insassen verschwinden und dafür falsche Trümmerfelder auftauchen.

Nach dem Germanwings-Unfall zog der vorhin erwähnte Ingenieur und Materialexperte, der dem Autor dieses Buches bekannt ist, Bilanz. Der Mann ist ein Fachmann aus der Automobilentwicklung, vor allem im Bereich Crashverhalten von Fahrzeugen und Materialien, und war unter anderem mit Crashtests in der Formel 1 befasst. Sein Fazit:

> »Absolut schlüssig beweisbar auf Basis des von offiziellen Quellen herausgegebenen Materials ist:
>
> a. dass kein intakter Flugzeugkörper vom Typ Airbus A320 in dem angeblichen Unglücksgebiet einschlug,

b. dass keine Flugzeugteile nach vorangegangener Detonation (Abschuss, Explosion etc.) auf das Gebiet herunterfielen,
c. dass die sichtbaren Flugzeugteile von einem nicht detonierten/explodierten/abgeschossenen/abgestürzten Flugzeug stammen.

Es verbleibt als einzige Möglichkeit, dass die sichtbaren Trümmer-/Schutt-Bauteile per Hand abgelegt oder aus sehr geringer Höhe (< 3 Meter) abgeworfen wurden und andernorts teilweise von einem Flugzeugkörper entnommen wurden.«

Ganz zu schweigen von den Haufen alter Kleider, die aussahen, als stammten sie aus einer Altkleidersammlung oder einer geplatzten Waschmaschine, aber nicht aus Gepäck und Koffern.

Und weiter listete der Experte auf:

»**Offizielle Story → unmöglich,** da kein Flugzeugkörper als Ganzes einschlug
Damit entfallen alle Konstrukte rund um Suizid, Massenmord, Depression, Medikamente, toxische Gase, Remote Control

Abschuss mit konventionellen Waffen in niedriger Höhe → unmöglich, da die Trümmerteile nicht von einem kompletten Flugzeug stammen, keinerlei Brandspuren aufweisen usw.

Abschuss mit Directed Energy Weapons → unmöglich, da die Trümmerteile nicht von einem kompletten Flugzeug stammen, keine logischen Verformungen für den Fall vom Himmel zeigen

Kidnapping und Umleitung des Flugzeuges mit folgender Entnahme von Bauteilen → theoretisch denkbar, aber aufgrund des Zeitkorridors schwer vorstellbar.

Kidnapping und Umleitung des Flugzeugs mit Nutzung von Trümmerbauteilen aus einem Spenderflugzeug → theoretisch denkbar – aber wieso dann die zahllosen Fake-Spuren/gefälschten Identitäten zu den Opfern? [siehe unten]

Rein fiktives Märchen → auf Basis aller bisherigen Rechercheergebnisse die plausibelste Theorie.

Auffallend: Alle nur denkbaren Varianten erscheinen säuberlich gestreut im Netz – einzig die These kein Flug, kein Flugzeug, keine Opfer wird komplett ausgeklammert.«

Echte Opfer, aber ein falscher Ort

Moment mal: Und was ist mit den trauernden Angehörigen? Zum Beispiel der Schulklasse aus Haltern, die bei dem Germanwings-Absturz ums Leben kam und von der ganzen Stadt betrauert wurde: »Nachdem vor Weihnachten bereits eine Schülergruppe unserer katalanischen Partnerschule Institut Giola eine Woche in Haltern am See zu Gast gewesen ist, fahren nun 16 deutsche Schülerinnen und Schüler in Begleitung der Lehrkräfte Frau Cercek und Frau Tegethoff vom 17.3. bis 24.3.2015 nach Spanien«, heißt es in den Schulnachrichten Nr. 2/2015 vom 15. März 2015. Auf der Website der Schule fand man nach dem Absturz ein Kondolenzbuch, zahlreiche Berichte über Traueraktivitäten und ein Foto von einem Gedenkstein mit den Namen der Opfer aus dieser Schule. Opfer hat es also doch gegeben – so weit kann man dem oben zitierten Materialexperten also nicht folgen. Die Frage ist nur, wo. Nach Lage der Dinge sind sie eben nicht mit dem Germanwings-Flug 4U9525 an dem angegebenen Ort abgestürzt. Jedenfalls fehlen dafür bisher Foto-, Video- und Zeugenbeweise. Richtig an der Schlussfolgerung ist aber, dass die Geschichte vom durchgedrehten Co-Piloten, der eine ganze Maschine mit sich in den Tod riss, eine Fiktion ist. Dafür haben wir jetzt jede Menge Beweise und Indizien zusammengetragen. Aber hätte man den Hinterbliebenen einen solchen Schwindel mit einem falschen Absturzort wirklich unterjubeln können? Nun: Nach Lage der Dinge wurden die Angehörigen gar nicht zum eigentlichen Absturzort vorgelassen beziehungsweise gebracht. Laut Medienberichten bekamen sie auch die Toten nicht zu sehen, sondern durften nur an geschlossenen Särgen Abschied nehmen. Natürlich weil man den »Anblick zerfetzter Leichen … niemandem zumuten« könne, zitierte *Bild.de* einen Rechtsmediziner (29.3.2015). Aber warum sollen denn alle Leichen so zerstückelt gewesen sein, dass die Hinterbliebenen nicht in die Särge schauen durften? Denn gegen eine Felswand war das Flugzeug entgegen anders lautender Berichte ja nicht geprallt, wie Fotos der »Absturzstelle« zeigen.

Eine Frau mimt eine Angehörige

Die Frage ist aber nicht nur, ob die Leichen, sondern auch, ob alle (!) Hinterbliebenen echt waren. So gab sich eine Frau als Schwester einer Lehrerin des erwähnten Gymnasiums in Haltern aus, aus dem 16 Schüler und zwei Lehrer bei der Flugzeugkatastrophe ums Leben gekommen sein sollen: »Die Frau habe sowohl die [Gegend der] Unglücksstelle bei Seyne-les-Alpes als auch die Gedenkstätte in Le Vernet in Frankreich besucht und dort psychologische Hilfe in Anspruch genommen«, hieß es auf der Website der *Westdeutschen Allgemeinen Zeitung* (www.derwesten.de, 9.4.2015). Vermutlich gab sie dort zusammen mit anderen Hinterbliebenen auch ein gutes Fotomotiv für die Medien ab. Aber warum hat sie das getan? Ging es dabei wirklich nur um Schnorrerei? Denn dafür hätte sie ja nicht auch noch an den Trauerveranstaltungen teilnehmen und psychologische »Hilfe« in Anspruch nehmen müssen. Nein – in Wirklichkeit mimte die Frau nur eine Angehörige. »Vermutlich stand sie hier mitten unter den Menschen, die gerade den schrecklichsten Tag ihres Lebens durchmachten«, hieß es in einem RTL-Beitrag. »Doch warum wollte sie unbedingt zur Unglücksstelle?«, fragte RTL. »Leidet sie vielleicht an einer psychischen Erkrankung?«

Schnorrer-Einladung von der Lufthansa?

Tja – wer weiß? Die Lufthansa wollte sich Berichten zufolge nicht zu Details des Falls äußern. Aber ein Sprecher des Unternehmens habe das Geschehen bestätigt und es als »bedauerlichen Einzelfall« bezeichnet, hieß es auf der Website des WDR. Fragt sich nur, ob das stimmt. Denn wie Medien auch berichteten, habe sich die Frau »in Begleitung von drei Personen« befunden, so die *WAZ* (online). Zwei sollen ihre Kinder gewesen sein, eine weitere Person aber war ein wildfremder Mann. Das wäre dann schon »Fall Nr. 2«, denn der Mann war ebenfalls nicht von der Flugzeugkatastrophe betroffen und reiste offenbar trotzdem auf dem »Angehörigen-Ticket« nach Südfrankreich. Er habe der Frau beistehen wollen, zumal er selbst im sozialen Bereich tätig sei, sagte der Mann mit dem Namen Fabio R. (Name dem Autor bekannt). »Noch unglaublicher wird die Geschichte, als Fabio R. uns erzählt, dass die mutmaßliche Betrügerin ihn und nicht ihren Ehemann mitgenommen habe – und das, obwohl sich die beiden Reisenden vorher nie gesehen hätten«, hieß es in dem erwähnten RTL-Beitrag. Glaubt man R., dann rekrutierte die Frau ihre Begleiter über eine Facebook-Gruppe: »Ich hatte die Frau kennengelernt über Facebook, über so eine Gruppe ›Haltern am See‹.« Dort sei die Frau von vielen angeschrieben worden, unter anderem auch von ihm: »Habe mich angeboten, da mit hinzufliegen und sie zu unterstützen, zumal ich in einem sozialen Beruf arbeite …« Die Schwindlerin habe sich vor ihrer Abreise »sogar ein riesiges Tattoo in den Nacken stechen« lassen, zitierten die *Yahoo Nachrichten* die *Bild*-Zeitung. »Auf einer Gedenkschleife verewigte sie sowohl Flugnummer als auch Datum und Zeitpunkt des Absturzes sowie die Geo-Daten des Fundorts.« Darüber ließ sie sich sogar noch einen Namen tätowieren, nämlich »Anke«, den angeblichen Namen ihrer verstorbenen Schwester (oder Cousine, je nach Quelle). Das Problem ist nur: Der Name war falsch. »Unter den Opfern aus Haltern befindet sich allerdings keine Anke« (*Yahoo Nachrichten*, 16.4.2015). Damit wurde die Simulation doch ein wenig weit getrieben: Denn welcher Schnorrer würde freiwillig und ohne Not die schmerzhafte Prozedur einer Tätowierung auf sich nehmen?

Falscher Co-Pilot

Ein bizarrer Einzelfall? Vielleicht – vielleicht auch nicht. Denn herausgekommen sind ja nur die aufgeflogenen Betrüger oder »Darsteller«. Mitte April zum Beispiel machte sich eine andere Frau sogar die Mühe, mit einem gefälschten Ausweis und einer gefälschten Lufthansa-Uniform als Pilotin bei der Trauerfeier im Kölner Dom aufzutauchen. Dort flog die Maskerade zwar auf, und die Frau wurde festgenommen. Der Öffentlichkeit wurde aber auch ein falscher Co-Pilot verkauft: »Todesflug: Es war Mord – Copilot flog mit Absicht gegen Berg«, lautete zum Beispiel die Schlagzeile auf der Titelseite der Zeitung *Österreich* am 27. März 2015. Daneben prangte groß das Bild eines jungen Mannes mit Schirmmütze. Derselbe Mann tauchte am 27. März auch auf der Titelseite der Wiener *Kronenzeitung* auf: »Copilot flog absichtlich in den Tod«, wurde in Riesenlettern neben dem Bild verkündet. Diesmal nannte man dazu auch einen Namen: Andreas Lubitz. Dasselbe Bild wurde auch in Italien, Kanada, Argentinien, Rumänien, USA und Thailand als Foto des Co-Piloten veröffentlicht. In Wirklichkeit handelte es sich bei dem angeblichen »Todespiloten« aber gar nicht um Lubitz, sondern um einen gewissen Andreas G., der bei einem Energieunternehmen in Bern arbeitet.

Eine »gewisse Plausibilität«

Fragt sich nur, wie weit diese Fälschungen oder »Irrtümer« reichten und welche Konsequenzen sie hatten. Interessanterweise »wurden die Angehörigen, die aus Deutschland eingeflogen wurden, um eine DNA-Probe« für die Identifizierung der Toten gebeten, so *Bild.de* am 28. März 2015: »Im Rahmen der

Trauerfeier in einer Sporthalle in Seyne gaben die Angehörigen Speichelproben ab.« Also an demselben Ort, an dem auch die falschen Hinterbliebenen zu Gast waren. Die Frage ist nur: Gab(en) auch die falsche(n) Angehörige(n) Speichelproben ab, und was bedeutet das für die Identifizierung der Toten? Oder war die Speichelprobe ohnehin nur Theater, weil es dort gar keine Leichen gab?

Offenbar war der Schwindel der falschen Angehörigen die Folge von zu laxen Identitätsprüfungen: »Die Lufthansa betonte, man habe den Hinterbliebenen der Absturzopfer in den ersten Tagen nach der Katastrophe schnell und unbürokratisch helfen wollen. Deshalb habe die Airline Angaben von Angehörigen nur auf eine gewisse Plausibilität hin geprüft und nicht im Detail.« »Für einen schnellen und unbürokratischen Umgang mit den Angehörigen« habe die Lufthansa »auf detaillierte Überprüfungen verzichtet«, erklärte ein Sprecher laut *Frankfurter Allgemeinen Zeitung* (online, 9.4.2015). So kann man es natürlich auch formulieren. Oder hatte die Lufthansa etwa so eine Art »Schnorrer-Einladung« ausgesprochen: Trauert mal mit, wir prüfen das nicht so genau? So könnte man natürlich auch einen Flieger mit »Angehörigen« voll bekommen. Wobei hier nichts unterstellt werden soll. Schließlich gab es ja auch einige überzeugende Berichte über Angehörige. An der sogenannten Absturzstelle können die Opfer nach Lage der Dinge jedoch nicht gefunden worden sein.

Hetze gegen Journalisten

Diese Vorstellung ist natürlich extrem. Aber die Zeiten sind auch extrem – oder etwa nicht? Gibt es nicht schon seit Jahren geradezu unglaubliche und bizarre Ereignisse, wie zum Beispiel Flugzeuge, die in Wolkenkratzer fliegen (11.9.2001), sich in Luft auflösen (MH370) oder mit denen ganze Regierungen abstürzen, wie zum Beispiel 2010 der polnische Präsident Lech Kaczinski mit seiner Entourage? Wurde Europa 2015 nicht von bisher unvorstellbaren Flüchtlingsströmen heimgesucht, die sich ohne Kontrolle in die Mitgliedstaten ergossen? Und wurden dabei nicht auch bisher unvorstellbare Maßnahmen erwogen, wie beispielsweise die Beschlagnahmung von privatem Wohnraum? Die Botschaft all dessen lautet: Die Realität sprengt schon seit Jahren die Grenzen des Vorstellbaren. Nichts ist mehr unmöglich. Um ein umfassendes Bild von den verschiedenen Möglichkeiten zu bekommen, muss man auch den Fall Germanwings bis zur bitteren Neige durchspielen – insbesondere, da es beim angeblichen Absturz von Germanwings-Flug 4U9525 Beweise für falsche Angehörige gegeben hat. Zwar hätte man gerne den einen oder anderen Verwandten selbst befragt, aber die Hinterbliebenen wurden geradezu professionell abgeschirmt – auch die Hinterbliebenen des Co-Piloten. Auf diese Weise bekam niemand ein unmittelbares und authentisches Statement von Angehörigen – ein Novum nach einer solchen Katastrophe. Die Hinterbliebenen blieben quasi ein Phantom, das niemand befragen oder fotografieren durfte. Dass viele Trauernde der Presse aus dem Weg gehen, ist vielleicht verständlich. Aber die professionelle und totale Abschirmung nach dem vermeintlichen Germanwings-Absturz war doch ungewöhnlich. Ja, in Haltern am See, wo die Betrügerin ihre Begleitung rekrutiert hatte, wurde eine regelrechte Medienhetze betrieben und wurden Berichterstatter systematisch abgeschreckt – natürlich nur aus edlen Motiven. So wurden Flyer und Plakate gedruckt – ganz in Schwarz mit einer durchgestrichenen Kamera und der Aufschrift »Kamera distanzieren = Trauer akzeptieren«.

Germanwings-Absturz: sorgfältige Abschirmung der Hinterbliebenen

Pietät und Pressefreiheit

Daneben wurde ein sorgfältig gelayouteter Aufruf verbreitet: »10 Dinge, die wir nach einer Flugzeugkatastrophe nicht sehen/hören/lesen wollen«. Bei genauerer Lektüre entpuppt sich das Dokument als atemberaubender Angriff auf die Pressefreiheit unter dem Deckmantel der Pietät. Demnach soll bei derartigen Katastrophen die gesamte Kontrolle durch die vierte Gewalt eingestellt werden. Nicht »sehen/hören/lesen« will man (neben zweifellos respekt- und pietätlosen Inhalten) beispielsweise:

- »Berichte direkt von der Unfallstelle/dem Trümmerfeld« (verheerend, weil keine unabhängige Berichterstattung aus erster Hand mehr möglich ist),
- »Luftfahrtexperten, die immer nur wiederholen, dass sie

›zum derzeitigen Zeitpunkt‹ nichts sagen können« (keineswegs verboten),

- »Reporter, die sich am Zielflughafen auf die Lauer legen, um dort Angehörige oder Freunde der Unfallopfer für ein paar O-Töne zu überfallen« (neutral formuliert also Reporter, die Angehörige befragen, um Statements aus erster Hand zu bekommen),
- »… geschmacklose Fotos von verkohlten Leichen auf der Titelseite« (gab es in diesem Fall nicht, da ohnehin weder Leichen noch Bahren oder Leichensäcke an der Absturzstelle zu sehen waren),
- »wilde Ursachenforschung und Verschwörungstheorien« (Denkverbot).

Auf diese Weise sollten unter dem Deckmantel der Pietät also unabhängige Recherchen durch die Medien verhindert werden. Irgendwelchen Fälschern kämen solche Aufrufe natürlich sehr gelegen. Sollte uns das nicht sehr nachdenklich stimmen? Und was ist eigentlich »wilde Ursachenforschung«? Und was wäre demnach nicht »wild«? Beispielsweise die absurde Ursachenforschung des französischen Staatsanwalts (siehe oben)? Besonders interessant war auch der offene Brief eines Schülers, in dem er sich auch an Leser und Zuschauer wandte: »Vermeiden Sie, die reißerischen Neuigkeiten zu lesen. Sie finanzieren als Leser im Prinzip die Journalisten, die letzten Endes bei den Angehörigen vor der Haustüre stehen«, hieß es da laut *Handelsblatt* (online, 31.3.2015): »Seriöse Portale böten bessere Infos, hetzten weniger und seien ›generell objektiver‹.« Und – man höre und staune: »Vielleicht sei die Zwangsabgabe an ARD, ZDF und die Dritten ›gar nicht so verkehrt‹.« Man spürte die Absicht und war verstimmt – denn gerade die Berichterstattung dieser

Medien ist in hohem Maße kontrolliert und »gleichgeschaltet«. Zwangsabgaben sind nun mal etwas für Zwangsmedien und »Zwangswahrheiten«. Freiwilligkeit ist dagegen ein Merkmal der Pressefreiheit. Merkwürdigerweise aber freuten sich einige Journalisten regelrecht über die erfolgreiche Abschreckung ihres eigenen Berufsstands, zum Beispiel der Autor Henryk M. Broder: »Den größten Respekt aber verdienen die mehr als tausend Schüler des Gymnasiums, von denen kein einziger einem der zahllosen Reporter ein Interview gegeben hat. Mehr noch, sie haben den angereisten Aasgeiern den Zugang zum Schulgelände verweigert. Aufnahmen vor Ort waren nur aus der Entfernung möglich« (*Die Welt*, online, 30.3.2015).

Eine extreme Vorstellung

Lassen wir uns aber nicht einschüchtern und stellen weiter Fragen, die gestellt werden müssen: Wie wäre es zum Beispiel *theoretisch* möglich, auch eine größere Zahl »falscher Angehöriger« zu rekrutieren? Nun, wie man bereits sieht, ist es kein Problem, Schnorrer mit einer kostenlosen Reise zu ködern und dazu »einzuladen«, sich als Angehörige auszugeben – ohne dass der Lufthansa hier Absicht unterstellt werden soll. Die Schnorrerei kann über einen Gratisflug zur Absturzstelle aber noch weit hinausgehen, nämlich dann, wenn falsche Hinterbliebene für den Verlust ihrer »Angehörigen« entschädigt würden. In diesem Fall würden sie ihre Rolle ganz sicher auch noch weiter spielen. Nach dem 11. September 2001 wurden von der US-Regierung zum Beispiel Milliarden Dollar an echte und weniger echte Hinterbliebene ausgeschüttet. »Die Angehörigen der drei amerikanischen Passagiere an Bord der abgestürzten Germanwings-Maschine könnten pro Person deutlich mehr Geld bekommen als die Familien der deutschen Schüler«, berichtete die *Welt* (online, 3.4.2015). »Erfahrungswerte zeigen, dass Hinterbliebene von erwachsenen US-Bürgern nach tödlichen Flugzeugunglücken durchschnittlich 4,5 Millionen Dollar (4,1 Millionen Euro) zugesprochen bekommen«, zitierte das Blatt einen Experten für Luftfahrtrecht.

> »Für britische Opfer läge der Durchschnittswert bei 1,6 Millionen Dollar, bei Spaniern seien rund 1,4 Millionen Dollar üblich und bei Deutschen 1,3 Millionen Dollar. (…) Insgesamt geht der Anwalt davon aus, dass die Germanwings-Mutter Lufthansa rund 350 Millionen Dollar Schadensersatz an die Opferfamilien zahlen wird. Bislang hat das Versicherkonsortium der Lufthansa-Gruppe 300 Millionen Dollar an Rückstellungen gebildet. Das ist fast das Doppelte der üblicherweise kalkulierten Summe. Die Faustregel bei Flugzeugabstürzen lautet eine Million Dollar pro Passagier. Das wären bei den 149 vom Copiloten Andreas L. getöteten Insassen insgesamt 149 Millionen Dollar.«

Es gab aber auch »schnelles Geld«: Bislang habe die Fluglinie »den Angehörigen bis zu 50 000 Euro je Opfer als Soforthilfe« gezahlt, so *Bild.de*. Die Frage ist erstens, wie genau die Identitäten und Verwandtschaftsverhältnisse denn diesmal geprüft wurden – etwa so genau wie bei den Freiflügen zur Absturzstelle? Gab es etwa auch bei den Entschädigungen unbürokratische »Schnorrer-Einladungen«, und haben die falschen Angehörigen und ihre Begleiter etwa auch Entschädigungen bekommen? So wäre es natürlich ein Leichtes, neben echten Hinterbliebenen »einen Haufen« Angehörige für Flugzeuginsassen zu rekrutieren, die es gar nicht gegeben hat.

Was passierte wirklich?

Wie gesagt, an der beschriebenen Absturzstelle stürzte kein großer Airliner mit 150 Insassen ab. Wahrscheinlich ist eher eine Variante der »Operation MH17« – also des angeblichen Absturzes von Malaysia-Airlines-Flug MH17 am 17. Juli 2014: Eine Transportmaschine fliegt mit dem Transpondercode von Flug 4U9525 in die Gegend der geplanten Absturzstelle, öffnet die Ladeluke und wirft die Trümmerteile samt Transponder und einigen Kleiderhaufen ab, was auf dem Radarschirm wie ein Absturz des Fluges 4U9525 erscheinen würde. Alternativ reicht es auch, wenn der falsche Transpondercode im Moment des Abwurfs abgeschaltet wird. Die Frage lautete ja genau wie bei der Absturzstelle: Was sah man auf dem Radar eigentlich wirklich?

In Wirklichkeit sahen die Radarbeobachter natürlich nicht die Maschine selbst, sondern lediglich ein künstliches Signal auf ihrem Bildschirm, das sich aus zwei Komponenten zusammensetzte:

- einem Punkt, dem sogenannten primären Radarecho, das durch die Reflexion von Radarwellen entsteht. Aus diesem Punkt lassen sich nur grobe Rückschlüsse auf die Identität eines Flugzeugs ziehen, etwa auf ungefähre Größe und Geschwindigkeit;
- einer Art »Namens-« oder »Nummernschild« mit Flughöhe und Kennung der Maschine sowie einigen weiteren Daten. Dieses »Nummernschild« befindet sich auf dem Monitor immer bei dem grünen Punkt und wird von einem Gerät an Bord des Flugzeugs gesendet, dem sogenannten Transponder.

Unter normalen Umständen ist damit die Identität einer Maschine geklärt. Aber natürlich könnte auch eine andere (ähnliche) Maschine mit der Transponderkennung und dem Flugplan von Germanwings-Flug 4U9525 unterwegs gewesen sein, und niemand hätte es bemerkt. Man hätte einfach einen grünen Punkt gesehen und dazu die erwähnten Daten. Dass es sich wirklich um Flug 4U9525 handelte, hätte man schon glauben müssen.

Aber gab es denn dort zu diesem Zeitpunkt überhaupt eine Transportmaschine? Durchaus: Tatsächlich hatte die französische Luftwaffe »am Morgen des Absturzes neben einem Kampfjet auch einen Transporter in die Gegend geschickt«, so die Luftfahrt-Website *aerotelegraph.com*. Auch eine andere Quelle behauptet, eine Transportmaschine sei »zur Unglückszeit« am Ort des Geschehens gewesen, und bezieht sich dabei auf *Flightradar24* (pi-news.net, #86 unverified__5m69km02, 24.3.2015).

Es handelte sich um eine Boeing KC-135FR mit der Kennung FAF4012 – einen kombinierten Tanker/Transporter. Die Boeing KC-135FR sei gerade auf dem Heimweg »von einer Mission« im Zentrum Frankreichs gewesen: »Sie galt gemäß [dem Militärblog] Lignes de Défense als Verbindungszentrale für die Rettungskräfte, die als Erste am Absturzort eintrafen.« In Wirklichkeit ist die KC-135 weniger als fliegende »Elektronikhütte« in Gebrauch, sondern eben als Tanker und Transportmaschine. Sie könnte auch das Flugzeug gewesen sein, das viele Zeugen sahen – und nicht der Airbus A320 der Germanwings. Was also hatte sie da zu suchen? Diente sie wirklich als Relaisstation, wie offiziell behauptet? Oder ganz anderen Zwecken, zum Beispiel Flugzeugschrott und alte Kleider abzuwerfen?

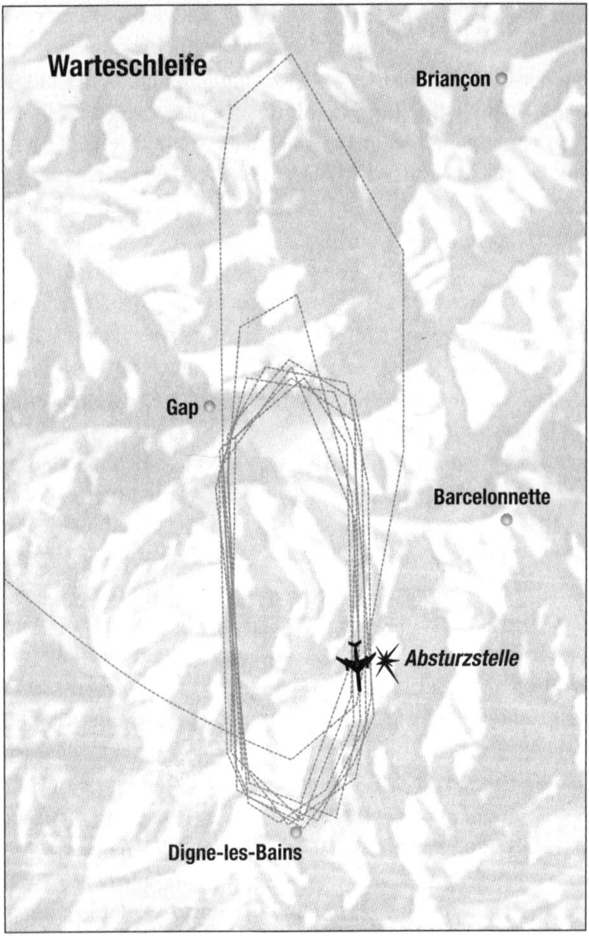

Diese »Warteschleife« flog angeblich der französische Tanker/ Transporter KC-135FR an der Absturzstelle

Eine Schleife ohne Ausgang

Laut der Luftfahrt-Website *AIRheadsfly.com* flog die KC-135FR (FAF4012) der französischen Luftwaffe »Kreise« in der Nähe der Absturzstelle. Fragt sich nur, welche Absturzstelle damit gemeint war:

- der Fundort der Trümmerteile
- oder der Punkt des letzten Radarkontakts?

Laut einer angeblich von *Flightradar24* stammenden Tabelle flog der Germanwings-Airbus A320 zuletzt einen Kurs von 26,3 Grad (Nordnordwest). Also hätten die Trümmerteile in der Verlängerung dieses Kurses liegen müssen. Lagen sie aber nicht. Der Trümmerfund befand sich vielmehr 7,4 Kilometer westlich vom Ort des letzten Radarkontakts auf dieser Kurslinie. Ungefähr hier war auch der Transporter unterwegs. Und noch etwas: Normalerweise müsste es einen Eingang und einen Ausgang in den »Kreisverkehr« der KC-135 geben – also den Punkt, an dem das Flugzeug in die Schleife flog, und den Punkt, wo es sie wieder verließ. Merkwürdigerweise sieht es auf einigen Darstellungen dieses Kurses aber so aus, als gäbe es nur *einen* solchen An- oder Abflugkurs. Ist also der letzte Kurs der angeblichen Germanwings-Maschine der gesuchte Anflugkurs des Transporters in seine Schleife? Denn diese Radaraufzeichnungen (»Radarspotting«) zeigen in Wirklichkeit ja keine Flugwege von Flugzeugen, sondern genau genommen nur die Wege von Transpondern – also die Bewegung jener Sender, die die Flugzeugkennung einer Maschine zu den Radarlotsen senden. Eine Erklärung wäre also,

1. dass die KC-135 mit dem Germanwings-Transpondercode einen Kurs von 26,3 Grad flog,
2. den Transponder abschaltete,
3. anschließend eine Linkskurve absolvierte,
4. in ihren Kreisverkehr einschwenkte,
5. die »Germanwings-Trümmerteile« abwarf
6. und ihren eigenen Transponder einschaltete, um ganz offiziell als »Beobachter« oder »Relaisstation« aufzutauchen.

Absurd? Nun, wir haben es hier schließlich mit einem Militärflugzeug zu tun – und demzufolge auch mit einer militärischen Operation. Dass der Öffentlichkeit darüber die Wahrheit erzählt wird (auf dem Heimweg »von einer Mission«), ist zwar möglich, aber nicht wahrscheinlich. Zur selben Zeit war vielen Berichten zufolge auch ein Mirage-Kampfjet der französischen Luftwaffe in dem Bereich unterwegs, weshalb spekuliert wurde, ob Flug 4U9525 vielleicht abgeschossen wurde. Dann aber hätte an der Absturzstelle auch ein vollständiges Flugzeug mit Leichen liegen müssen. Viel wahrscheinlicher ist, dass es sich bei den Kampfjets um Begleitflugzeuge der KC-135 handelte.

Irre im Cockpit

Bleibt noch eine zentrale Frage: Wenn es darum gegangen sein sollte, Germanwings- oder Lufthansa-Maschinen anzugreifen und zu Boden zu bringen – warum musste man den Absturz dann letztlich inszenieren? Antwort: Möglicherweise deshalb, weil man es eben nicht geschafft hat, die deutschen Piloten mit einer Hacking-Operation auszutricksen. Immer wieder gelang es den Besatzungen in der Vergangenheit, (durch »vereiste Sensoren«) irregeleitete Computer zu überwinden beziehungsweise auszuschalten. (Das zumindest ist Fakt – wodurch die Computer »irregeleitet« wurden, ist hingegen noch die Frage.) Die Lufthansa- und Germanwings-Piloten sind eben keine Irren, sondern vielleicht einfach zu clever. Es ist nie gelungen, eine ihrer Maschinen von außen herunterzubringen – also hat man es diesmal möglicherweise simuliert. Nach dem Motto: *If you can't make it fake it.* Wenn jemand entschlossen war, eine solche Katastrophe aus politischen und/oder wirtschaftlichen Gründen zu inszenieren, eine Krise herbeizuführen und deutschen Fluggesellschaften zu schaden, reichte es ja auch, ihrem Ruf zu schaden.

Ins Mark getroffen

»Absturz der Germanwings-Maschine trifft Lufthansa-Konzern ins Mark«, titelte der Fachdienst *airliners.de* am 24. März 2015: »Der Absturz der Germanwings-Maschine mit wahrscheinlich 150 Todesopfern hat für den Mutterkonzern Lufthansa auch wirtschaftliche Folgen. Der Nimbus der Zuverlässigkeit steht auf dem Spiel.« Der Absturz war für den bereits wankenden Dax-Konzern ein schwerer Schlag: »Hohe Pensionslasten, Fehlspekulationen beim Kerosin und die fortgesetzten Arbeitskämpfe haben den Gewinn des Dax-Konzerns im vergangenen Jahr fast auf null schmelzen lassen. (…) Für die Lufthansa entsteht ein erheblicher Vertrauensschaden, der auch nicht ohne weiteres wieder zu bereinigen ist«, zitierte die Website den Analysten Jochen Rothenbacher von der Equinet Bank.

In der Not vereinigt sich's am besten ...

Wie ich schon häufiger sagte, ist jedes große Attentat oder jede große Attentatsinszenierung multifunktional: Sie dient politischen genauso wie geschäftlichen und psychologischen Zwecken – siehe 11. September 2001. Und so wurde auch der angebliche Germanwings-Absturz von den europäischen Politikern gern aufgegriffen, um nach dem Anschlag auf die französische Satirezeitschrift *Charlie Hebdo* im Januar 2015 ein weiteres europäisches Einigungsfest zu feiern. Denn schließlich vereinigt es sich in der Not am besten, wie man immer wieder bei großen Katastrophen beobachten kann: Nachbarn rücken zusammen, und Feinde begraben das Kriegsbeil. Vor dem Hintergrund der 150 Menschenopfer aus 16 Nationen (darunter 16 16-jährige Schüler aus der »Europaschule« in Haltern) wurden am Absturzort 16 Flaggen ausgebreitet. Am 25. März 2015 veranstalteten die französischen Behörden eine Gedenkfeier, bei der Rettungskräfte ein Halbrund aus Menschen und Flaggen bildeten. Am selben Tag trafen sich die Regierungschefs Deutschlands, Frankreichs und Spaniens, Merkel, Hollande und Rajoy, in Seyne-les-Alpes in der Nähe des Absturzortes zu einer Art Staatsakt, um sich in Trauer zu vereinen. Regelrecht gierig eilten sie zu der vermeintlichen Germanwings-Katastrophenstelle, um sich vor den Kameras gegenseitig ihrer Solidarität zu versichern. Kurz: Der Absturz von Germanwings-Flug 4U9525 war der große Bahnhof für die Staats- beziehungsweise Regierungschefs der drei europäischen Kernstaaten Deutschland, Frankreich und Spanien. Dass sich gleich alle drei Staatschefs auf einer gemeinsamen Pressekonferenz trafen, sei »schon sehr merkwürdig«, befand die *Internetz-Zeitung* (25.3.2015). Worum ging es dabei? Sicher:

Es ging um »Trauer«, »Schock« und »Fassungslosigkeit«, aber auch noch um etwas anderes: »Insbesondere Bundeskanzlerin Merkel und Präsident Hollande, aber auch der spanische Regierungschef Rajoy betonen die enge Verbundenheit der Europäer untereinander.« Die Bewältigung des Absturzes der Germanwings-Maschine sollte ein praktisches und begreifbares Beispiel für europäische Solidarität und Gemeinsamkeit werden. Etwas, das derzeit dringend nötig ist. »Es ist eine Katastrophe, von der fast ganz Europa betroffen ist«, erklärte Präsident Hollande anlässlich des Treffens an der Absturzstelle zu dem angeblichen Germanwings-Unglück. Danach folgte eine symbolische Umarmung. Am 25. März sagte die *tagesschau*-Korrespondentin Ellis Fröder auf die Frage, welches Signal von der Veranstaltung ausgegangen sei:

> »Solidarität und speziell der europäischen Solidarität. Beide, sowohl Präsident Hollande als auch Kanzlerin Merkel als auch der spanische Ministerpräsident haben ja gesagt, wie intensiv die Zusammenarbeit der europäischen Völker ist, dass es nicht nur eine deutsche Katastrophe ist oder eine spanische oder eine französische, sondern dass es in der Tat eine europäische Katastrophe ist, dass man hier zusammensteht. Es war eine sehr ruhige, sehr gefasste Pressekonferenz. Die drei Staatschefs haben ihr tiefes Mitgefühl ausgedrückt, aber auch betont, wie eng man zusammenarbeitet. Man kann fast schon sagen, dass hier ein kleines europäisches Signal ausgeht, dass Europa hier zusammensteht, dass man gemeinsam diese Krise bewältigen möchte. Präsident Hollande hat ja noch mal betont, wie sehr man zusammenarbeitet und dass man wirklich alles tun wird, um so schnell wie möglich zu einem Ergebnis zu kommen. (…)

Ich glaube, es war eine sehr eindrückliche, eine sehr ruhige und emotional sehr starke Pressekonferenz, die aber noch mal den Zusammenhalt der betroffenen Länder sehr deutlich gemacht hat. Und dass Präsident Hollande und Kanzlerin Merkel schon wieder wegen einem so traurigen Anlass gemeinsam vor die Presse treten mussten, das ist sehr bemerkenswert, sehr traurig, zeigt aber auch die, wie ich finde, etwas neue enge Zusammenarbeit zwischen Deutschland und Frankreich. Wir haben das ja schon festgestellt damals nach den Anschlägen auf *Charlie Hebdo*, wie eng die beiden Länder, wie solidarisch die beiden Länder zusammenarbeiten, jetzt noch zusammen mit dem spanischen Ministerpräsidenten, war das ein sehr starkes Zeugnis der ganz engen Zusammenarbeit, des ganz tiefen Mitempfindens und Mitleids und Beileids.«

Fast ist dies kein Korrespondentenbericht mehr, sondern ein Mantra oder eine Litanei zur Beschwörung der europäischen Zusammengehörigkeit. Entweder fiel dieser Korrespondentin überhaupt nichts mehr ein, oder sie ritt bewusst auf diesen Begriffen herum, die im Prinzip alle dasselbe bedeuten: Europa gehört zusammen, zusammen und nochmals zusammen! Wenn wir jetzt mal addieren, dann finden wir in diesem kurzen Text fünfmal den Begriff »Zusammenarbeit« oder »zusammenarbeiten«, dreimal den Begriff »Solidarität« oder »solidarisch«, zweimal den Begriff »zusammenstehen« und einmal den Begriff »Zusammenhalt«. Eine reife Leistung.

Vom Verlierer zum Staatsmann

Nicht umsonst erinnerte Fröder auch an den Anschlag auf *Charlie Hebdo*, bei dem sich die Staatschefs schon einmal in großer Not vor einem Millionenpublikum symbolisch vereint hatten. Der angebliche Absturz von Germanwings-Flug 4U9525 war in diesem Jahr ja schon die zweite europäische Einigungszeremonie nach der großen Trauerkundgebung in Paris vom 11. Januar 2015. Europa und insbesondere der französische Präsident konnten diese zweite große Krise nach den Anschlägen auf *Charlie Hebdo* gut gebrauchen. Aber eigentlich konnten alle eine beherrschbare Krise als Gegengift gegen die spaltenden Kräfte gebrauchen, von denen Europa geschüttelt wurde:

- die drohende griechische Staatspleite und der drohende »Grexit«,
- der faktische Austritt der Schweiz aus dem Euro,
- die katastrophale Wirtschaftslage vieler europäischer Staaten,
- das drohende Referendum in Großbritannien über den Verbleib in der EU (»Brexit«),
- die total gescheiterte europäische Expansion in der Ukraine,

um nur die wichtigsten zu nennen. Im Sommer 2015 sollte noch eine weitere existenzielle Bedrohung für Europa und die EU dazukommen, nämlich die vollkommen unkontrollierte Flüchtlingswelle, die den Kontinent regelrecht überschwemmen sollte, sodass sich die Außengrenzen der EU und die Grenzen einzelner Staaten regelrecht auflösten.

Aber die Katastrophe war auch innenpolitisch nützlich. Kaum war die Erinnerung an die Attentate auf die französische Satirezeitschrift *Charlie Hebdo* halbwegs verblasst, präsentierten sich die beiden zentralen europäischen Regierungschefs schon wieder als Riesenstaatsmänner bzw. -frauen. Nur zwei Tage vor dem Crash hatten Hollandes Sozialisten am 22. März 2015 bei den Regionalwahlen in Frankreich eine krachende Niederlage erlitten und waren nur auf rund 20 Prozent der Stimmen gekommen. Schon seit geraumer Zeit verlor François Hollande an Sympathien und galt als der unbeliebteste Präsident in der Geschichte Frankreichs. Durch den inszenierten Absturz von Flug 4U9525 am 24. März wurde die verheerende Wahlschlappe vom 22. März übertönt und François Hollande vom Verlierer zum Staatsmann. Man tat sich regelrecht schwer, Artikel und vor allem Analysen über das amtliche Endergebnis der Wahlen zu finden, denn ab dem Morgen des 24. März war der Absturz von Flug 4U9525 die beherrschende Nachricht in Europa. Von Hollandes Superpleite redete dagegen kein Mensch. Gleichzeitig wurde auch der Boden für die kommende zweite Wahlrunde am 29. März bereitet. »Der zweite Wahlgang war überschattet vom Absturz der Airbus-Maschine in den französischen Alpen«, schrieb *Bild.de* danach. »Wegen der Ereignisse war der Wahlkampf teils ausgesetzt worden.« Aber was heißt »überschattet«: In Wirklichkeit setzte die Katastrophe Hollande erst ins rechte Licht. François Hollande glänzte nun als omnipräsenter Staatsmann und trauernder Landesvater, unter dessen gütigen Fittichen sich Europa vereinte. Wenn auch mit bescheidenem außen- und innenpolitischem Erfolg. Die Franzosen ließen sich ihren »Loser« Hollande einfach nicht als Riesenstaatsmann verkaufen. Im zweiten Wahlgang am 29. März erlitten Hollandes Sozialisten eine weitere krachende Niederlage. Wie diese Niederlage ohne den vermeintlichen Germanwings-Crash ausgesehen hätte, weiß man natürlich nicht.

Schließen möchte ich dieses Kapitel mit einem Zitat des bereits oben genannten Autors Henryk M. Broder, der sich so diebisch über die Abschirmung der Halterner Schüler vor Journalisten gefreut hatte. Geradezu befriedigt schrieb Broder am 30. März 2015 in der *Welt* (online), der Absturz der Germanwings-Maschine sei »unser Nine-Eleven« gewesen – nur »nicht so grandios inszeniert wie das Original«. Und da hat er absolut recht – besser hätte ich es auch nicht sagen können.

Justizskandal: Das Haar des Santae Tribble

Im April 2015 erschütterte »einer der größten Justizskandale der US-Geschichte« (*Spiegel Online*, 20.4.2015) die Öffentlichkeit. Schon länger hatten in US-Justizkreisen Berichte über falsche Haaranalysen des FBI kursiert, mit deren Hilfe Unschuldige verurteilt und manchmal sogar hingerichtet worden sein sollen. Unter anderem sollen 32 Todesurteile verhängt worden sein; bei 14 Gefängnisinsassen sei die Strafe vollstreckt worden, oder sie seien im Gefängnis verstorben. 2012 starteten das US-Justizministerium und das FBI eine interne Untersuchung der Haaranalysen. »Das verheerende Zwischenergebnis: Fast jeder forensische FBI-Fahnder habe ›in fast allen Prozessen fehlerhaft ausgesagt‹«, zitierte *Spiegel Online* die *Washington Post*. »So hätten in 257 der 268 bisher untersuchten Prozesse 26 von 28 Experten des FBI-Labors Haarvergleiche zugunsten der Anklage ›überbewertet‹.« In 95 Prozent dieser Fälle sei die Haaranalyse fehlerhaft gewesen.

23 Jahre für ein Haar

Nehmen wir zum Beispiel den Fall McCormick. Man schreibt den 26. Juli 1978. Spätabends befindet sich der 63-jährige John McCormick auf der Veranda seines Hauses, als er plötzlich mit einer Waffe bedroht und beraubt wird. Er fleht um Gnade, doch es nützt nichts: Der Angreifer nimmt nicht nur sein Geld, sondern auch sein Leben. McCormicks Frau, die von dem Lärm erwacht, sieht nur einen Mann mit einer Strumpfmaske. Die Maske wird wenig später von der Polizei mit Hilfe eines Suchhundes gefunden. Darauf befindet sich ein Haar des 17-jährigen Santae Tribble – stellen jedenfalls FBI-Forensiker mit Hilfe eines Haarvergleichs fest. »Ein FBI-Experte gab an, dass eines der Haare auf der Strumpfmaske Tribble zuzuordnen sei ›und in allen mikroskopischen Merkmalen‹ übereinstimme. Die Anklage betonte, dass die Wahrscheinlichkeit, dass das Haar jemand anderem als Tribble gehört haben könnte, ›vielleicht eins zu zehn Millionen‹ betrage«, schilderte die Website des *Innocence Project*, einer Organisation, die sich um unschuldig Verurteilte kümmert, den Fall. 1980 brauchten die Geschworenen gerade mal eine Dreiviertelstunde, um den 17-Jährigen wegen Mordes zu verurteilen. 23 Jahre später, 2003, wurde Tribble auf Bewährung entlassen, 2012 strengten seine Anwälte DNA-Tests der damals gefundenen Haare an. Ergebnis: Keines davon gehörte Santae Tribble.

Saß 23 Jahre wegen einer falschen Haaranalyse im Gefängnis: Santae Tribble

Pleiten, Pech und Pannen?

Aber wie kann das sein? Nun, ganz einfach: Die Methoden seien eben »sehr fehleranfällig gewesen«, schrieb die *Zeit* (online, 19.4.2015). Man habe unter dem Mikroskop die Struktur von Haaren verglichen und dabei »auf missverständliche Statistiken zurückgegriffen«. Zudem seien die Experten »schlecht ausgebildet« gewesen und hätten ihre Arbeit »mangelhaft dokumentiert«. Auch für viele andere Medien handelte es sich schlicht um »Schlamperei«, zum Beispiel für den *Berliner Kurier*, die *Stuttgarter Nachrichten*, das *Westfalen-Blatt* oder das Schweizerische Radio und Fernsehen (SRF) (alle online, 20.4.2015). Laut *NWZ online* haben die US-Justizbehörden »schwere Pannen zugegeben« (21.4.2015). Von »Pannen« sprachen auch *RP-online* (20.4.2015) und das Internet-Portal der *WAZ* (www.derwesten.de, 20.4.2015). Laut »WDR aktuell« waren es sogar »tragische Pannen« (online, 20.4.2015). Also eine Schlamperei. Vielleicht eine unfassbare Schlamperei, aber eben Schlamperei.

Ein fast perfektes System

Dabei ist das falsch. Denn in Wirklichkeit betrug die Fehlerquote ja nicht 95 Prozent, sondern nur fünf Prozent. Ein zu 95 Prozent konsequentes System ist eben nicht »mangelhaft« oder »fehlerbehaftet«, sondern äußerst effizient. Man stelle sich ein zu 95 Prozent »gerechtes« Justizsystem vor: Wäre das nicht ein großer Erfolg? Denn wenn in 95 Prozent der Verfahren ein Fehler passiert, dann ist der Fehler die Regel und die fehlerfreie Arbeit die Ausnahme. Das Verhältnis zwischen Fehler und regulärer Arbeit kehrt sich dann um, und das reguläre

Verfahren wird selbst zum Fehler. Man spricht auch von einem »systematischen Fehler«, also einem Fehler, der im System angelegt ist und sich so in jedem Verfahren und in jedem Vorgang auswirkt. Fehlerhaft sind dann nur die restlichen fünf Prozent, die nicht nach dieser Methode bearbeitet wurden. Dementsprechend ist »Skandal« auch der falsche Ausdruck. Denn ein Skandal beschreibt einen irregulären Vorgang und eine spektakuläre Ausnahme. Doch bei diesem Skandal handelte es sich gar nicht um eine spektakuläre Ausnahme, sondern um die Regel.

Eine bösartige Struktur

Ein weiteres Merkmal des Fehlers ist Unachtsamkeit, Fahrlässigkeit oder grobe Fahrlässigkeit. Fehler passieren, weil »geschlampt«, »gepfuscht« oder »gemurkst« wird. Ein Fehler, der in 95 Prozent der Fälle geschieht, kann aber nicht auf Fahrlässigkeit, grobe Fahrlässigkeit oder Zufall zurückzuführen sein, sondern nur auf Vorsatz. Vorsatz bedeutet aber »Absicht«, und das kann in diesem Fall nur heißen, dass wir es nicht nur mit einem gleichgültigen System der »Schlamperei« zu tun haben. Denn »gleichgültig« bedeutet »teilnahmslos« oder »willenlos«: Der oder die Betreffenden verfolgen keinerlei Absicht in Bezug auf irgendetwas oder irgendjemanden, weil ihnen nämlich alles »egal« (= gleich) ist. In Zahlen ausgedrückt, würde man dann wohl eher bei 50:50 liegen. Eine 95-prozentige Quo te spricht aber gerade nicht für Gleichgültigkeit, sondern für einen äußerst bösartigen Willen und für eine bösartige Struktur, die sogar den Tod von Menschen in Kauf nimmt. Der Tod der unschuldigen Menschen wurde absichtlich herbeigeführt, wahrscheinlich aus Willkür, Bösartigkeit oder Kumpanei mit

Staatsanwälten, denen man einen Gefallen tun wollte. Daher handelt es sich um Mord beziehungsweise Justizmord im großen Stil. Wer das für einen Witz oder eine Farce hält, ist schief gewickelt. In einem früheren Kapitel war von einer schrecklichen Vision die Rede: dem »Gray State«, dem dunklen Staat, in dem die Menschen unterdrückt und mit roher Gewalt beherrscht werden. Bereits kurze Zeit später wurde diese Vision von der Realität eingeholt – zumindest teilweise. Gerechtigkeit ist in den USA nämlich hauptsächlich etwas für TV-Soaps wie *Navy CIS, Grey's Anatomy* oder *CSI: Miami*. Nach dem Motto: Es reicht doch völlig, wenn der Staat im Fernsehen funktioniert. Während dort Helden und vor allem Heldinnen für die Gerechtigkeit kämpfen und meistens siegen, stammte eines der angeblichen Haare von Santae Tribble nicht einmal von einem Menschen, sondern von einem Hund – wahrscheinlich von dem Polizeihund, der damals die Strumpfmaske gefunden hatte.

Der Fall Durst: Selbstgespräche eines mutmaßlichen Mörders

Da ist es schon besser, wenn Geständnisse vorliegen. Auch wenn sie unter äußerst ungewöhnlichen Umständen zustande gekommen sind. Zum Beispiel das des amerikanischen Multimillionärs Robert Durst, Anfang 2015 72 Jahre alt. Durst, ein Mann, der seit Jahrzehnten des Mordes an Ehefrau, Freundin und einem Nachbarn verdächtigt wird, hatte sich tatsächlich einem Fernsehteam gestellt und sich über seine Rolle beim mysteriösen Verschwinden beziehungsweise Ableben der drei Personen befragen lassen. Wobei sich Mord- und andere Verdächtige aus naheliegenden Gründen äußerst selten einem solchen Interview stellen. Allein das ist wahrscheinlich schon der erste Befund über die gespaltene und gebrochene Persönlichkeit Dursts. Denn selbst wenn man unschuldig ist, empfiehlt sich ein solcher Fernsehauftritt nicht. Schließlich kann alles, was man dort sagt, gegen einen verwendet werden. Und sogar das, was man dort nicht sagt – sondern erst auf dem stillen Örtchen. Zum Beispiel dann, wenn man sein Ansteckmikrofon vergessen hat. Am 15. März 2015 liefen Dursts unglückliche Klo-Monologe in den USA über den Sender. Und so gab es wohl noch nie einen Verdächtigen, der aufgrund seiner Selbstgespräche auf der Toilette verhaftet wurde.

Eine Leiche ohne Kopf

Doch der Reihe nach: Robert Durst stammt aus einer der reichsten Familien Amerikas und ist eine der schillerndsten und mysteriösesten Skandalfiguren der Vereinigten Staaten. Trotz der

Ein Selbstgespräch zu viel: Robert Durst

drei geheimnisvollen Todesfälle in seiner Umgebung blieb er lange Zeit weitgehend unbehelligt – aus Mangel an Beweisen. Schon seit Jahrzehnten war der Spross eines großen Immobilienimperiums wegen der mysteriösen Sterbefälle in seinem Umfeld in den Schlagzeilen, ohne dass ihm die Behörden letztlich etwas anhaben konnten:

- Am Abend des 31. Januar 1982 verschwand zunächst seine Ehefrau Kathleen, mit der er einen Bioladen namens »All Good Things« betrieb. Am Abend ihres Verschwindens war sie noch auf einer Party gesehen worden, wo sie einen Anruf ihres Mannes erhielt. Danach fuhr sie in das gemeinsame Haus in South Salem, New York, und ward nie wieder gesehen. Wochen zuvor war sie wegen Gesichtsverletzungen in Behandlung gewesen und hatte einem Freund erzählt, dass Durst sie geschlagen habe. Einen Scheidungsvertrag in Höhe von 250 000 Dollar hatte Durst angeblich abgelehnt. Er selbst behauptete, seine Frau in einen Zug nach New York gesetzt, mit einem Nachbarn etwas getrunken und anschließend noch einmal mit seiner Gattin telefoniert zu haben. Da Kathleen Durst jedoch verschwunden blieb, darf an dieser Darstellung gezweifelt werden, zumal die landesweite Medienaufmerksamkeit wahrscheinlich dafür gesorgt hätte, dass sie sich gemeldet hätte. Durst reduzierte die Belohnung für Hinweise auf den Verbleib seiner Frau von zunächst 100 000 Dollar auf 15 000 Dollar.

- Am 24. Dezember 2000 wurde Robert Dursts langjährige Freundin und Vertraute Susan Berman tot in ihrem Haus in Benedict Canyon, Kalifornien, aufgefunden. Sie starb durch einen Schuss in den Hinterkopf (»execution style«). Angeblich hatte Berman Durst nach dem Verschwinden seiner Frau 1982 zu einem Alibi verholfen. Nur wenige Monate vor Bermans Tod waren die Ermittlungen zum Verschwinden von Kathleen Durst jedoch wiederaufgenommen worden. Und während Freunde der verschwundenen Durst-Gattin die Behörden zu einer Vernehmung Bermans drängten, erhielt Berman gleichzeitig größere Geldsummen von Durst. Hatte Durst versucht, sich ihr Schweigen zu erkaufen? Tatsächlich sollte Berman um die Zeit ihres Todes »einem Verhör über das Verschwinden von Dursts erster Ehefrau Kathleen McCormack 1982 in New York« unterzogen werden, hieß es in der *Daily Mail* (online, 18.3.2015).
- Der nächste Todesfall im Umfeld des Multimillionärs war noch spektakulärer. Am 9. Oktober 2001 wurde Durst festgenommen, nachdem Körperteile seines Nachbarn Morris

Black in der Bucht von Galveston, Texas, aufgefunden worden waren. Durst stellte die Sache als einen Streit und ein Handgemenge um eine Waffe dar, in deren Verlauf er sich gewehrt und Black getötet habe. Also Notwehr. Das Gegenteil konnte ihm nicht bewiesen werden.

Eine düstere Prophezeiung

Für eine der reichsten und mächtigsten Familien der USA ist der Dauerskandal um ihren Spross eine Katastrophe. Denn in Manhattan ist der Name Durst eine der ersten Adressen. 2015 setzte das Magazin *Forbes* die Dursts auf Platz 59 der reichsten Familien Amerikas, mit einem Nettovermögen von 5,2 Milliarden Dollar. Die Dursts gehören zu den größten Immobilien-Tycoons New Yorks, wo seit 100 Jahren riesige Wolkenkratzer hochgezogen, auf unkonventionelle Weise abgerissen und wieder aufgebaut werden. 2015 war es genau 100 Jahre her, dass Durst-Stammvater Joseph sein erstes Gebäude in Manhattan kaufte. Sein Sohn und Robert Dursts Vater Seymour baute das Geschäft aus und gehörte schon bald zu den großen Immobilienunternehmern Amerikas. In Manhattan gehören den Dursts laut *Forbes* exakt elf Wolkenkratzer, wie beispielsweise der Banc of America Tower in One Bryant Park, das dritthöchste Gebäude New Yorks. Die 2001 eingestürzten Zwillingstürme waren von den Dursts dagegen bis aufs Messer bekämpft worden – denn Bauherr war die New Yorker Hafenbehörde, also die öffentliche Hand. Und zehn Millionen Quadratfuß öffentlich geförderter Büroraum waren so ziemlich das Letzte, was New Yorks Immobilienhaie haben wollten. 1968, in der Bauphase der Zwillingstürme, warnten die Dursts zusammen mit anderen vor der Gefahr, dass Airliner in die beiden Türme einschlagen könnten.

Was ja dann auch wirklich geschah. 2001 wurde aus dieser Vision schreckliche Wirklichkeit: Wie »prophezeit«, brachten zwei Passagierflugzeuge die Türme zum Einsturz. Wobei sie eigentlich so gebaut worden waren, dass genau dies unmöglich sein sollte. Ganz im Gegensatz zu der Feindschaft gegenüber dem ersten World Trade Center stieg die Durst-Familie nach dem Abriss der Doppeltürme 2001 im Jahr 2015 in das Nachfolgeprojekt ein, in den World-Trade-Center-Turm Eins. Dieses Gebäude schien eher ihre Billigung zu finden.

One Bryant Park: Die Dursts besitzen genau elf Immobilien in New York

Ein Philanthrop zeugt immer neue Philanthropen

Damit hier kein falscher Eindruck entsteht: Alle Quellen sind sich einig, dass Roberts Vater, der alte Seymour, als »Menschenfreund« zu gelten habe. Warum genau er jedoch überall als »Philanthrop« gerühmt wird, ist nicht ganz klar. Sein berühmtestes Verdienst (abgesehen vom Aufbau seines Immobilienimperiums) ist die Erfindung der »Nationalen Schuldenuhr«, die er 1989 an einem seiner Gebäude in der Sixth Avenue installieren ließ und die seitdem immer schneller tickt. Und ein weiteres Verdienst ist natürlich die Zeugung immer neuer Philanthropen:

- Douglas Durst, Philanthrop und Erbe des Familienunternehmens,
- Thomas Durst, Philanthrop und Schriftsteller,
- Wendy Durst Kreeger, Philanthropin und Schriftstellerin,
- Robert Durst: Nun ja – er entwickelte möglicherweise eine Philanthropie der eigenen Art. So wie ein Schmetterlingssammler eben die »Liebe« zu Schmetterlingen pflegt – indem er sie aufspießt.

Die schillerndsten kriminellen Persönlichkeiten

Irgendwie hat Robert Durst die »Menschenliebhaberei« vielleicht auf seine Weise definiert. Als Sprössling einer Dynastie von führenden Immobilienhaien könnte Robert einen seltsamen Appetit auf Zweibeiner entwickelt haben – vorausgesetzt, die Beschuldigungen stimmen. Dass das Familien-Enfant-terrible des mehrfachen Mordes verdächtigt wurde, war schon schlimm genug. Mindestens genauso schlimm waren Robert

Dursts gelegentliche Auftritte in Frauenkleidern oder seine Übernachtungen in Obdachlosenheimen. Aber in den USA findet man nun mal immer noch die schillerndsten Persönlichkeiten. Aufgrund der jahrhundertelang grassierenden Entwurzelung durch Emigration, Immigration und anschließende Isolation, oft in weiten Landstrichen, bilden sich häufig kranke Subkulturen heraus, in denen Entfremdung, Kontaktlosigkeit, Misshandlung und Grausamkeit über Generationen weitergegeben werden und die bizarrsten Blüten treiben können. Nicht umsonst kommen die spektakulärsten Kriminalfälle und »Unterhaltungsprodukte«, wie *Das Schweigen der Lämmer,* aus den USA, wo Serienkiller wie Ed Gein über Jahre hinweg ihr Unwesen treiben und Menschen einfach spurlos verschwinden können. Während Beziehungen verkümmern, wächst die Verehrung und Vergötterung eines toten Fetischs, nämlich des Geldes. Sprich: Je mehr die Gesellschaft das Tote vergöttert, umso gefährlicher wird es für die Lebenden. Eigentlich logisch, nicht?

Durst auf junge Mädchen?

So ist auch keineswegs sicher, dass die Geschichte von Robert Durst mit drei verdächtigen Todesfällen schon zu Ende erzählt ist. In Wirklichkeit brachten die Behörden Durst noch mit viel mehr Todes- und Vermisstenfällen in Verbindung. Demnach schien es neben Dursts engerem Umfeld noch eine zweite »Zielgruppe« dieses Philanthropen zu geben: junge Mädchen.

- Da wäre erstens die 18-jährige Lynn Schulze, die am Tag ihres Verschwindens, dem 10. Dezember 1971, in Dursts

Bioladen in Middlebury, Vermont, eingekauft haben soll und zuletzt an einer Bushaltestelle gegenüber gesehen wurde.

- Zweitens wäre da eine gewisse Karen Mitchell, die am 25. November 1997 in Eureka, Kalifornien, verschwand. Angeblich arbeitete Mitchell ehrenamtlich in einem Obdachlosenasyl, das auch Robert Durst frequentierte. Durst soll auch Kunde im Schuhgeschäft von Mitchells Tante gewesen sein und um die Zeit von Karens Verschwinden in Eureka seine Kreditkarte benutzt haben. Zuletzt wurde Karen Mitchell gesehen, nachdem sie das Schuhgeschäft verlassen und mit einem fremden Autofahrer gesprochen hatte. Phantomzeichnungen des Unbekannten ähnelten Robert Durst.
- Und schließlich wären da noch die Gilgo-Beach-Serienmorde, benannt nach einem kleinen Küstenort auf Long Island, in dessen Nähe mehrere zerstückelte Leichen in Kartoffelsäcken aufgefunden wurden. Obwohl Durst bislang nicht mit diesen Morden in Verbindung gebracht werden konnte, gründete das FBI 2012 eine Ermittlungsgruppe, die sich an früheren Wohnorten Dursts um alte Fälle (»cold cases«) kümmern sollte. Dursts Anwalt, Dick de Guerin, meinte, die Behörden seien wohl »verzweifelt«. Unter Anspielung auf einen legendären Vermisstenfall sagte er: »Wissen Sie, er könnte ja auch in Chicago gewesen sein, als [1975 der Gewerkschaftsboss und Mobster] Jimmy Hoffa verschwand.«

»Sie ist vom Dach gefallen!«

Ja, wie konnte das alles nur so weit kommen? Vater Seymour kann man nicht mehr fragen, denn der ist schon längst tot. Und Robert Dursts Mutter Bernice Herstein sprang auch schon vor langer Zeit vom Dach des Philanthropen-Haushalts in Scarsdale, New York. Eines Tages, im Jahr 1950, so erzählte Robert Durst später, habe ihn sein Vater Seymour zu einem Fenster geführt, von wo aus er seine Mutter auf einem Dach das Familienanwesens in Scarsdale habe stehen sehen: »Ich habe Mutti zugewinkt. Ich weiß nicht, ob sie mich sah. Die Frage, was sie da eigentlich in ihrem Nachthemd auf dem Dach machte, stellte ich mir gar nicht.« Wie seine Mutter gesprungen sei, habe er nicht gesehen. Er habe nur gehört, wie die Haushälterin gerufen habe: »Sie ist vom Dach gefallen!« Das alles habe ihn nie losgelassen. Demnach führte der Vater also seinen sechs- oder siebenjährigen Sohn zum Fenster, um ihn mit ansehen zu lassen, wie seine Mutter in den Tod sprang? Der Vorfall an sich wird nicht in Abrede gestellt. Strittig daran ist nur, ob Robert wirklich zusah, wie seine Mutter starb. Der gewaltsame Tod war demnach jedenfalls schon in der Familie angelegt. Auch sein Vater verlor seine Frau durch einen mysteriösen Selbstmord oder Unfall. Danach litt Robert Durst unter seelischen Beschwerden. Unter anderem hier könnte die Wurzel für seine seelischen Störungen liegen. So war bekannt, dass der kleine Robert immer wieder in die Papierkörbe im Büro seines Onkels urinierte (*Daily Mail*, online, 6.2.2015). Auch sonst habe er »alle Anzeichen von psychischer Instabilität« gezeigt, berichtete die *Jewish Business News* (online, 2.1.2015). Im Jahr 1953 diagnostizierte ein Psychiater »Persönlichkeitszerfall, möglicherweise sogar Schizophrenie« bei dem Jungen, hieß es bei *vulture.com*, der Unterhaltungs-Website des *New York Magazine* (15.4.2014).

All Good Things

Später gelang es Durst über Jahrzehnte hinweg, einem Urteil wegen der mysteriösen Todesfälle zu entkommen – bis der Filmemacher Andrew Jarecki kam. Zunächst drehte Jarecki ab 2008 einen Spielfilm über das Leben von Robert Durst mit dem Titel *All Good Things* (nach dem erwähnten Bioladen, den Durst und seine später verschwundene Frau Kathleen Anfang der siebziger Jahre betrieben). Ökologie war nach »Philanthropie« nämlich das zweite große Steckenpferd der Dursts. Nach der Veröffentlichung des Streifens 2010 erhielt Jarecki einen Anruf von Robert Durst persönlich. Der mutmaßliche Killer zeigte sich mit dem Film zufrieden und bot sich zum Interview an. 2015 wurde daraus die Dokumentarserie *The Jinx: The Lifes and Deaths of Robert Durst*, zu Deutsch etwa: *Der Unglücksrabe – Das Leben und die Todesfälle von Robert Durst.* Wobei »Jinx« ein schillernder und doppelbödiger Begriff ist, in dem noch weit mehr mitschwingt als nur ein Pechvogel. Jinx bedeutet auch Unglücksbringer oder Hexenfluch. Und tatsächlich fragt sich ja auch: Hatte nun *er* das Pech, dauernd des Mordes an irgendwelchen Menschen beschuldigt zu werden – oder war das Pech nicht auch aufseiten derer, die ihm im Laufe seines Lebens begegneten? Oder stand er sogar unter einem Fluch?

Ein »Kadaver« in »Beverley Hills«

Zwischen 2010 und 2013 kamen über 20 Stunden Interviewmaterial mit Durst zusammen, die im Rahmen von *The Jinx* ausgestrahlt wurden. In der letzten Folge am 15. März 2015 kam es zum Höhepunkt: Jarecki konfrontierte Durst mit einem Brief, den die Polizei vom Mörder seiner Freundin Berman erhalten hatte, die kurz nach Weihnachten 2000 mit einem Kopfschuss zu Hause aufgefunden worden war. Darin machte der Killer die Fahnder auf einen »Kadaver« in »BEVERLEY HILLS« aufmerksam. Genau dieselbe Handschrift und falsche Schreibweise von Beverly Hills (mit »ey« am Ende) findet sich auch in Dursts Briefen an seine Freundin Berman. Die Kamera zeigte die Schriftzüge direkt übereinander. Es konnte keinen Zweifel geben, dass niemand anderer als Robert Durst die Polizei auf den »Kadaver« aufmerksam gemacht hatte, von dem zu diesem Zeitpunkt nur der Mörder selbst wissen konnte. Jarecki dankte Robert Durst danach »für sein Kommen, und Durst verlässt den Raum, um auf die Toilette zu gehen«, schilderte die *Washington Post* den Fortgang der Dreharbeiten und des Dokumentarfilms.

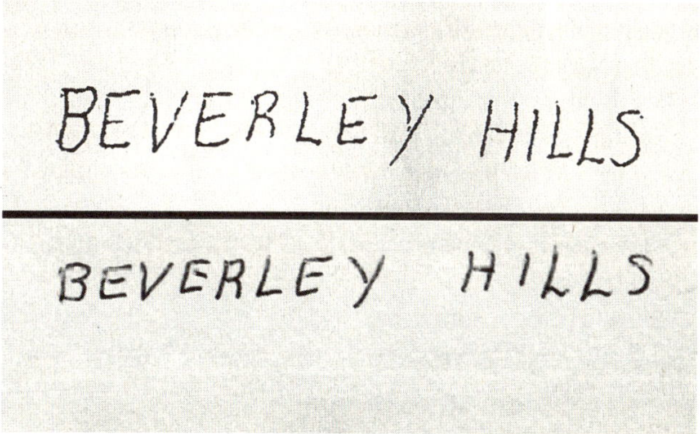

Zweimal »Beverley Hills«: einmal von Durst geschrieben und einmal vom Mörder seiner Freundin Susan Berman

Geständnis auf dem Klo

Während die Kamera nur noch einen sinnlosen Ausschnitt des Interviewraums zeigte, hörte man Durst plötzlich im Badezimmer in sein Ansteckmikrofon murmeln. So kamen seine Selbstgespräche auf der Toilette auf Band. Hier das Protokoll:

»Da haben wir's. Sie haben dich.
Da hast du natürlich recht.
Aber das kannst du dir nicht vorstellen.
Halte ihn fest.«
Offenbar denkt Durst zunächst daran, den Filmemacher Jarecki gefangen zu nehmen. Er nimmt wahrscheinlich nur deshalb davon Abstand, weil er nicht weiß, wer oder was sich sonst noch in dem ihm fremden Haus befindet:
»Ich weiß nicht, was sich im Haus befindet.
Aber ich möchte das!
Was für eine Katastrophe.
Er hatte recht. Ich lag falsch.
… und das Rülpsen.«
Offenbar musste Durst während des Interviews aufstoßen.
»Ich habe Probleme mit der Frage. Was habe ich bloß angerichtet?
Sie alle getötet, natürlich.«

Wie gewonnen, so zerronnen?

Das TV-Team strahlte die Tonaufnahme in der letzten Folge der Dokumentarserie aus – und voilà: Schon kurz vor der Ausstrahlung am 15. März 2015 wurde Durst festgenommen. Wahrscheinlich hatten die Behörden vorher vom Inhalt der letzten

Folge Wind bekommen und daher rechtzeitig vor der Sendung zugeschlagen, um Dursts Flucht zu verhindern. »War es das« nun also für Robert Durst? Nicht unbedingt. Denn wenn man sich dieses »Klo-Geständnis« anhört, kann man darüber geteilter Meinung sein. Für europäische Ohren ist das amerikanische Gemurmel zum Beispiel kaum zu verstehen. Und auch amerikanische Autoren fragten sich: »Hat er nur Unsinn geschwafelt? Oder sollte man es ernst nehmen?« (Matthew Hollinder: »Robert Durst – The Unbelievable True Story«, 2015). Ein ordentliches Geständnis sieht jedenfalls anders aus. Die Verständlichkeit und die Signifikanz eines solchen Gemurmels stehen in Frage. Auch aus anderen Gründen haben Beobachter Zweifel, ob die Tonaufnahme überhaupt als Beweis vor Gericht zugelassen wird: »Herrn Dursts privater Monolog macht sich gut im Fernsehen. Aber ob er auch vor Gericht benutzt werden darf, ist unklar, meinen Rechtsexperten, da er sich in einer privaten Situation alleine im Badezimmer befand«, schrieb die *New York Times* (online, 15.3.2015). So könnte Robert Durst erneut davonkommen und die amerikanische Öffentlichkeit weiter mit seinem unheimlichen Leben unterhalten. Und für sein spektakuläres »Geständnis« könnte die alte Redensart gelten: Wie gewonnen, so zerronnen.

Tuğçe Albayrak: Wie eine Propagandafigur implodiert

Sie war eine Heldin so recht nach dem Geschmack des Mainstreams: jung, hübsch – und natürlich weiblich und ausländisch beziehungsweise mit »Migrationshintergrund«. Tuğçe Albayrak, 22, besaß also sämtliche Voraussetzungen, um monatelang in den Medien hochgejubelt zu werden. Diese junge Heldin hatte sich am 15. November 2014 während eines Konflikts in einem McDonald's-Laden in Offenbach angeblich vor zwei jüngere Mädchen gestellt, um sie vor den Aggressionen der übrigen Jugendlichen zu schützen – und war dabei von einem brutalen männlichen Schläger totgeschlagen worden. Monatelang lächelte uns Tuğçe daraufhin von allen Titelblättern entgegen: eine Heldin, die sich unerschrocken wilden Schlägern entgegenstellte, um zwei jüngere Mädchen zu beschützen – und dafür ihr Leben gab. Doch 2015 implodierte das schöne Märchen der tapferen Tuğçe. Zwar wurde der Täter am 16. Juni 2015 zu drei Jahren Haft verurteilt. Aber für den edlen Einsatz der Heldin Tuğçe gibt es bis heute keine Beweise.

Heldin oder Heilige?

Es war ein Lehrstück wie aus dem Drehbuch der Staatspropaganda: »Tuğçe, die Mutige«, schwärmte *Spiegel Online* am 4. Dezember 2014 anlässlich der Beerdigung der jungen Frau. Und siehe: Vor unseren Augen verwandelte sich ein junges Mädchen mit ausländischen Wurzeln in einen Engel – und zwar ganz wörtlich: »Immer wieder erzählen sie die Geschichten«, schrieb *Spiegel Online*, als sei Tuğçe bereits in einen mythischen Raum entrückt: »Tuğçe, die Mutige. Tuğçe, der Engel. Lehrerin wollte sie werden. Ein Sturkopf sei sie gewesen. Eine, die immer ihre Meinung sagte. Die immer für andere da war. Und damals, als sie den Hund gerettet hat. Als sie der alten Dame geholfen hat.« Natürlich. Hab ich was vergessen? Ach ja: »Sie hat ihre Organe gespendet.« Und auch das war nicht etwa eine normale Organspende, sondern so etwas wie die biblische Speisung der 5000: Laut ihren Angehörigen hat Tuğçe damit nämlich nicht weniger als fünf anderen Menschen geholfen und drei Leben gerettet: »Drei Patienten, die in akuter Lebensgefahr schwebten, sei somit die Chance zum Überleben ermöglicht worden. ›Zwei weitere Patienten haben jetzt eine erhebliche Verbesserung der Lebenserwartung und Lebensqualität‹«, zitierte die Website der *Westdeutschen Allgemeinen Zeitung* (20.3.2015) eine Mitteilung der Hinterbliebenen. Auf Fotos erinnerten die Trauernden an die Heilige Familie.

Tuğçe Albayrak: Heldin oder Heilige?

Tuğçe war nicht mehr von dieser Welt

Mit anderen Worten, Tuğçe rettete nicht nur vor, sondern auch nach ihrem Tod noch Leben, wobei die Zahl ihrer Wundertaten stetig zunahm. Kein Zweifel: Tuğçe war schon längst nicht mehr von dieser Welt, sondern wurde zur mythischen Märtyrerin stilisiert. Fast hätte man das alles für Satire halten können, aber Mainstream, Politik und Angehörige waren da schmerzfrei und parodierten sich ungeniert selbst. Tuğçe mutierte zur Propaganda-Ikone wie sonst nur Malala und Mutter Teresa – und deshalb zur Chefsache. Bei der Trauerfeier am 3. Dezember 2014 gaben sich daher der hessische Ministerpräsident, der Oberbürgermeister von Offenbach, der Landrat des Main-Kinzig-Kreises sowie der türkische Botschafter ein Stelldichein. Und wo Ministerpräsident Volker Bouffier (CDU) gleich mal die posthume Verleihung des Bundesverdienstkreuzes vorschlug, durfte natürlich auch der unvermeidliche Joachim Gauck nicht fehlen. Laut *Zeit online* (29.11.2014) wollte der Bundespräsident die Verleihung eines Verdienstordens prüfen lassen. Motto: »Wir sind alle Tuğçe!«

Eine überflüssige Heldin?

Nun geht es ja nicht darum, ein in jedem Fall bedauernswertes Todesopfer zu verspotten – wohl aber den Umgang damit. Anlässlich des Prozesses gegen den Schläger Sanel M. im Juni 2015 herrschte bei den Tuğçe-Verehrern nämlich Katerstimmung. Denn die Realität gab all das gar nicht her. Es begann schon mit den ersten Schilderungen, wonach in der bewussten Nacht im November 2014 zwei etwa 13-jährige Mädchen auf der McDonald's-Toilette in Offenbach von Jugendlichen bedrängt und von Tuğçe beschützt worden seien. Schon da stellte sich die Frage, warum es dann erst auf dem Parkplatz des Burger-Ladens zu der Schlägerei kam. Und warum von den beiden angeblichen Mädchen dabei gar nichts zu sehen war. Auf dem Überwachungsvideo vom Parkplatz der McDonald's-Filiale, das alsbald in den Medien auftauchte, waren als Hauptbeteiligte nur Tuğçe und der 18-jährige Sanel M. zu erkennen. Die Gefahr für die Mädchen, sofern sie jemals bestanden haben sollte, war demnach längst vorbei; Tuğçe als Heldin offenbar überflüssig. Dennoch näherte sie sich den Bildern zufolge offensiv dem aufgebrachten Sanel M., woraufhin dieser ausholte und zuschlug.

Die Mär von den bedrohten Mädchen

Die nächste Pleite im Tuğçe-Theater: Die beiden angeblich bedrohten (und von Tuğçe beschützten) Mädchen waren erst einmal wochenlang überhaupt nicht aufzutreiben. Trotz zahlreicher Aufrufe in den Medien ließen die beiden nichts von sich hören. Erst zwei Wochen nach dem Vorfall vom 15. November 2014 meldeten sie sich bei der Polizei. Seltsam: Wurden sie in dieser Zeit etwa »gecastet« oder »gebrieft«? Denn es stellte sich heraus: Sie hatten von der ganzen Sache nicht die geringste Ahnung: »Sie hätten nicht gewusst, dass sie selbst die Gesuchten sind«, zitierte die Website des Hessischen Rundfunks die Behörden: Dass die Mädchen »sich trotz des bundesweiten Interesses an dem Fall zunächst nicht meldeten, begründeten sie einem Sprecher der Polizei Offenbach zufolge damit, dass sie sich nicht als die Betroffenen angesehen haben. ›Sie haben sich nicht angesprochen gefühlt‹« (1.12.2014). Und als sie sich schließlich (angeblich) gemeldet hatten, erklärten sie, von der ganzen Sache eigentlich nichts mitbekommen und sich nicht bedroht gefühlt zu haben. Es sei »unklar, ob Tuğçes tödlicher Hilfseinsatz nötig war«, schrieb Monate später die *Frankfurter Allgemeine Zeitung* (online, 24.4.2015): Oberstaatsanwalt Homm erklärte, »die Mädchen hätten sich nicht bedroht gefühlt und zugetraut, allein aus der Situation herauszukommen«. Wobei sich allmählich die Frage stellt, ob die Mädchen überhaupt etwas mit der Schlägerei zwischen Tuğçe und Sanel M. zu tun hatten – oder ob ihre Beteiligung nicht schlicht erfunden wurde, um die junge Türkin im Nachhinein in einem besseren Licht erscheinen zu lassen. Denn warum dauerte es zum Beispiel so lange, bis die beiden Teenager endlich auftauchten? Warum fand ihre Vernehmung bei Gericht wirklich unter Ausschluss der Öffentlichkeit statt? Blieben sie möglicherweise auch für die Verteidigung anonym, und wie ließ sich das mit einem fairen Verfahren gegen M. vereinbaren? Denn schließlich sollte ihre Identität ja »unter allen Umständen« geheim gehalten werden, wie der HR einen Sprecher der Staatsanwaltschaft zitierte (Website HR, a.a.O.). Das hieße dann wohl: auch im Prozess. Kurz und gut: Waren die beiden angeblich bedrohten Mädchen etwa nichts weiter als Phantome? Fest steht: Ihre sagenhafte Rettung durch die Heldin Tuğçe war in jedem Fall ein Hirngespinst.

Der Mythos vom »Komaschläger«

Na, so was! Was war in jener Nacht also wirklich vorgefallen? Warum gerieten Tuğçe und Sanel M. wirklich aneinander? In Wirklichkeit weiß das bis heute kein Mensch. Und die, die es doch wissen, schweigen. Der nächste Mythos war jedenfalls der »Komaschläger« Sanel M., der Tuğçe »ins Koma« geprügelt habe (*Focus online*, ohne Datum). Jeder hatte dabei gleich den klischeehaften Brutalo vor Augen, der sein Opfer so lange traktiert, bis es ins Koma fällt. Die »U-Bahn-Schläger« der Vergangenheit lassen grüßen. Der offiziellen Gut-und-Böse-Dramaturgie kam das gelegen. Und dennoch oder gerade deshalb ist das Bild falsch. Sanel M. hatte Albayrak eben nicht »ins Koma geprügelt«, sondern ihr laut dem Überwachungsvideo vom McDonald's-Parkplatz einen einzigen Schlag versetzt, durch den sie auf den Hinterkopf fiel. Erst dabei verletzte sie sich so schwer, dass sie später ins Koma fiel, bis ihr schließlich die Lebenserhaltungssysteme abgeschaltet wurden. Was zwar nichts entschuldigt, aber dennoch manches geraderückt.

Kein Raum für feine Unterschiede

Die am 16. Juni 2015 verhängte Haftstrafe von drei Jahren gegen den 18-jährigen Täter Sanel M. verwundert deshalb. Nicht, dass hier brutale Schläger verteidigt werden sollen, aber trotzdem müssen Strafen ja auch angemessen sein. Alles spricht dafür, dass M. nicht mehr wollte, als Albayrak heftig »eine zu kleben«. Was zwar keineswegs erlaubt ist, aber für sich genommen eben auch keine Tötungsabsicht beinhaltet. Ja, nicht einmal bedeutet, dass der Tod des Gegenübers in Kauf genommen wurde – denn dieser war in der Situation überhaupt nicht absehbar. Nichts deutete darauf hin, dass die junge Frau durch den Angriff würde sterben können. Vielmehr stellt sich die Frage, ob der Vorfall in Wirklichkeit nicht aus zwei Teilen bestand: aus einer Körperverletzung (Ohrfeige) und einem Unfall. Doch diese feine Unterscheidung war angesichts der aufgeheizten öffentlichen Stimmung wohl nicht mehr möglich. Die angekündigte Revision der Verteidigung erscheint daher logisch.

Tödliche Spende

Das heißt: Sagte ich »sterben«? Streng genommen starb Tuğçe ja nicht durch den Fall auf den Hinterkopf, sondern erst, als ihre Eltern sieben Tage später die lebenserhaltenden Maschinen abstellen ließen, um die angeblich »hirntote« Tochter sterben zu lassen und zur Organspende freizugeben. Für einen meiner Leser war dies eine »vollständig unerklärbare Handlung. Wie kann man seine gesunde intelligente schöne nur 22-jährige Tochter schon nach einer Woche aufgeben? Mir würde es im Traum nicht einfallen, vor Ablauf vieler Monate mein geliebtes Mädchen nach einem Unfall aufzugeben. Wie können Eltern so dumm sein? Wenn die Eltern wüssten, dass sie ihrer Tochter zudem ein qualvolles Ende durch Organentnahme bei lebendigem Leibe bereitet haben!« Nun – gesund war Tuğçe sicher nicht (mehr). Auf der anderen Seite erscheint es wirklich als sehr ungewöhnlich, das eigene Kind bereits nach einer guten Woche aufzugeben. Nicht, dass den Eltern irgendeine Schuld zugewiesen werden soll, aber dennoch verdient dieser Aspekt eine Notiz: Viele Eltern warten schließlich monate-, wenn nicht jahrelang auf das Erwachen ihrer Kinder – manchmal mit Erfolg. Nach nur acht Tagen und dann noch zum 23. Geburtstag der Tochter »die Maschinen abzuschalten« erscheint doch reichlich seltsam, wenn nicht sogar grausam, und die öffentliche Verherrlichung dieser »Organspende« bekommt angesichts dessen einen zynischen Beigeschmack. Immerhin musste das Mädchen durch diese »Spende« ja sterben.

Ein zweiter »Mord« an Tuğçe?

Nun – die Überschrift ist schon falsch, denn um einen Mord hatte es sich bei der Ohrfeige ja überhaupt nicht gehandelt. Die Definition von Mord beinhaltet unter anderem erstens ein planvolles Vorgehen und zweitens die Absicht, einen Menschen damit zu töten. All das fand vielmehr erst mit der Organspende statt. Wie bereits in meinen früheren Jahrbüchern berichtet, ist der angebliche »Hirntod« nichts weiter als eine bequeme Fiktion, um Menschen zur Ausschlachtung freizugeben – und die sogenannte Organspende nichts weiter als medizinisch sanktionierter Mord, bei dem Angehörige dazu überredet werden, ihre Verwandten bei lebendigem Leibe ausweiden und töten zu lassen. So wurde Tuğçe nicht lange nach dem Schlag von Sanel M. zum zweiten Mal zum Opfer – und ihre Familie vermutlich auch, die höchstwahrscheinlich (wie immer in solchen Fällen) zu der Organspende überredet wurde. Es passt zu dieser verlogenen Geschichte, dass der wirkliche Held im Fall Tuğçe kein Mädchen und auch keine junge Frau war, sondern ein Mann. Minutenlang konnte man auf dem erwähnten Überwachungsvideo vom McDonald's-Parkplatz nämlich beobachten, wie sich dem aggressiven Sanel M. ein junger Mann entgegenstellte und hartnäckig versuchte, ihn von den anderen Jugendlichen fernzuhalten – auch körperlich. Ganz offenbar nahm der Junge dabei in Kauf, im Affekt selbst angegriffen zu werden. Am Ende stellte er sich auch zwischen M. und Tuğçe Albayrak. Doch leider vergeblich …

Der Fall Schulze: Ein Toter in der Elbe

»Es ist absolut untypisch, dass eine komplette Familie spurlos verschwindet«, beendet der Polizeibeamte seine kleine Video-Ansprache. Er steht im hellen Sonnenlicht, hinter ihm sind ein Polizeiwagen und das Eck eines Wohnhauses zu sehen. Der Mann hat zurzeit viele Video- und TV-Auftritte zu absolvieren. Seit dem 23. Juli 2015 hält ein seltsamer Vermisstenfall ganz Deutschland, ach was: die ganze Welt in Atem. Berichte darüber fanden sich auch in der Londoner *Times*, im britischen TV-Sender *Sky News*, bei dem ungarischen Sender *24 SATA*, der türkischen Nachrichten-Website *Zaman Online* und vielen anderen mehr. Es ist ja auch zu mysteriös: Eine nette deutsche Kleinfamilie verschwindet »einfach so« von der Bildfläche. Marco, 41, Sylvia, 43, und Miriam, 12, aus dem 4100-Einwohner-Städtchen Drage bei Winsen/Luhe. Einfach weg. Völlig geräuschlos. Am Mittwoch, dem 22. Juli, wurden Mutter und Tochter zuletzt gesehen, am Donnerstag, dem 23. Juli, der Vater, ein Angestellter in einem Chemieunternehmen. Für sich genommen war das zwar noch nichts Besonderes, denn schließlich war der 23. der erste Tag der Sommerferien in Niedersachsen. War die Familie vielleicht einfach in Urlaub gefahren? Aber die beiden Autos standen brav vor dem Haus, und auch drinnen fehlte Berichten zufolge nichts, was vielleicht darauf hätte hinweisen können, dass die Schulzes in die Ferien gefahren waren. Alle Ausweise waren da, und im Haus wartete eine hungrige Katze. Abgemeldet hatten sie sich auch nicht. Nur zwei Fahrräder waren weg: das grüne Herrenfahrrad von Marco Schulze und das graue oder silberne Damenfahrrad seiner Frau.

Eine Leiche in der Elbe

Für die Tochter hatten die Schulzes sogar noch Reiterferien gebucht, und Frau Schulze wurde an ihrem Arbeitsplatz in einer Lidl-Filiale erwartet. Doch von der Familie fehlte jede Spur. Am 24. Juli wurde Sylvia Schulze von ihrem Arbeitgeber als vermisst gemeldet, schon kurz darauf öffneten Polizeibeamte das Haus und begannen mit der Suche nach den Vermissten. Die prompte Reaktion auf einen so frischen Vermisstenfall spricht dafür, dass die Beamten mehr wussten: vielleicht über Konflikte in der Familie oder über eine mögliche Bedrohung von außen. Am 27. Juli bezogen die Ermittler die Öffentlichkeit mit ein, am nächsten Tag suchten Taucher das Wasser an einer beliebten Badestelle der drei an der Elbe ab. Am 30. Juli wurde eine Sonderkommission eingerichtet und die Zahl der Fahnder auf 25 erhöht. Dann die erste Spur: Am etwa neun Kilometer entfernten Bahnhof Winsen wird das grüne Fahrrad des 41-jährigen Familienvaters gefunden. Am nächsten Tag, dem 31. Juli, sehen Anwohner einige hundert Meter von der Lauenburger Elbbrücke entfernt in Ufernähe eine männliche Leiche in der Elbe treiben. Der Tote schwimmt in der typischen Haltung einer Wasserleiche im Fluss: mit dem Gesicht nach unten. Soweit auf Fotos erkennbar, trug er Wanderschuhe, eine dunkle Hose, eine dunkle Windjacke und Arbeitshandschuhe. An seinem Körper war ein 25 Kilogramm schwerer Bauzaunfuß befestigt. Offenbar reichte das Gewicht aber nicht mehr, um den aufgetriebenen Körper am Grund zu halten. Tatsächlich sind 25 Kilogramm in etwa die Grenze, bis zu der Wasserleichen trotzdem wieder auftauchen können: »Das Auftauchen der Leiche wird durch Fäulnisgase bewirkt«, heißt es in Horst Clages Buch *Der rote Faden. Grundsätze der Kriminalpraxis* (Heidelberg

u. a. 2012): »Der Auftrieb kann so stark sein, dass sogar eine mit größeren Gewichten (bis zu 25 kg) beschwerte Leiche an die Wasseroberfläche gelangt« (S. 442). Die Obduktion ergibt: Es handelt sich um den vermissten Familienvater Marco Schulze. Laut Verwesungszustand muss er schon mehrere Tage tot gewesen sein.

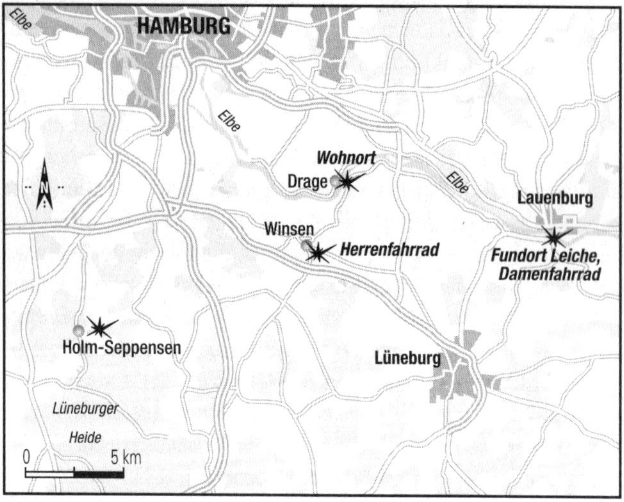

Letzte Spuren: die Fundorte von Marco Schulzes Leiche und den beiden Fahrrädern. Der Seppenser Mühlenteich (links) wurde Mitte August ergebnislos nach seiner Frau und seiner Tochter durchsucht

25 Kilometer mit dem Fahrrad?

Der Fund der Leiche von Marco Schulze war der erste Durchbruch in dem Fall. Und der ging nicht auf das Konto der Polizei, sondern auf das von »Kommissar Zufall«: Der Tote gelangte durch den Auftrieb der Fäulnisgase an die Oberfläche der Elbe. Kurze Zeit später wurde in unmittelbarer Nähe der Elbbrücke auch das Damenfahrrad aus dem Fluss geborgen. Erstaunlich schnell gingen Polizei und Öffentlichkeit nun von einem Familiendrama aus. Demnach soll der Mann nach dem Mord an seiner Familie mit dem Damenrad seiner Frau von dem Winsener Vorort Drage aus 25 Kilometer zur Lauenburger Elbbrücke gefahren sein, also etwa eineinhalb Stunden. Oder fuhr er mit seinem grünen Herrenfahrrad von Drage erst zum Bahnhof Winsen, ließ das Gefährt dort stehen und fuhr dann mit dem Zug in das 30 Kilometer entfernte Lauenburg, wo das Damenfahrrad deponiert gewesen sein könnte? Jedenfalls sei er mit diesem Fahrrad zur Lauenburger Elbbrücke geradelt, habe es in den Fluss geworfen und sei mit dem Bauzaunfuß hinterhergesprungen. Aber warum sollte er für seinen Selbstmord derartige Irrwege und unerklärliche Aktionen auf sich nehmen? Die Erklärung könnte lauten, dass Schulze einerseits einen möglichst großen Abstand zu seinem Wohnort suchte, andererseits aber nicht mit dem Auto fahren wollte, weil das Fahrzeug natürlich sofort gefunden worden wäre. Hätte er das Auto in der Nähe der Brücke abgestellt, hätte man seine Leiche wahrscheinlich schon viel früher entdeckt. Ein Fahrrad kann man dagegen leicht verschwinden lassen. Kleiner Schönheitsfehler: Das ist alles eine Hypothese. Zeugen gibt es für dieses komplizierte Vorgehen nicht. Die Polizei fragte auch nicht danach, wer Schulze im Zug oder an den beiden Bahnhöfen gesehen hat. Von der Brücke ganz zu schweigen.

Lauenburger Elbbrücke: Von dieser Brücke soll Marco Schulze gesprungen sein. Die Brücke besitzt auf der nordwestlichen Seite neben der Fahrbahn einen Fußgängerüberweg

Fremdverschulden ausgeschlossen?

Der Mann sei ertrunken, zitierten die Medien die Behörden, ein Fremdverschulden könne ausgeschlossen werden (*zdf.de*, 12.8.2015). Die Frage ist nur, auf welcher Grundlage. Eine so frühe apodiktische Aussage verwundert. Denn es ist nun einmal viel schwieriger, etwas zu falsifizieren (in diesem Fall das Fremdverschulden), als etwas zu verifizieren, zum Beispiel einen Mord. Um Fremdverschulden auszuschließen, müsste man jede denkbare Möglichkeit eines Mordes durchspielen und verwerfen. Wie warnten doch die Autoren Ingo Wirth und Andreas Schmeling in ihrem Standardwerk *Rechtsmedizin* (Heidelberg u.a. 2012): »Bei Leichen aus dem Wasser oder in der Badewanne darf nicht vorschnell ein Unfall oder ein natürlicher Tod

angenommen werden.« Denn: »Die Hinweise auf die Einwirkung fremder Hand können äußerst spärlich sein oder sogar fehlen. Zudem können durch die rasch ablaufenden Leichenveränderungen viele Befunde verloren gehen« (S. 152). Mit anderen Worten, das Fehlen von Hinweisen auf Fremdverschulden bei einer Wasserleiche sagt noch gar nichts aus. Nachdem das Opfer mit einem schweren Betongewicht von einer hohen Brücke gefallen ist, hat es sehr wahrscheinlich auch Prellungen, Platzwunden oder Abschürfungen davongetragen. Wie konnte man diese Wunden von einer möglichen Fremdeinwirkung unterscheiden?
Die Todesumstände von Marco Schulze können für sich genommen daher immer noch für Selbstmord oder Mord sprechen – vorausgesetzt, die Ermittler haben keine sicheren Erkenntnisse aus anderen Quellen.

Die Rätsel des Marco S.

Alles in allem wies die Leiche von Marco Schulze folgende Merkwürdigkeiten auf:

- 25-Kilo Gewicht mit einem Spanngurt um den Körper gebunden, wie man ihn zum Beispiel zur Befestigung von Lasten auf einem Dachgepäckträger o. Ä. verwendet,
- Fahrrad in der Nähe im Fluss versenkt,
- weder Papiere noch Geldbörse bei sich,
- übergestülpte Arbeitshandschuhe, wobei nicht alle Finger in den vorgesehenen Öffnungen steckten (siehe auch unten).

Ginge man wirklich von einem Suizid aus, müsste sich der in etwa so abgespielt haben: Marco Schulze fährt mit dem Damenfahrrad seiner Frau auf den Fußgänger- und Radfahrerüberweg der Lauenburger Elbbrücke und wirft das Fahrrad von dort aus ins Wasser. Als Nächstes hebt er eine Bauabsperrung aus ihrem Standfuß und bindet den unhandlichen Klotz mit Hilfe eines Spanngurts an seinem Körper fest. Schließlich steigt er mit dem Gewicht über das Geländer und stürzt in den Fluss. Insgesamt kann das gut und gerne eine Viertelstunde gedauert haben. Warum hat ihn dabei – auch nachts – niemand beobachtet? Irgendwann im Verlauf dieser Handlungen muss er sich außerdem die Arbeitshandschuhe übergezogen haben. Aber wann und wozu? Um sich nicht schmutzig zu machen? Um sich nicht zu verletzen? Um keine Spuren zu hinterlassen? Nicht doch: Schließlich wollte der Mann doch sterben. Die Arbeitshandschuhe waren bei seinem jetzigen Vorhaben vielleicht sogar hinderlich: Beim Festbinden und Verknoten des Spanngurts genauso wie beim Übersteigen des Geländers. Denn schließlich hatte er sie ja nicht einmal richtig angezogen. Wie sollte er da sicher mit einem Spanngurt, Gewicht und Geländer umgehen?

Schwieriger Balanceakt

Ohnehin hat man schon Schwierigkeiten genug, sich auch den weiteren Ablauf dieses Suizids vorzustellen. Denn nun musste Schulze mit dem 25-Kilo-Brocken über das etwa 1,50 bis 1,60 Meter hohe und schmale Brückengeländer steigen. Aber wie sollte das gehen:

1. Steht man auf dem Fußgängerweg der Brücke und wirft erst das Gewicht über das Geländer, wird es einen bösen und schmerzhaften Unfall geben, indem das fallende Gewicht den Körper an das Geländer zerrt.

2. Steigt man erst auf das Geländer und springt, während das Gewicht noch auf der Brücke liegt, bleibt der Klotz möglicherweise im Geländer hängen, und man baumelt an der Brücke.
3. Legt man erst das Gewicht auf den laut Fotos leicht geschwungenen Handlauf des Geländers und steigt dann selbst hoch, könnte es herunterfallen und einen unkontrollierten Ablauf auslösen, siehe Punkt 1.
4. Bleibt nur, mit dem 25-Kilo-Brocken über das schmale Geländer zu steigen. Schwierig und eine wacklige Sache. Man könnte auch auf die Brücke zurückstürzen und Ähnliches.

Seltsam, nicht wahr? Und wie hatte sich Schulze mit den großen Arbeitshandschuhen das Gewicht um den Körper geknotet? Oder hatte er sich zuerst das Gewicht umgebunden und sich dann die Handschuhe übergezogen? Aber warum? Sicherlich hätte er mit so schlecht sitzenden Handschuhen noch schlechter an dem Geländer herumturnen können. Prima facie sah das also eher nicht nach einem Suizid aus, sondern nach einer Art Mafiamord:

- Opfer mit »Betongewicht« von einer Brücke ins Wasser gefallen,
- keine Papiere und Geldbörse bei der Leiche,
- Fahrrad des Opfers ebenfalls im Fluss versenkt.

Natürlich könnten Geldbörse und Papiere auch im Wasser abhandengekommen sein. Doch zusammen mit dem weggeworfenen Fahrrad hat man eher den Eindruck, dass das Opfer auf Nimmerwiedersehen verschwinden sollte. Und das kann natürlich auch im Interesse eines (fremden) Täters gelegen haben. Zumal noch etwas sehr Wichtiges fehlte: Sehr wahrscheinlich hätte Schulze beim Hantieren mit dem unhandlichen 25-Kilo-Gewicht Kratzer am Geländer der Brücke hinterlassen müssen. Von solchen Kratzern war jedoch nie die Rede. Und auch einem Freund von mir, der die Brücke für mich besichtigte, fiel nichts Derartiges auf.

Ein Fremder ohne Fingerspitzengefühl?

Geht man von einem Selbstmord aus, sieht das Ganze überhaupt nicht nach jener Kontrolle aus, die der mutmaßliche Mörder und Selbstmörder angeblich bis zu diesem Zeitpunkt über die Tat ausübte: Wer zwei andere Menschen so perfekt beseitigt, wird wohl kaum einen so unsicheren Balanceakt wählen und das Risiko eingehen, unglücklich auf die Brücke zu stürzen oder irgendwie hängenzubleiben. Das allein ist also schon seltsam.
Und dann wären da ja noch die Arbeitshandschuhe. Hatten sie eine Funktion bei seinem angeblichen Vorhaben? Wenn, dann hätte Schulze sie wohl wenigstens richtig angezogen. An seiner Leiche sehen sie aber so aus, als steckten die Finger gar nicht in den Fingerlingen, sondern als hingen Letztere leer und schlaff herunter. Jeder, der schon einmal Handschuhe benutzt hat, weiß, dass man sie automatisch richtig überstreift, weil alles andere äußerst störend und hinderlich wäre. Sie würden nicht richtig sitzen, und man könnte nicht richtig damit hantieren. Anders sähe es aus, wenn man die Handschuhe übergestreift bekäme. Denn einem Fremden fehlte natürlich das sprichwörtliche Fingerspitzengefühl, um die Handschuhe richtig überzuziehen.

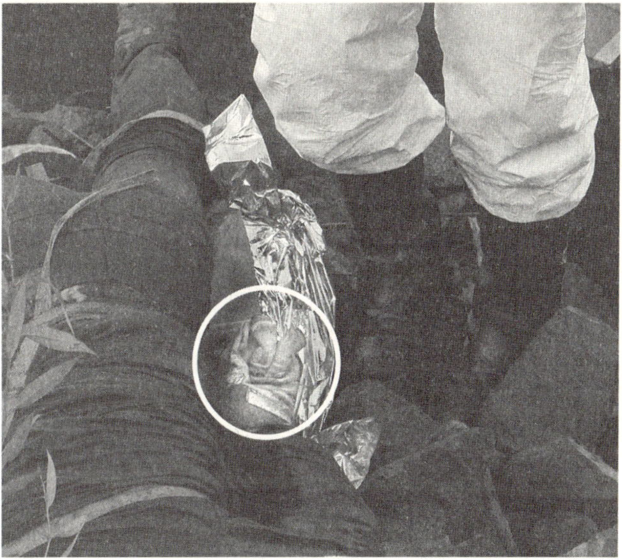

Der locker übergestreifte Arbeitshandschuh von Marco Schulze

Ohne Leichen kein Familiendrama

Aber wir wollen nicht paranoid werden – der Tod beziehungsweise das Verschwinden der Schulzes war doch ganz offensichtlich ein Familiendrama: Erst tötete und beseitigte der Vater seine Frau und seine Tochter, anschließend sich selbst. Allerdings fehlten für diese Version bereits zwei ganz wesentliche und zentrale Beweise: nämlich die Leichen von Mutter und Tochter. Ohne Leichen gab es vorerst auch keine Mordfälle, es sei denn, die Ermittler hätten irgendwo eindeutige Spuren eines Tötungsverbrechens gefunden, beispielsweise im Haus der

Schulzes – wovon aber nichts berichtet wurde. Ein Abschiedsbrief wurde ebenfalls nicht erwähnt, und Schüsse oder Schreie hatte auch niemand gehört. Aus diesem Grund hatten die beiden erst einmal nicht als tot, sondern als verschollen zu gelten. Wollte Marco Schulze sie vielleicht gar nicht töten, sondern beschützen, indem er Ehefrau und Tochter untertauchen ließ, während er sich das Leben nahm? Zum Beispiel wegen finanzieller Schwierigkeiten? Mit jedem Tag, den die Polizei vergeblich nach den beiden Verschwundenen suchte, wurde ein Mord beziehungsweise Familiendrama unwahrscheinlicher. Denn wo und wie sollte Marco Schulze seine beiden Opfer versteckt haben, so dass sie nicht einmal von Tauchern und Suchhunden gefunden werden konnten? Hatte er etwa das perfekte Verbrechen begangen? Aber selbst wenn die Überreste der beiden Frauen gefunden werden sollten – wer hat sie dann umgebracht? An Marco Schulzes Körper und Kleidung wird man wohl kaum verdächtige Spuren wie Blutanhaftungen oder Schmauchspuren gefunden haben. Allenfalls könnten sich solche Spuren zum Beispiel in den Fahrzeugen oder im Haus der Familie finden (was aber nicht der Fall war; siehe unten), wobei auch das noch kein Beweis für die letztliche Täterschaft wäre. Vielleicht wurden die drei ja entführt, der Vater erpresst und schließlich (ebenfalls) ermordet.

Ein lebender Nutznießer?

Und vor allem bleibt ja die Frage: Warum sollte Marco Schulze seine Opfer und anschließend sich selbst sorgfältig verschwinden lassen? Typisch ist das jedenfalls nicht. Ein sogenanntes Familiendrama findet normalerweise zu Hause statt. Dabei beseitigt der Täter, bevor er sich selbst umbringt, die Leichen seiner Angehörigen normalerweise nicht. Schon gar nicht versteckt er sie so sorgfältig, dass sie überhaupt nicht gefunden werden. Als am 10. August 2015 die Polizei beispielsweise die Opfer eines solchen Familiendramas in einer Wohnung in München-Trudering fand, stieß sie neben dem toten Vater auch auf seine beiden ermordeten neun und elf Jahre alten Töchter. Als am 2. August 2015 ein Vater erst seine beiden Kinder erstach und anschließend von einer fast 100 Meter hohen Autobahnbrücke bei Schlitz in Hessen sprang, nahm er die beiden Kinder mit sich. Als im Oktober 2014 eine Mutter ihre elfjährige Tochter tötete, ihren zweieinhalbjährigen Sohn schwer verletzte und sich selbst umzubringen versuchte, wurden sowohl sie als auch ihre beiden Opfer entdeckt. Als wieder eine andere Mutter im August 2015 im Streit auf ihre 18-jährige Tochter und anschließend auf sich selbst schoss, wurde ihre Leiche genauso gefunden wie ihre schwerverletzte Tochter. Als ein Mann 2012 seinen vier Kindern im Kreis Peine die Kehlen durchschnitt, bevor er einen Selbstmordversuch unternahm, fand man sowohl ihn als auch seine vier Opfer. Von Bemühungen, die Leichen oder sich selbst verschwinden zu lassen, wird nirgends berichtet. Ja, ein solches Vorgehen erscheint geradezu als bizarr und den jeweiligen Situationen und Tatmustern als vollkommen wesensfremd. Egal, welchen Fall man betrachtet, nirgends stößt man auf einen Familienvater oder eine Mutter, die nicht nur ihre Opfer perfekt versteckt, sondern auch ihr eigenes Verschwinden inszeniert hätten. In der Regel »würden die Opfer von Familiendramen nicht so aufwendig versteckt, wie es hier möglicherweise der Fall war. Häufig würden die Opfer am Tatort zurückgelassen«, zitierten die Medien auch den Profiler Axel Petermann, früher Leiter der Mordkommission in Bremen (*ndr.de*, 7.8.2015).

Nach mir die Sintflut

Für die meisten dieser »Familiendramen« gilt: nach mir die Sintflut. Deshalb legen die Täter oder Täterinnen normalerweise auch keinen Wert auf das eigene Verschwinden. Da sie vom eigenen Ableben ausgehen, scheren sie sich nicht im Geringsten um die Nachwelt. Ja, da es sich bei ihrer Tat um eine finale Kapitulation vor dem Leben und den Umständen handelt, versuchen sie auch gar nicht erst, auf den weiteren Fortgang der Dinge Einfluss zu nehmen. In der Regel sind solche Menschen auch derart aufgewühlt und außer sich, dass sie weder das Interesse noch die Abgebrühtheit für eiskalt geplante und perfekte Verdeckungshandlungen besitzen. Sprich, sie beanspruchen keine Kontrolle mehr und sind auch häufig außer Kontrolle. Der Fall Schulze hingegen zeigt ein sehr hohes Maß an Kontrolle: zum einen über das Schicksal der beiden Vermissten, zum anderen über das Verschwinden von Marco Schulze, denn auch seine Leiche wurde ja erst nach einer Woche zufällig gefunden. Die Kontrolle ging so weit, dass sogar das Fahrrad, mit dem Schulze zu der Lauenburger Elbbrücke gefahren sein soll, um in den Fluss zu springen, in die Elbe geworfen wurde. Hier wurde erstaunlicherweise sehr viel Mühe aufgewendet, um alle Spuren zu verwischen.

Die Frage lautet einmal mehr: Wozu? Wozu sollte ein solcher Mensch sich und die Seinen so sorgfältig »beseitigen«? Eine mögliche Erklärung könnte zwar lauten, dass er mit seiner Familie einfach sterben und verschwinden wollte, ohne hinterher als Täter dazustehen. Ein Schutz vor einem »schlechten Ruf« ist das aber nicht. Denn bei »Familiendramen« wird nun mal ohnehin zuerst der Mann verdächtigt. Irgendetwas wäre also sowieso »an ihm hängengeblieben«. »Das Verstecken der toten Ehefrau und der Tochter sowie der ›verdeckte‹ Suizid durch den Sprung in den Fluss« könnten aber auch »aus Rache gegenüber Angehörigen geschehen und eine besondere Bestrafung des Umfeldes der Opfer sein«, spekulierte der Profiler Axel Petermann. »Der Täter lasse in einem solchen Fall bewusst alle im Unklaren, damit sie verzweifeln, weil das Schicksal der Menschen ungewiss bleibt und sie keinen Abschied nehmen können« (*ndr.de*, a.a.O.). Solche feineren psychologischen Schachzüge im Hinblick auf die Nachwelt sind derartigen Tätern normalerweise jedoch eher fremd – siehe oben. Zwar kann es sein, dass sie mit den Morden jemanden treffen wollen, zum Beispiel die geschiedene Ehefrau. Aber dabei steht eindeutig der Schock des Mordes an sich im Vordergrund. Den meisten Angehörigen »reicht« es ja durchaus zu erfahren, dass ihre Verwandten ermordet wurden und wie. Die Mühe, die Leichen und sich selbst auch noch verschwinden zu lassen, macht sich daher kaum ein Täter. Zumal dann für die Hinterbliebenen ja auch noch die Hoffnung bliebe, dass die Angehörigen möglicherweise noch leben.

Verstecken = vertuschen

»In der Regel versteckt man Leichen, um eine Tat zu vertuschen«, sagte denn auch ein Ermittler zu *Bild.de* (22.8.2015). Zwar könnte das auch ein Motiv für einen »Mörder-Selbstmörder« sein, aber in der Regel tut man das, wenn man Angst vor Strafe hat, also noch lebt. In aller Regel hat nur ein noch lebender Täter Interesse an einer aufwendigen Verdeckung und Leichenbeseitigung – ein suizidaler Täter nicht. Ein so sorgfältiges Verstecken (oder Entführen) deutet auf einen lebenden Nutznießer hin, also auf jemanden, der im Leben noch Nachteile erleiden könnte, wenn die Leichen gefunden würden. Oder der aus den lebenden Menschen noch Vorteile ziehen will – denn noch stand ja gar nicht fest, ob Mutter und Tochter Schulze wirklich tot waren. Ein »mörderischer Familienvater« würde sich auch nicht darum scheren, ob die Handys der Familie noch eingeschaltet sind. Wenn er die Leichen schon sorgfältigst beseitigt, könnte er die Mobiltelefone ja auch einfach zu Hause liegen lassen, womit sie für die Ortung der Vermissten ebenfalls nutzlos wären.

Motiv: Fehlanzeige

Am 12. August wurde der Fall schließlich in der TV-Sendung *Aktenzeichen XY* behandelt. Auffallend war, dass die Sendung den Schulzes gerade einmal dreieinhalb Minuten widmete und ausschließlich bereits bekannte Informationen veröffentlichte. Die Polizei »befürchte«, »dass Marco Schulze beide an einem unbekannten Ort ermordet und dann ihre Leichen versteckt hat, ehe er sich selbst das Leben nahm«, erklärte Moderator Rudi Cerne. »Die Gründe dafür liegen völlig im Dunkeln, doch eine andere Erklärung dafür erscheint schwer vorstellbar« – Formulierungen, an denen man deutlich erkennt, dass die Ermittler tatsächlich nicht den leisesten Schimmer hatten oder haben wollten, was mit den Schulzes passiert war. Der angebliche erweiterte Selbstmord von Schulze war demzufolge jedenfalls alles andere als erwiesen. Im Haus habe es keine Spur eines Verbrechens gegeben (und in den Autos demnach wohl auch nicht, denn sonst wäre es wohl in der Sendung erwähnt worden). Für das vermutete Familiendrama gab es demnach nicht den geringsten Beweis und nicht das kleinste bekannte Motiv. »Hinweise auf familiäre Spannungen gab es laut Nachbarn nicht«, schrieb die *Hamburger Morgenpost* (online, 17.8.2015). »Meine Tochter ist mit Miriam öfter Inliner gelaufen«, erzählte eine Nachbarin laut *Bild.de*. »Von Problemen habe ich nie etwas gehört. (…) Miriam war ein total aufgewecktes und selbständiges Mädchen.« Hinsichtlich des Motivs ist die Nachbarin völlig ratlos: »Warum macht einer so was? Ich weiß nicht, wie ich meinem Kind das erklären soll« (12.8.2015). Und ein anderer Anwohner erzählte, kürzlich seien die Schulzes »Händchen haltend die Straße entlanggelaufen. Sie wirkten glücklich« (*Bild.de*, 1.8.2015). »Das ist für mich nicht real, ich kann mir das einfach nicht vorstellen«, sagte auch ein Freund von Marco Schulze der Wochenzeitung *Die Zeit*: »Das passt für mich alles nicht, das ist nicht der Marco, den ich kenne.« Noch am 13. Juli habe Schulze ihm 125 Euro für Zigaretten überwiesen, die er aus Polen mitgebracht habe: »Danke. Viele Grüße aus Drage«, habe Schulze als Verwendungszweck angegeben. Die Überweisung habe lange gedauert: »Die Männer scherzen später am Telefon noch über Marcos langsame Dorfbank, lachen ein letztes Mal. Dann wünscht Marco Schulze dem Freund einen schönen Urlaub. Nichts deutet auf Verzweiflung hin oder auf tödliche Absichten, die er im Sinn haben könnte.«

Für den August habe die Familie einen Mexiko-Urlaub geplant, zuvor sei die Tochter für Reiterferien angemeldet gewesen. »Ich hatte nie den Eindruck, dass da irgendwas schiefläuft in der Familie«, sagte der Freund (*Zeit Online*, 20.8.2015). Die Ermittler der Sonderkommission Schulze hätten »weitflächig Informationen gesammelt über die Schulzes, bei Verwandten, Freunden, Nachbarn, Kollegen«, so auch die *Süddeutsche Zeitung* (online) vom 24. August 2015. Ergebnis: Fehlanzeige. »In der Summe ist keine Erkenntnis so ausgeprägt, dass man sagen könnte, das war der Auslöser«, zitiert das Blatt die Polizei. »Keiner kann sich erklären, warum Marco Schulze eine so schreckliche Tat begangen haben sollte. Es gibt keinen Abschiedsbrief.«

Die Polizei weiß nichts und will auch nichts wissen

Auffällig an der *Aktenzeichen*-Sendung vom 12. August war, dass kein einziger neuer Fahndungs- oder Suchansatz präsentiert wurde: In welchen Vereinen und auf welchen Sportplätzen Schulze unterwegs war, ob er Sportschütze war, wo er joggen ging, welche Kneipen er besuchte, ob er finanzielle Schwierigkeiten hatte usw. Die Polizei musste nach so langer Zeit schließlich schon sehr viel mehr wissen, unter anderem durch

- Handyortung (Aufenthaltsorte vor dem Tod),
- Spuren in den Autos (Blut?),
- Obduktionsbefund von Marco Schulze,
- Auswertung der Computer, E-Mails und sozialen Netzwerke,
- Befragung von Nachbarn und anderen Zeugen.

Nichts davon drang nach außen. Handelte es sich dabei um bloßen Datenschutz, oder hatten die Behörden etwa eine Nachrichtensperre verhängt? Nach fast drei Wochen aktiver Ermittlungsarbeit seien die einzigen neuen Informationen die geringe Körpergröße von Sylvia Schulze gewesen (1,48 m) sowie neue Bilder der Mutter und des Mannes, schrieb ein Kritiker in einem Hobby-Ermittler-Forum, in dem auch Polizeibeamte mitschreiben: »Für mich wurde auffällig deutlich auf ein Familiendrama ohne Fremdverschulden hingewiesen, das Ganze ist für mich in der bei XY dargestellten Form mehr eine ›Beruhigungspille‹ für die Öffentlichkeit gewesen und hat letztendlich vielleicht ja genau das erbracht, was es tatsächlich sollte: keine neuen Hinweise, insbesondere nicht auf weitere Tatbeteiligte/Täter …« (*tnmultimedia.de*, anonymous1, 17.8.2015). Bis auf die Frage, ob irgendjemand die Schulzes vor ihrem Verschwinden noch gesehen habe, wurden in der Sendung auch keine Fragen an die Zuschauer gestellt. Zum Beispiel, mit wem er sich zuletzt traf und ob es Streit, familiäre, gesundheitliche oder finanzielle Probleme gab. »Schaut euch doch mal die albernen Fragen an, welche in der XY-Sendung gestellt wurden«, schrieb der erwähnte Nutzer: »Es waren ja faktisch nur 2 bekannte Fragenkomplexe: wer hat die 3-köpfige Familie mit/im Auto – ggf. auf Tankstellen oder Rasthöfen – gesehen sowie die Frage, wer einen Mann mit dem silbernen Damenrad und gelben Zurrbändern gesehen hat. Das sind tatsächlich die einzigen Fragen, welche die Polizei (noch) hat???« In der Tat ist das seltsam. Denn da wäre zumindest eine sehr wichtige Frage gewesen: Wo kam eigentlich der knallgelbe Spanngurt her, mit dem der schwere Standfuß an Schulzes Körper befestigt worden war? Normalerweise werden solche Beweisstücke in der Sendung vorgezeigt und die Zuschauer gefragt, wo sie sie vielleicht schon einmal gesehen haben. Nicht aber in dieser *Aktenzeichen*-Sendung. Mit anderen Worten, die Polizei wusste nichts und wollte auch nichts wissen.

Eine heiße Spur

Im Nachgang der Ausstrahlung gingen die Ermittler denn auch gerade mal zwei Hinweisen nach. Ein Kapitän gab an, in der Elbe möglicherweise über einen Gegenstand gefahren zu sein. Dabei kam natürlich nichts heraus. Der zweite Tipp stammte von einer Anwohnerin der Gegend, die die Familie um die Zeit ihres Verschwindens am Seppenser Mühlenteich in der Nordheide gesehen haben wollte, etwa 35 Kilometer Luftlinie von ihrem Wohnort in dem Winsener Vorort Drage entfernt (siehe Karte oben). Tatsächlich machte sich die Polizei sofort mit

Spürhunden auf die Suche, die auf den ersten Blick sogar vielsagende Spuren erschnüffelten. Demnach bewegten sich die drei Schulzes zum Seeufer, aber nur einer kam wieder zurück: Marco Schulze. Was auf den ersten Blick viel versprechend klang, hieß jedoch nicht viel: Vielleicht gingen Mutter und Tochter ins Wasser, um woanders wieder an Land zu gehen – zum Beispiel am gegenüberliegenden Ufer. Den 140 Meter breiten und etwa 330 Meter langen Weiher kann man schließlich leicht durchschwimmen. Oder sie hinterließen, während der Vater nicht ins Wasser ging, nach einem ausführlichen Bad an Land zu geringe Geruchsspuren für die Hunde. Eine intensive Suchaktion mit Tauchern und Sonarbooten in dem Weiher erbrachte denn auch nichts. Die Suche wurde ergebnislos abgebrochen. Dass Schulze die beiden Leichen ausgerechnet in einem so winzig kleinen und vielfrequentierten Badesee versenkt hätte, war ja auch kaum anzunehmen.

»Nun arbeite mal schön ...«

Dann bliebe aber immer noch die Frage nach dem Sinn der schlecht sitzenden Arbeitshandschuhe, und damit stehen wir – was den mutmaßlichen Selbstmord von Marco Schulze betrifft – im Prinzip an einem Scheideweg. Denn wenn die Handschuhe Marco Schulze »nichts brachten« und ihn möglicherweise sogar behindert hätten – wem nützten sie dann? Muss es dann nicht jemanden gegeben haben, dem sie dienlich waren? Zumal Schulze sie sich selbst wohl kaum falsch angezogen hätte? Aber wie sollten Handschuhe an den Händen eines Opfers dem Täter nützen? Wer hatte sie ihm also übergestreift und warum? Gab es vielleicht gar keine praktischen, sondern mehr symbolische Gründe? »Der Handschuh ist ein Symbol des

Rechts, der Gewalt und der Macht«, heißt es zum Beispiel in einem Symbollexikon (Ulrike Müller-Kaspar: *Die Welt der Symbole,* Wien 2005, S. 120). Allerdings wohl nur für den Richter und nicht für das Opfer. Um so etwas wie ein »Gerichtsverfahren« und um einen Verurteilten aus einem ganz bestimmten Milieu, in dem Handschuhe und »Steine« (der um den Körper gebundene Klotz) eine wichtige Rolle spielen, handelte es sich bei Schulze wohl eher nicht. Also um einen Freimaurer-Mord. Handschuhe sind zwar ein »symbolischer Teil der freimaurerischen Bekleidung«, heißt es in einem Freimaurer-Wiki. Allerdings sind damit eigentlich keine groben Arbeitshandschuhe gemeint, sondern schöne weiße – »als symbolisches Zeichen«, dass die Hände des Freimaurers »bei der Arbeit rein zu bleiben haben«. Die Handschuhe sind ein Symbol für die Arbeit an dem »rauhen Stein«, der die eigene unvollkommene Existenz symbolisiert, also für die Arbeit an sich selbst. Da die weißen Handschuhe gleichzeitig ein Merkmal für ein ordentliches Mitglied sind, könnte ein Ausgestoßener solche natürlich nicht mehr tragen. Haben die groben Arbeitshandschuhe und der Stein etwa eine Aufforderung beinhaltet wie: »Nun arbeite mal schön an dir …«?

Noch eine Wasserleiche mit Handschuhen

Nun müsste man sich darüber vielleicht gar nicht so viele Gedanken machen, wenn nicht schon einmal ein Toter mit Arbeitshandschuhen an den Händen aus der Elbe gezogen worden wäre – und zwar ebenfalls nach einem mysteriösen Selbstmord. Am 28. Juni 2012 fischte ein Angler eine sorgfältig eingepackte und mit Steinen beschwerte männliche Leiche aus der Norderelbe in Hamburg. Es wurde angenommen, dass der Mann von den Norderelbbrücken ins Wasser geworfen worden war. Also in denselben Fluss wie Marco Schulze. Anders als bei Schulze gingen Medien und Polizei zunächst jedoch von einem Mafiamord aus. Und zwar deshalb, weil der Tote, dessen Name mit Ulrich Sattler angegeben wurde, einen Kopfschuss hatte: »Er wurde erschossen und dann mit einem Rucksack voller Steine im Wasser versenkt!«, berichtete damals die *Hamburger Morgenpost.* »Mehrere Tage lang, vielleicht sogar Wochen, trieb die Leiche auf dem Grund der Norderelbe. Eingewickelt in einen Leinensack, zusammengeschnürt.« Und – da war sich das Blatt ganz sicher: »Jemand muss den Mann kaltblütig ermordet haben. Danach hatte der Unbekannte versucht, seine grausige Tat zu vertuschen« (online, 28.6.2012).

Der ungewöhnlichste Selbstmord aller Zeiten

Zusätzlich zu Umhängetasche (oder »Rucksack«, je nach Quelle) trug die Leiche Arbeitskleidung und Sicherheitsschuhe, wie sie beispielsweise auf dem Bau üblich sind. Genau wie im Fall Schulze kam die Polizei nicht weiter und erklärte das Ganze zum Selbstmord. Und siehe da – ruck, zuck war der Fall gelöst: »Es gibt gar keinen Mörder!«, staunte *Bild.de* über diese Wendung: Es sei ganz einfach »der ungewöhnlichste Suizid« gewesen, »den die Hamburger Kripo je zu bearbeiten hatte!«. Der Mann habe sich selbst eingepackt, sich mit Steinen beschwert und erschossen, so dass er ins Wasser fiel und unterging. Und das ging laut *Bild*-Zeitung so: Der Mann »trug Arbeitskleidung, auf den Rücken schnallte er sich einen Rucksack mit Steinen. Dann begann er, sich von den Füßen aufwärts in zwei Planen zu wickeln, die an den Seiten Ösen haben. Die beiden Planen band Ulrich Sattler Öse für Öse mit Kabelbindern zusammen. Für die Arme ließ er Platz. Als er bis zum Kopf eingewickelt war, muss sich Sattler ins Wasser gestürzt haben – mit einer freien Hand jagte er sich im Sturz aus einer bis heute verschwundenen Schusswaffe eine Kugel in die Schläfe« (online, 22.11.2012).

Fesselnummer mit Kopfschuss

Donnerwetter! Diese Fesselnummer mit anschließendem Kopfschuss im Fallen war ja geradezu eine akrobatische Leistung! An diesem Szenario gibt es nur einige kleine Schönheitsfehler:

- Zum Beispiel, dass auch dieser Elbe-Tote Arbeitshandschuhe trug: Warum und wozu? Und wie soll er sich damit mit Kabelbindern verschnürt und schließlich den Abzug der Waffe gedrückt haben? Technisch mag das zwar möglich sein, aber bequem und vor allem notwendig war das eher nicht. Im Gegenteil: Schließlich hätte es zu Schwierigkeiten bei der Handhabung der Waffe kommen können.
- Ob der Mann überhaupt eine Waffe besaß, ist nicht bekannt. Im Zuge der Ermittlungen und Durchsuchungen wurde dergleichen nicht erwähnt (Waffendepot, Zubehör, Munition etc.).
- Weder Waffe noch Projektil wurden gefunden. Die Polizei ging deshalb davon aus, dass er sich im Fallen erschoss.
- Die Ermittler konnten weder ein Motiv noch einen Abschiedsbrief vorweisen.
- Sattler war nach einem früheren Unfall behindert und berufsunfähig (*Bild.de*, 22.11.2012, wobei über die Art der Behinderung nichts Näheres bekannt ist). Laut Radio Hamburg ging er gar keiner Arbeit nach (online, 7.8.2012). Warum trug er dann aber Arbeitskleidung? Oder stimmt es,

was die *Welt* berichtete, nämlich, dass Sattler als Ein-Euro-Jobber tätig war (online, 10.8.2012)?

- Und wenn er behindert war – wie hat er dann den oben beschriebenen akrobatischen Akt bewältigt?
- Und vor allem wozu? Wozu betrieb ein arbeitsloser, behinderter Einzelgänger (wie die Ermittlungen ergaben) einen enormen Aufwand, um samt Tatwaffe ein für alle Mal zu verschwinden?

Ein geheimnisvolles Leben

Antwort: Auch dieses Szenario war für einen Selbstmord äußerst ungewöhnlich, für die Vertuschung eines Verbrechens aber typisch. Auch in der Wohnung des Toten sollte »alles verschwinden«. Sie war leer geräumt und frisch renoviert – die beste Methode, um auch feinste Hinterlassenschaften wie Haare, DNS, Blut und anderes mehr zu beseitigen. So kann man nicht nur einen Tatort reinigen, sondern auch Spuren von Kontaktpersonen verschwinden lassen. »Trotz intensiver Ermittlungen gelang es bisher nicht, einen einzigen engeren Bekannten oder Freund des Herrn Sattler zu ermitteln«, schrieb die Website von Radio Hamburg nach monatelanger Ermittlungsarbeit der Polizei: »Zu seinen Nachbarn verhielt sich der 43-Jährige zurückhaltend und mied nähere Kontakte. Auch der Lebenswandel des 43-Jährigen blieb geheimnisvoll. Die Mordkommission konnte bislang nicht klären, wie der Tote seinen Tagesablauf gestaltete.« Bis auf den erwähnten Ein-Euro-Job vermutlich. »Es konnte lediglich ermittelt werden, dass der 43-Jährige häufiger in ein Internetcafé in der Harburger Innenstadt ging und mit dem Bus unterwegs war. Über ein eigenes Fahrzeug verfügte Ulrich Sattler nicht« (7.8.2012).

Ein mysteriöser Unfall

2004 hatte Sattler schon einmal einen mysteriösen Unfall gehabt, bei dem er mit einem Transporter gegen eine Mauer fuhr und dabei so schwere Verletzungen erlitt, dass er behindert blieb. Auch dieser Vorfall wurde als Selbstmordversuch gewertet, wobei aber auch damals schon seine Wohnung leer geräumt und renoviert vorgefunden wurde – ungewöhnlich für einen Selbstmörder. Nicht aber für Kreise, die auf keinen Fall mit dem Opfer in Verbindung gebracht werden wollen. Handelte es sich also wirklich um einen Unfall oder schon damals um einen Mordversuch? Sind die Arbeitshandschuhe auch im »Selbstmordfall Sattler« nicht »funktional«, sondern eher symbolisch zu werten? Berichten zufolge handelte es sich bei den Handschuhen um »Bauarbeiterhandschuhe« und bei der Kleidung um »Bauarbeiterkleidung«: »Der Tote steckte in Arbeitskleidung, wie man sie auf Baustellen trägt«, schrieb die *Welt* (a.a.O.). Womit wir wieder bei den Maurern wären. Auch die Geschichte von der Mauer, gegen die Sattler vor über zehn Jahren gefahren sein soll, könnte eine symbolische Bedeutung haben. (Näheres ist über den damaligen Fall leider nicht mehr zu erfahren, zum Beispiel, ob und warum Sattler wirklich gegen die Mauer fuhr.)

Tatsache ist jedenfalls, dass der Fall mehrere Gemeinsamkeiten mit dem Fall Schulze aufweist:

- Beide Opfer stürzten, mit Steinen beschwert, in einen Fluss.
- In beiden Fällen handelte es sich um die Elbe.
- Beide Opfer trugen Arbeitshandschuhe (Sattler auch Arbeitskleidung).

- Beide Opfer lebten früher in Berlin (allerdings nicht gleichzeitig).

Der verschwundene Zimmermann

Nun wollen wir auf der anderen Seite aber auch kein Fremdverschulden herbeireden – und einen Freimaurermord schon gar nicht. Vielleicht haben die beiden Toten mit den Arbeitshandschuhen – Marco Schulze und Ulrich Sattler – wirklich äußerst ungewöhnliche Selbstmorde begangen und sich die größte Mühe gegeben, auf Nimmerwiedersehen zu verschwinden. Wenn es da nicht noch ein weiteres Rätsel gäbe. Nämlich den merkwürdigen Umstand, dass nur etwa 200 Meter vom Haus der Schulzes entfernt schon einmal ein Mensch spurlos verschwand, und zwar der Zimmermann Helge Matthies, also ebenfalls ein Mann »vom Bau«. »Es war Freitag, der 19. Oktober 2007. Helge M. fuhr mit seinem dunkelblauen Passat Kombi (WL-HM 695) von seiner Wohnung in Drage los. Die letzte Spur vom Freiwilligen Feuerwehrmann!«, schrieb die *Bild.de*. »Als der äußerst zuverlässige Zimmermann am Sonnabend nicht zur Arbeit erschien, schlug sein Umfeld gleich Alarm« (30.7.2015).

Nun verschwinden in Deutschland jedes Jahr zwar viele Menschen – aber so viele nun auch wieder nicht, dass ihre Wohnorte gerade mal 200 Meter auseinanderliegen. Denn wir befinden uns ja hier nicht im Frankfurter Bahnhofsviertel oder in Berlin-Neukölln, sondern in einem ruhigen und beschaulichen Städtchen in Niedersachsen. »Ich finde es merkwürdig, dass in dem kleinen Ort vor einigen Jahren schon mal ein Mann spurlos verschwunden ist«, schrieb ein Nutzer in dem erwähnten Ermittlerforum. Rein statistisch ist das unwahrscheinlich, es sei denn, die beiden Fälle hätten etwas miteinander zu tun. Matthies wurde am 20. Oktober 2007 zuletzt auf der Hamburger Reeperbahn an einem Imbiss namens »Lucullus« gesehen – laut Hinterbliebenen kein gängiger Aufenthaltsort für ihn. Ganz in der Nähe wurde auch sein Auto sichergestellt und fand noch eine Barabhebung von seinem Konto statt. »Die Eltern des Verschwundenen haben den jungen Mann damals als vermisst gemeldet, aber offensichtlich bei der Suche wenig bis gar keine Hilfe von der Polizei erhalten. (…) Als die Eltern bei der Polizei immer wieder nachfragten, wurden sie harsch abgewiesen«, hieß es in einem Beitrag der TV-Sendung *Fakt ist ...!* vom 8. Juni 2015.

Erstaunlich – ist etwa die Polizei unter die Maurer gegangen? Wollte sie etwa nicht helfen? Denn ein verlassenes Auto und verschwundene Barabhebungen sind doch durchaus Indizien für ein Verbrechen. Ein altes Foto, das übers Fernsehen verbreitet wurde, zeigt Matthies bei der Arbeit auf einem Dach. Dabei trägt er Arbeitshandschuhe und ein T-Shirt mit dem Zunftzeichen der Zimmermänner. Es ist dem Zeichen der Freimaurer (Zirkel und Winkel) sehr ähnlich und zeigt einen Zirkel mit zwei gekreuzten Äxten, darunter eine Säge. Hatten die drei Opfer vielleicht wirklich Kontakte zu irgendwelchen okkulten Clubs oder Freimaurervereinigungen? Dass sich Matthies und Schulze kannten, ist schließlich nicht nur gut möglich, sondern sogar wahrscheinlich. Wenn Häuser in einem kleinen Vorort nur 200 Meter auseinanderliegen, dann kennt man sich zumindest vom Sehen und Grüßen. Möglicherweise hatte der Zimmermann 2005 sogar Marco Schulzes Hausbau mitbekommen und vielleicht sogar mitgeholfen.

Was also steckt nun wirklich hinter den Todesfällen? Starb Marco Schulze tatsächlich durch Selbstmord und seine Familie durch Mord? Oder wurden er und andere von sinistren Kreisen beseitigt, die das Ganze dann als Selbstmord darstellten? Auf einem Toten kann man Verbrechen schließlich immer noch am besten abladen. Antwort: Die Hinweise auf einen Freimaurerzusammenhang sind zwar interessant, aber zu vage. Die Handschuhe und die Steine reichen dafür nicht aus, da sie ja auch praktische Funktionen erfüllt haben könnten. »Fremd« waren diese Utensilien einem Selbstmord mit einem schweren Stein auf keinen Fall. Aber warum wurden nicht einmal die geringsten Indizien für einen Mord an Sylvia und Miriam Schulze gefunden? Von ihren Leichen ganz zu schweigen? Weil Marco Schulze das perfekte Verbrechen begangen hat? Oder weil er gar kein Verbrechen begangen hat und er und seine Familie von anderen ermordet wurden?

Ein Bauzaun kommt selten allein

Eine Spur gibt es, die direkt zu einer Antwort führt. Es handelt sich um ein rot-weißes Absperrgitter, das nach Schulzes Auffinden auf dem Fußgängerüberweg der Lauenburger Elbbrücke stand und an dem ein Standfuß fehlte. Dieses Absperrgitter ist interessant, weil es Schulze mit dem 25 Kilogramm schweren Gewicht versorgte, mit dem er sich im Fluss versenkt haben soll. Auf dem Fahrrad mitbringen konnte er den 25-Kilo-Brocken schließlich nicht. Das hätte wohl jeden Rucksack und Fahrradgepäckträger überfordert. Auf der anderen Seite wäre der behauptete Selbstmord ohne den Standfuß aber nicht möglich gewesen. Ist Marco Schulze also »auf Verdacht« zur Lauenburger Elbbrücke geradelt, wo er zufällig den einzelnen Bauzaun mit den schweren Standfüßen sah und sich dachte: »Das trifft sich aber gut«? Und einen Spanngurt zur Befestigung des

Standfußes an seinem Körper hatte er zufällig auch schon dabei? Nein, so kann es nicht gewesen sein. Wenn, dann musste Schulze den Bauzaun schon früher gesehen haben, etwa bei einer Vorbeifahrt mit dem Auto. Aber wie kam das Gatter überhaupt dorthin?

Normalerweise benötigt man mehrere solche Gatter, um eine Baustelle abzusichern. Das Problem ist nur: Auf der Lauenburger Elbbrücke gab es um diese Zeit gar keine Baustelle. Die Brücke war vielmehr erst 2013 saniert worden und befindet sich in einem guten Zustand. Abgesehen von dem Gatter befand sich auch kein weiterer Hinweis auf eine Baustelle oder Absperrung auf der Brücke, wie etwa weitere Gitter oder Schilder. Was machte also eine solche Absperrung auf der Lauenburger Elbbrücke? Vergessen wurde sie wohl kaum, denn schließlich kann man einen derartigen Gegenstand ja nicht einfach übersehen und stehen lassen. Dagegen spricht auch, dass das Absperrgatter an den Brückenstreben angekettet worden war. Aber von wem? Etwa von Marco Schulze selbst? Hatte er sich im Fachhandel oder auf einer Baustelle etwa ein solches Absperrgitter besorgt, war damit in seinem Kleinwagen herumgefahren und hatte es samt Standfüßen mit dem Auto auf die Brücke transportiert, um später mit dem Fahrrad wiederzukommen? Und hat er den Bauzaun dabei zusätzlich mit einer Kette gesichert? Jede vorbeifahrende Polizeistreife hätte ihn wohl gefragt, was das zu bedeuten habe. Und alles wäre möglicherweise aufgeflogen: sein geplanter Selbstmord genauso wie die beiden bereits begangenen mutmaßlichen Morde. Und selbst wenn er beim Aufstellen des Gatters nicht bemerkt worden wäre, wäre der deplazierte Bauzaun vielleicht schon von der nächsten Polizeistreife oder einem vorbeifahrenden Mitarbeiter der Straßenmeisterei einkassiert worden.

Dieses Absperrgitter wurde nach Schulzes angeblichem Selbstmord auf der Lauenburger Elbbrücke gefunden

Fakt ist: Eine so aufwendige Planung, nur um selbst von der Bildfläche zu verschwinden, sprengt den Rahmen eines derartigen »Familiendramas« bei weitem. Kein derartiger »Amokläufer« würde einen solchen Aufwand betreiben, um seine eigene Leiche zu beseitigen. Nachdem er seine Familie ermordet hat, hat es ein solcher Täter vielmehr äußerst eilig, selbst aus dem Leben zu scheiden – und zwar, weil er ein Weiterleben nicht ertragen könnte. Schon deshalb bringt sich diese Art von Täter nach dem Mord an seinen Opfern rasch selbst um. Der schnelle Selbstmord bewahrt ihn erstens vor den seelischen Schmerzen über die Tat und den Verlust, ermöglicht zweitens eine schnelle »Wiedervereinigung« mit seiner toten Familie und bewahrt ihn drittens vor einer Entdeckung und Festnahme. Schon aus diesem Grund ist ein längeres Überleben von Marco Schulze ungewöhnlich. Vielmehr kommen hier eindeutig fremde Interessen ins Spiel. Wenn überhaupt, dann hätte es für Schulze selbst gereicht, vor seinem Suizid einen einzelnen Standfuß auf der Brücke zu deponieren. Schulze hätte also allenfalls kurz mit dem Auto angehalten und den Stein jenseits der Fahrbahn griffbereit neben den Bordstein gelegt, um anschließend zügig weiterzufahren – und kein Mensch hätte sich darum gekümmert. Ein Diebstahl war wegen des hohen Gewichts und des geringen Werts der Sache nicht zu befürchten.

Alarmstimmung bei den Tätern

Wenn der Bauzaun weder zufällig vergessen noch von Marco Schulze dort deponiert worden war, dann wurde er wahrscheinlich von fremden Tätern abgestellt. Aber wozu? Denn fremde Täter brauchten das Gatter ja erst recht nicht. Wenn, dann fuhren sie nachts mit dem bereits mit dem Standfuß beschwerten Schulze im Kofferraum auf die Brücke, warfen ihn über das Geländer, und der Mann wäre für immer verschollen gewesen – theoretisch jedenfalls. Ein Absperrgatter hatte dabei absolut keine Funktion. Die Antwort findet man nur, wenn man sich einen Moment in die Täter hineinversetzt: Wichtig wurde das Gatter erst, *nachdem* die Leiche am frühen Morgen des 31. Juli 2015 von Elbe-Anwohnern unverhofft gefunden worden war. Denn nun herrschte bei den Tätern Alarmstimmung. Schließlich stellten sich ja gleich zwei Fragen:

- Wie war Schulze überhaupt auf die Brücke gekommen, nachdem beide Autos zu Hause gefunden worden waren und sein grünes Herrenfahrrad am Bahnhof Winsen stand?
- Wo hatte Schulze den schweren Standfuß her, der an seinem Körper baumelte?

Wenn sich diese Fragen nicht hätten beantworten lassen, hätte alles auf Fremdverschulden hingewiesen: Denn wie sollte Schulze sonst auf die Bücke gelangt sein, und wo sollte er den Standfuß hergehabt haben? Um solche Rätsel erst gar nicht entstehen zu lassen, musste eine Erklärung hier, wie Schulze auf die Brücke gekommen war und wo er den Betonklotz herhatte. Dafür brauchte man zwei Dinge: ein Fahrrad und einen Bauzaun, an dem ein Standfuß fehlte. So fanden Feuerwehrtaucher viele Stunden nach der Leiche in der Nacht auf den 1. August unterhalb der Elbbrücke das erwähnte Damenfahrrad: »Die ganze Nacht über suchten Taucher weiter die Elbe ab«, hieß es nach dem Leichenfund in der *Hamburger Morgenpost* (online, 1.8.2015). Genügend Zeit also, um ein Fahrrad mit einem gelben Spanngurt auf dem Gepäckträger in der Elbe zu versenken und einen Bauzaun mit einem fehlenden Fuß auf der Brücke zu deponieren. Da das Gatter auf keinen Fall wegkommen durfte, weil sonst die ganze im Nachhinein erstellte Beweiskette zusammengebrochen wäre, wurde es zusätzlich angekettet. Die einzige Funktion des signalgelben Spanngurts auf dem Gepäckträger bestand darin, eine Verbindung zwischen dem Fahrrad und der Leiche herzustellen. Denn warum hätte Schulze selbst den Gurt zerschneiden und den übrig gebliebenen Teil auch noch am Gepäckträger des Fahrrads befestigen sollen? Ein letztes Problem wurde von den Tätern schließlich gelöst, indem irgendjemand der Leiche nach ihrer Entdeckung noch schnell Arbeitshandschuhe überstreifte. Denn so konnte man gegebenenfalls auch plausibel erklären, warum sich weder am Bauzaun noch am Brückengeländer Fingerabdrücke von Marco Schulze befanden. Und so wird auch klar, warum die schlecht sitzenden Handschuhe im Wasser nicht verloren gingen – nämlich, weil sie nie an Schulzes Leiche in der Elbe schwammen.

Nur den kleinen Schönheitsfehler, dass sich am Brückengeländer keine Kratzspuren von dem rauhen 25-Kilo-Brocken befanden, hat man nicht korrigiert.
Ob das Damenfahrrad der Familie wirklich, wie behauptet, »von einem früheren Nachbarn« geschenkt worden war, sei übrigens dahingestellt. Im ursprünglichen Plan war es jedenfalls nicht vorgesehen. Vielmehr sollte Schulzes am Winsener Bahnhof abgestelltes Herrenfahrrad den Eindruck erwecken, dieser sei auf Nimmerwiedersehen mit dem Zug verschwunden. Nun war er aber aufgetaucht, und daher hieß es improvisieren. Fazit: Auf irgendeine Weise hatte sich Marco Schulze in der Gegend unbeliebt gemacht. Entweder war er selbst in krumme Geschäfte verwickelt, bei denen er irgendwie »Ärger« machte – oder er hatte irgendetwas mitbekommen, was nicht für ihn bestimmt war, und vielleicht sogar mit der Polizei gedroht. Seine Familie musste gleich mit verschwinden, weil man ja nicht wissen konnte, was er ihr über die Angelegenheit erzählt hatte …

Bryce Williams: Mord vor der Kamera

Es ist schlimm: Die Waffennarren, Killer und Amokläufer schrecken vor nichts mehr zurück. Nun haben sie auch noch live, vor laufender Kamera, getötet, und zwar eine Journalistin und einen Kameramann. Die bisherigen Massaker »aus der Konserve«, wie etwa der Amoklauf an der Columbine High School 1999, der Amoklauf von Robert Steinhäuser am Gutenberg-Gymnasium in Erfurt 2002 oder auch das Aurora-Massaker im US-Bundesstaat Colorado 2012 haben nichts »gebracht«. Irgendwie können solche Massaker das Publikum immer weniger schocken. Ja, so schlimm das ist: Als Medienereignis beginnt sich der Amoklauf an sich bereits abzunutzen, und er verliert langsam seine politische Wirkung. Vor allem die amerikanischen Waffengesetze wurden nur unwesentlich verschärft, wenn überhaupt. Der Zweite Zusatzartikel zur US-Verfassung (Second Amendment), in dem »das Recht des Volkes« auf Waffenbesitz festgeschrieben ist, steht nach wie vor wie in Stein gemeißelt.

Noch am 24. Juli 2015 habe sich US-Präsident Barack Obama frustriert »über unveränderte US-Waffengesetze« gezeigt, berichtete die britische BBC: »Obama sagte, es sei ›belastend‹, in der Frage keine Fortschritte gemacht zu haben, ›selbst angesichts der wiederholten Massentötungen‹. (…) Stunden nach dem Interview eröffnete ein Bewaffneter das Feuer in einem Kino im US-Bundesstaat Louisiana, wobei er zwei Menschen tötete und einige andere verletzte, bevor er sich selbst umbrachte« (BBC, online, 24.7.2015). Was sowohl der Polizei als auch der Propaganda gegen den Zweiten Zusatzartikel die Arbeit

ungemein erleichterte. Denn erstens wurde auf diese Weise wieder einmal vorgeführt, wohin laxe Waffengesetze angeblich führen können. Und weil sich der Verdächtige freundlicherweise gleich selbst beseitigt hatte, brauchte man zweitens gar keine Beweise für das Geschehen. Was einmal mehr denjenigen in die Hände spielte, die solche Ereignisse sofort politisch ausschlachten wollen. Was allerdings immer weniger gelingt. In Wirklichkeit geht der Schuss immer öfter buchstäblich nach hinten los. In letzter Zeit haben die Amerikaner nach medienwirksamen Schießereien sogar jedes Mal noch mehr Waffen gekauft. Das ist das eine. Das andere: Zahlreiche dieser Schießereien wurden hinterher als Inszenierungen entlarvt – zusammengebastelt aus dubiosen Videoschnipseln und fragwürdigen »Zeugenaussagen«. Besonders in den Videos entdeckten Kritiker immer wieder Beweise für Widersprüche, Fälschungen oder gar Darsteller, die sich als Hinterbliebene ausgaben. Harte Beweise für das Geschehen gab es häufig nicht, und so begannen viele Amerikaner, aber auch andere Bürger, vom rechten Glauben abzufallen. Insbesondere das Video an sich büßte stark an dokumentarischem Wert ein. Deswegen musste offenbar etwas frischer Wind in die Bude, frei nach dem Motto: Warum denn immer erst im Nachhinein von einem Massaker berichten? Warum nicht mal live? Nun kann man natürlich nicht vor Tausenden von Schulen ein Kamerateam aufstellen und warten, bis freundlicherweise mal ein Attentäter vorbeikommt. Vielmehr besteht die einzig logische und glaubwürdige Möglichkeit darin, dass der Attentäter einfach auf irgendein Kamerateam schießt, das gerade eine Liveübertragung produziert.
Und so wurde das schockierte Publikum quasi »Augenzeuge«, als zwei Tage nach Obamas öffentlich geäußertem Frust über den erfolglosen Kampf gegen das Second Amendment am

26. August 2015 ein weiterer Amokschütze von sich reden machte. Diesmal erschoss der Täter zwei Reporter des Senders WDBJ7 live vor der Kamera. Eine Frau – die Interviewpartnerin – wurde verletzt. Morgens um Viertel vor sieben führte WDBJ7-Reporterin Alison Parker auf einer Veranda des Bridgewater Plaza in Moneta, Virginia, gerade ein Live-Gespräch mit Vicky Gardner, der Geschäftsführerin der örtlichen Handelskammer, als plötzlich Schüsse krachten, die Parker und ihren Kameramann Ward töteten. Die Interviewpartnerin Gardner wurde verletzt und in ein Krankenhaus eingeliefert – so jedenfalls die offizielle Version. Denn Medienereignissen ist nun mal nicht zu trauen. Papier mag geduldig sein, aber Videos und Fotos sind es ebenso, und außerdem sind sie noch viel eindrucksvoller – weil wir glauben, es doch »gesehen« zu haben. Deshalb habe ich oben das Wort »Augenzeuge« auch in Anführungszeichen gesetzt. Denn wie echt ein Video oder eine Übertragung auch wirken mag – zu Augenzeugen des gezeigten Geschehens werden wir dabei nie. Und zwar, weil wir nur das künstliche Derivat eines Ereignisses sehen, nicht aber das Ereignis selbst. Man denke nur an die angebliche Verbrennung des jordanischen Kampfpiloten Muath al-Kasasbeh.

Ein seltsamer Racheakt

Bei dem Mord an der 24-jährigen Reporterin Alison Parker und ihrem 27-jährigen Kameramann Adam Ward verfügte man gleich über zwei Perspektiven des Geschehens: Die Aufnahmen der WDBJ7-Kamera und die Aufnahmen des Täters selbst. Auch dieser (angeblich ein wütender Ex-Mitarbeiter des Senders) hatte nämlich eine Kamera oder ein Handy mitgebracht, filmte seine Tat und lud das Video am 26. August um 11.14 Uhr

Ein angeblich enttäuschter Mitarbeiter erschoss am 26. August 2015 zwei Reporter des US-TV-Senders WDBJ7

auf seinen Facebook- und Twitter-Account hoch. Sein Video ist erstaunlich unscharf. Jedes Handy liefert heute eine weit bessere Auflösung als die hier gezeigte. Auf dem Film sieht man aus der subjektiven Perspektive, wie er sich auf der Holzveranda aus großer Entfernung ganz offen der Dreiergruppe aus Reporterin, Kameramann und Interviewpartnerin nähert. Er selbst muss dabei weithin sichtbar gewesen sein, denn außer ihm und dem Kamerateam befand sich niemand dort. Obwohl es sich angeblich um einen Racheakt handelte, spricht der Mann kein Wort. Er beschimpft niemanden und klagt niemanden an. Wenige Meter von der Gruppe entfernt bleibt er stehen und schwenkt ein wenig mit seiner Kamera hin und her, wobei niemand seine Anwesenheit zur Kenntnis nimmt. Schließlich stellt er sich direkt hinter den Kameramann Ward und filmt die Szene aus dieser Position. Niemand reagiert, und zwar auch dann nicht, als der Amokschütze aus geringer Entfernung ganz offen eine Pistole direkt auf Alison Parkers Brust richtet. Am unteren Bildrand des Täter-Videos sieht man, wie die schwarze Waffe von einer hellen Hand mit einer dunkelblauen Hemdmanschette gehalten wird. Dass der Mann zunächst gar nicht schießt, ist besonders bizarr. Vielmehr zieht er sich vorerst wieder etwas zurück, ohne dass sich irgendjemand um diese »kleine Unterbrechung« kümmern würde. Die drei sprechen beziehungsweise filmen weiter, als sei nichts geschehen – als seien sie nicht soeben von einem Mann aus nächster Nähe ganz offen mit einer Waffe bedroht worden.

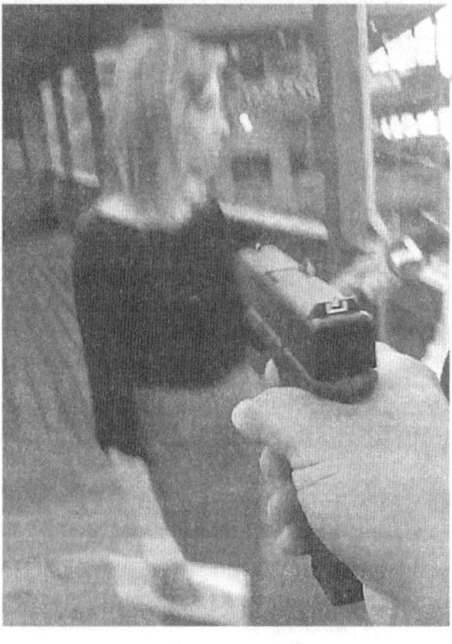

Aus nächster Nähe richtet der Amokschütze die Waffe auf die Reporterin – aber niemand reagiert

Schnell wie eine Gazelle

Der Schütze selbst betrachtet die Szene anschließend wieder aus etwas größerer Entfernung, um exakt 17 Sekunden später wieder auf die Gruppe zuzugehen und unvermittelt auf die Reporterin Parker zu schießen. Bei der Waffe handelte es sich um eine Glock 19, Kaliber neun Millimeter. Der erste Schuss zielt seitlich auf Parkers Oberbauchbereich, der zweite seitlich auf ihre Brust, beim dritten sprintet sie bereits wie eine Gazelle davon, so dass die Kugel vermutlich in ihrem Rücken einschlug. Die äußerst zierliche Alison Parker zeigt auf der Aufnahme aber weder eine physikalische noch eine physiologische, sprich: durch die Beschädigung ihrer Organe hervorgerufene Reaktion auf die Schüsse. Beim ersten Knall blickt sie zunächst nur erschrocken zur Seite und nimmt eine Schutzhaltung ein, um anschließend davonzurennen. Zwar nehmen manche Menschen eine Schussverletzung erst nach vielen Sekunden oder sogar Minuten wahr (je nach Kaliber und Trefferbereich), aber dieses zierliche Persönchen steckt die drei bis vier Treffer aus einer 9-mm-Pistole in den Oberkörper doch erstaunlich gut weg.

Die beiden Todesopfer des Amokschützen: Alison Parker und James Ward

Dass Parker bei den Einschlägen nicht einmal zuckt, so als würde praktisch keine kinetische Energie auf ihren Körper einwirken, ist besonders seltsam: »In dem Video ist klar zu sehen, dass die Reporterin keine Kugel traf. Sie reagierte nicht physisch. Sie zuckte nicht zusammen, fiel nicht zurück, beugte sich nicht vorneüber oder griff nach der Wunde, was jeder tun würde«, schrieb ein Beobachter im Internet. »Es gab kein Blut, keine Risse, kein Loch oder kein Anzeichen, dass sie überhaupt von einer Kugel getroffen wurde.« Trotz schlechter Auflösung hätte das auf dem Video sicher einige Pixel ausgemacht und wäre so erkennbar gewesen – wenn auch nicht im Detail. »Nicht nur das: Sie blieb auch aufrecht, drehte sich um und rannte mit voller Geschwindigkeit weg, ohne Anzeichen von Verletzungen.«

In einem YouTube-Video ist ein direkter Vergleich zwischen einer echten Schussfolge aus einer 9-mm-Glock und den Schüssen in dem Attentäter-Video zu sehen. Am meisten fällt dabei auf, dass keine Patronenhülse aus der Attentäter-Waffe fliegt. Auch das typische Klingeln, wenn eine solche Hülse zu Boden fällt, ist nicht zu hören. Während die Vergleichs-Glock kein Mündungsfeuer zeigt, ist auf dem Attentäter-Video deutlich ein Feuerschein um die Mündung der Waffe zu sehen. Und während bei den echten Glock-Schüssen ein deutlicher Einschlag im Boden wahrzunehmen ist, kann man bei Parker überhaupt keine Wirkung erkennen (YouTube-Video »EXPOSED! LIVE TV SHOOTING HOAX Fake News Reporter Alison Parker Shooting Compared to Real Shooting«, 31.8.2015). Auch auf dem Holzboden unter ihr ist nicht der kleinste Blutfleck zu sehen.

Ein Farbiger in dunkler Kleidung

Parker rennt also blitzartig aus dem Bild des Amokläufers, das daraufhin schwarz wird. Nur noch weitere Schritte und Schüsse sind zu hören. Bei dem Mord an dem angeblichen Kennedy-Attentäter Lee Harvey Oswald 1963 war das zum Beispiel noch anders. Dieser reagierte auf einen einzigen Schuss aus ähnlichem Kaliber und ähnlicher Entfernung, krümmte sich und sackte sofort zusammen. Was zwar auch vom Munitionstyp und Trefferbereich abhängt – aber irgendeine Reaktion auf die drei oder vier 9-mm-Treffer hätte man von Parker denn doch erwartet, zumal sie laut Obduktionsbericht an Schusswunden in der Brust und im Kopf gestorben sein soll. Ob und wie Parker starb, nachdem sie aus dem Bild gelaufen war, wurde jedoch nicht auf Video festgehalten. Die Angaben über die Ergebnisse der Autopsie blieben ebenfalls auffällig unscharf und verwaschen. Detaillierte Obduktionsberichte, wie beispielsweise im Fall Whitney Houston, waren nicht verfügbar. So wurde nicht einmal mitgeteilt, von wie vielen Schüssen Parker und ihr Kameramann Ward getroffen worden sein sollen. Die Todesursachen blieben auffällig allgemein: Laut *Daily Mail* starb Parker an Schüssen in Brust und Kopf, Ward an Schüssen in den Kopf und den Torso – was ziemlich genau ein und dasselbe ist (online, 28.8.2015). Auch den Kameramann Ward sieht man auf keinem der beiden Videos (dem des Attentäters und seinem eigenen) sterben oder auch nur zu Boden fallen. Fest steht nur, dass seine Kamera zu Boden fiel, wobei sie einen Moment lang den Schützen zeigt: einen dunklen beziehungsweise farbigen Mann in dunkler Kleidung.

Ein unauflöslicher Widerspruch

Ein zentrales Problem der beiden Filmaufnahmen und der offiziellen Version war natürlich, dass keine der drei Personen auf die offen auf sie gerichtete Waffe reagierte: Der Attentäter bewegte sich ganz unverhüllt auf die Dreiergruppe zu, zielte anschließend mehrere Sekunden lang im Blickfeld Parkers und ihrer Interviewpartnerin aus unmittelbarer Nähe auf die Reporterin, zog sich kurz zurück und schoss erst dann. Wie konnte das sein? Warum hatten alle den Attentäter und seine Waffe einfach ignoriert? Nun, zwei der Betroffenen konnte man ja nicht mehr fragen. Die Reporterin Parker und ihr Kameramann Ward waren tot – jedenfalls offiziell. Blieb also noch die einzige Überlebende, nämlich die erwähnte Vicki Gardner, die als Geschäftsführerin der örtlichen Handelskammer bezeichnet wurde. Die Waffe des Attentäters befand sich im Abstand von etwa zwei bis drei Metern sekundenlang seitlich in ihrem Blickfeld, etwa 45 Grad links von ihrer Blickachse. Also unübersehbar. Wie erklärte sie den Umstand, dass sie den Täter und seine Waffe einfach ignoriert hatte? Nun, laut *Associated Press* behauptete sie, vom Licht der Kamera so geblendet worden zu sein, dass sie den Amokschützen nicht wahrgenommen habe (online, 28.8.2015). Aber das kann nicht stimmen. Denn wie das bei derartigen Interviews manchmal so ist, war die Kamera über längere Zeit gar nicht auf sie gerichtet. Just, als der Attentäter die Waffe zum ersten Mal hob und unübersehbar auf Parker zielte, stand Kameramann Ward seitlich neben Gardner und filmte die Umgebung in ihrem Rücken. Das Licht der Kamera konnte Gardner dabei also gar nicht geblendet haben, nicht einmal ansatzweise. Und das ist natürlich ein zentraler und unauflöslicher Widerspruch in dem ganzen Ablauf.

Es sieht ganz danach aus, als habe Gardner gelogen und als sei dies nicht der wirkliche Grund gewesen, warum sie den Schützen und seine mehr als deutlich erkennbare Waffe ignoriert hatte.
Handelte es sich bei dem Ganzen also um eine misslungene Inszenierung? Aber warum hatte man so etwas dann überhaupt gesendet? Die Erklärung könnte lauten, dass es sich wirklich um eine Live-Aufnahme handelte und es deshalb nichts zu »reparieren« gab. Derartige missglückte Live-Übertragungen ins Studio hatte es auch schon bei früheren Amokläufen gegeben, als sich zum Beispiel »Hinterbliebene« von Opfern vor der Kamera kaputtlachten. Der Schütze, der zunächst auf die Reporterin Parker zielt, um dann die Waffe wieder zurückzuziehen und erst viele Sekunden später abzudrücken, wirkt ganz wie ein Darsteller, der sein Stichwort verpasst hat und daraufhin erst einmal sinnlos in der Gegend herumfilmt. Die beiden anderen Darsteller ignorieren ihn, weil sie ihn laut Skript nicht bemerken dürfen. Die Panne hatte ihre Ursache darin, dass Kameramann Ward in diesem Moment nicht Parker oder Gardner, sondern die Umgebung filmte (weshalb das Licht Gardner auch nicht treffen konnte). Also wartete der Schütze, bis Ward die Kamera wieder auf die Reporterin gerichtet hatte. Die Zuschauer sollten schließlich auch »etwas davon haben«. Dabei brach aber die ganze Logik des Geschehens zusammen: Der Schütze hatte seinen Opfern die Waffe zuvor direkt unter die Nase gehalten, ohne dass sie sich irgendwie darum gekümmert hätten. Weil sich dies bei einer Live-Übertragung technisch nicht mehr nachbearbeiten ließ, wurde es sozusagen verbal nachbearbeitet, indem die Überlebende behauptete, vom Licht der Kamera geblendet worden zu sein, was laut den Schützen-Videos aber nicht stimmen kann.

Journalisten oder Krisendarsteller?

Wer war der Mann überhaupt? Als die Kamera des Reporters zu Boden fällt, gerät er kurz ins Blickfeld. Demnach hatte der Schütze Ähnlichkeit mit einem früheren Angestellten von WDBJ7-TV, einem gewissen Vester Lee Flanagan II, 41 Jahre alt, auch unter dem Pseudonym Bryce Williams bekannt, also unter einem »Künstlernamen«. Bei seinen Fernsehjobs soll er sich durch seine Wutausbrüche und Verbalinjurien einen Ruf als »Troublemaker« erworben haben. Auch mit Parker und dem Kameramann Ward habe er Ärger gehabt. Wegen seines unberechenbaren Verhaltens sei er schließlich am 1. Februar 2013 entlassen worden – also zweieinhalb Jahre vor dem Anschlag. Bevor er Journalist wurde, verdiente sich Williams sein Geld als Statist, Darsteller und Model. Aber auch seine Kollegen Parker und Ward waren dem darstellerischen Gewerbe nicht abgeneigt. »Fotografien von den Social Media Accounts der ermordeten Reporter Alison Parker und Adam Ward, die am 26. August von der *Daily Mail* veröffentlicht wurden, zeigen, dass die beiden großen Spaß daran hatten, sich in Arbeit und Freizeit zu verkleiden«, heißt es in dem kritischen Nachrichtenblog *Memory Hole* (»Gedächtnisloch« – nach dem Roman *1984* von George Orwell, 30.8.2015). Die *Daily Mail* veröffentlichte sogar ein früheres Facebook-Foto, das Parker und Ward mit künstlichen Verletzungen zeigte. Parker hatte darauf ein »blaues Auge«, Ward ein verletztes und blutiges Bein. Bildunterschrift: »Die Reporterin und der Kameramann teilten dieses Foto, das sie mit aufgeschminkten Verletzungen für einen Nachrichtenbeitrag zeigt« (online, 26.8.2015). Woraus hervorgeht, dass die beiden nicht nur als sogenannte Krisendarsteller tätig waren, sondern dass solche Aufnahmen auch in Nachrichtensendungen verwendet wurden. Wobei die Kombination mit einem Reporterjob geradezu ideal ist, weil man so mal vor und mal hinter der Kamera agieren kann.

Etwas zu früh getwittert?

Angeblich war Parker seit Monaten mit einem anderen WDBJ7-Reporter namens Chris Hurst liiert. Schon am Morgen des 26. August veröffentlichte Hurst laut *Daily Mail* die ersten Trauernachrichten auf Twitter: »Sie hatte die tollste Ausstrahlung, die ich je erlebt habe. Und aus irgendeinem Grund liebte sie mich auch. Sie liebte ihre Familie, ihre Eltern und ihren Bruder.« Nun – man könnte glauben, Parker und ihre Familie seien die reinsten Engel gewesen – und der Sender WDBJ7 das reinste Paradies: »Jeder kümmert sich um mich bei WDBJ7. Wir sind eine Familie. Sie arbeitete jeden Tag mit Adam. Wenn ich an seine Verlobte denke, bricht mir das Herz.« Zwar wurden diese Tweets von der *Daily Mail* abgebildet, allerdings wurde der Zeitstempel dabei sorgfältig ausgespart. Schaut man sich auf Twitter die Originale an, erfolgten die beiden Tweets um 6.34 und 6.36 Uhr, als etwa zehn Minuten vor den Schüssen. Bereits um 6.31 Uhr hatte Hurst getwittert: »Wir haben das nicht öffentlich gemacht, aber Alison Parker und ich waren sehr verliebt. Wir waren gerade erst zusammengezogen. Ich bin wie betäubt.« Bereits um 6.44 Uhr erhielt Hurst die erste Beileidsbekundung von einer anderen Person: »Chris und Alison, es ist herzzerreißend. Ich bin so traurig über Deinen Verlust«, schrieb da eine Quita Culpepper. Um dieselbe Zeit meldeten sich auch eine Kelsey Pape und eine Minute später ein Nutzer namens »Youtube Me«. Also in derselben Minute, in der Parker und Ward angeblich erst erschossen wurden. Andere behaupteten, dass die Uhrzeit des Zeitstempels davon abhänge, von welcher Zeitzone aus der Tweet gelesen werde. Die jeweilige Ortszeit des Tweets werde praktisch in die Zeit des Betrachters »übersetzt«. Sehe man sich den Beitrag beispielsweise aus der Zeitzone Pacific Daylight Time an, dann zeige er tatsächlich 6.32 Uhr morgens. Riefe man den Tweet dagegen von derselben Zeitzone aus auf, von der aus er veröffentlicht wurde, werde daraus 9.32 Uhr. Fragt sich nur, warum, wenn man sich die Tweets von Deutschland aus ansieht, wiederum eine Zeit zwischen 6.32 und 6.45 Uhr angezeigt wird. Wobei in Deutschland nun mal nicht Pacific Daylight Time gilt. Tatsächlich wäre die Anzeige der Betrachterzeit ja auch äußerst verwirrend – so als würde die Ankunftszeit eines Flugs in der Zeit des Abflugortes angegeben. Handelte es sich also doch um die Ortszeit? Dann wäre das Ganze tatsächlich als Fälschung entlarvt. Es würde bedeuten, dass das ganze Darstellerteam eben um diese Zeit aktiv war: Die einen standen vor der Kamera, die anderen schrieben gleichzeitig Twitter-Nachrichten. Denn die Frage ist ja auch: Woher wusste der Attentäter, der angeblich vor zweieinhalb Jahren von dem Sender mit Schimpf und Schande entlassen worden war, überhaupt von dem Drehtermin? Freunde hatte er offenbar keine mehr bei WDBJ7. Die Polizei wisse auch nicht, wie er davon erfahren haben könnte, hieß es am 27. August 2015 auf der CNN-Website.

Es geht nichts über Medienarbeit

Die Medienarbeit war offenbar sehr wichtig bei diesem Attentat: Während der Anschlag selbst live übertragen wurde, lud der Täter später seine eigene Aufnahme auf Facebook und Twitter hoch. Darüber hinaus faxte er ein 23-seitiges »Manifest« an den

Sender ABC. Angesichts der vorangegangenen schrecklichen Tat erstaunt diese eiskalte Pressearbeit. Der Mann verhielt sich, als würden ihn der Tod der beiden Menschen und sein eigenes bevorstehendes Schicksal (Verhaftung, Verletzung, vielleicht sogar der Tod) vollkommen kaltlassen. Das aber ist keineswegs normal. Normalerweise wäre ein solcher Täter selbst aufgeregt, konfus und in Panik. Aber mehr noch: Laut ABC hatte Williams bereits seit Wochen Kontakt zu dem Sender gehalten.

> »Ein Mann, der behauptete, Bryce Williams zu sein, hat *ABC News* während der letzten Wochen immer wieder angerufen und behauptet, er wolle eine Story lancieren und Informationen faxen. Er sagte aber nicht, worum es sich handelte. Heute Morgen befand sich fast zwei Stunden nach den Schüssen ein Fax in der Maschine (Zeitstempel 8.26 Uhr). Etwa nach zehn Uhr rief er erneut an, stellte sich als Bryce vor, gab aber auch an, dass sein richtiger Name Vester Lee Flanagan laute und dass er heute Morgen zwei Menschen erschossen habe. Während des Gesprächs sagte er, die Behörden seien ›hinter ihm her‹ und ›überall‹« (online, 26.8.2015).

Dann habe er aufgehängt. Nun, so etwas nennt man professionelle Medienarbeit: Man kündigt ein Ereignis schon Wochen vorher immer wieder an, schickt dann pünktlich seine »Pressemitteilung« und meldet sich auch noch mal zur Nachsorge, damit auch wirklich nichts schiefgeht. Leider veröffentlichten die Behörden nicht das ganze »Bekennermanifest«, sondern lediglich Auszüge daraus. Normalerweise sind einem solchen »Bekennerschreiben« jede Menge über die Hintergründe der Tat zu entnehmen – auch zwischen den Zeilen. Warum es quasi geheim gehalten wurde, ist einstweilen unklar. Jedenfalls habe Williams alias Flanagan darin erklärt, seine Tat sei eine Revanche für das Massaker in der Kirche von Charleston, South Carolina, am 17. Juni 2015 gewesen, wo ein weißer Amokschütze neun schwarze Amerikaner erschoss: »Warum habe ich es getan«, fragte Williams in seinem Fax, das er mit »Selbstmordbrief an Freunde und Familie« überschrieb: »Das Kirchenmassaker geschah am 17. Juni 2015. Am 19. Juni 2015 legte ich Geld für eine Waffe beiseite.«

Zwei dürre Tweets

Darüber hinaus berief sich Williams alias Flanagan auf frühere Amokschützen wie die Attentäter an der Columbine High School 1999 oder den Schützen des Virginia-Tech-Massakers 2007. Letzterer sei »sein Mann«, denn er habe fast so viele Menschen erschossen wie die Columbine-Attentäter. Er selbst sei von schwarzen Männern und weißen Frauen angegriffen worden, weil er schwarz und schwul sei. Er habe unter Rassendiskriminierung, sexueller Schikane und Mobbing am Arbeitsplatz gelitten. Aber: »Das Kirchenmassaker brachte bei mir das Fass zum Überlaufen. Und meine Hohlspitzgeschosse tragen die Initialen der Opfer.« In seinem Manifest erklärt er, WDBJ7 wegen »hässlicher rassistischer Dinge« verklagt zu haben, die ihm bei dem Sender widerfahren seien, erwähnt seltsamerweise aber niemanden namentlich. Die Namen von Alison Parker und Adam Ward, auf die er einen besonderen Hass gehabt haben soll, tauchen laut ABC auf den ganzen 23 Seiten nicht auf. Vielmehr wurden diese Namen offenbar erst im letzten Moment mit zwei Twitter-Tweets vom selben Tag, dem 26. August, nachgeschoben. Sie lauten:

- »Alison machte rassistische Bemerkungen«,
- »Adam rannte gleich zur Personalabteilung, nachdem er einmal mit mir gearbeitet hatte!«.

Nun – mehr war da nicht? Zwei dürre Tweets und dann ein Massaker? Stammten die Nachrichten überhaupt von Williams? Und wenn – waren die Vorwürfe dann überhaupt echt und berechtigt? Und warum war er dann immer noch so wütend? Denn schließlich war das alles ja schon mindestens zweieinhalb Jahre her. So lange lag seine Entlassung bereits zurück. Und es fällt ja auch auf, dass die Tweets nur das Allernötigste enthielten: die beiden Namen der Opfer, irgendetwas über rassistische Bemerkungen, die nicht näher beschrieben werden, sowie eine Andeutung über irgendwelchen Ärger mit einem Kollegen, der ebenfalls nicht konkret geschildert wird. Tatsächlich sei Bryce Williams' Twitter-Konto offenbar erst wenige Tage vor den Schüssen eingerichtet und mit Fotos aus seinem Leben versehen worden, hieß es auf der Website von *Channel 4 News:* »Während seiner Flucht erschienen in seinem Namen Twitter-Nachrichten mit einem Video auf dem Konto, das aus der Perspektive seines Pistolenlaufs aufgenommen worden war, während die Schüsse seine Opfer trafen« (online, 27.8.2015). War das Ganze überhaupt real?

Kopfschuss am Steuer?

»Ja, es wird sich so anhören, als sei ich wütend«, schrieb Williams laut ABC in seinem Manifest: »Aber ich habe jedes Recht, es zu sein. Aber wenn ich diese Erde verlasse, möchte ich nur Frieden fühlen …« Von wegen »wenn ich diese Erde verlasse«. Entgegen diesen Ankündigungen und der Überschrift »suicide note« in seinem Manifest dachte Williams alias Flanagan gar nicht daran, Selbstmord zu begehen. Vielmehr wickelte er zunächst professionell seine Pressearbeit ab und machte sich dann auf und davon. So tauschte er seinen Ford Mustang zunächst am Regionalflughafen Roanoke gegen einen Leihwagen ein. Ein Nummernschild-Lesegerät habe den Wagen auf der Interstate 66 entdeckt, berichtete hinterher die Polizei. Anschließend sei Williams mit Hilfe seines Handys geortet worden, woraufhin sich ein Streifenwagen an sein Hinterrad geheftet habe. Nachdem Williams trotz Aufforderung nicht gestoppt habe, sei er plötzlich von der Fahrbahn abgekommen und seitlich im Grünstreifen liegengeblieben. Als die Polizei sich näherte, habe sie ihn mit einem Kopfschuss am Steuer vorgefunden und ihn ins Krankenhaus gebracht, wo er zwei Stunden später verstorben sei (*Daily Mail*, online, 26.8.2015).

Mit Verlaub: Langsam wird es langweilig. Der Mörder war also mal wieder der Tote. Fragt sich nur, wo hier die Henne und wo das Ei war. Warum kam Williams zum Beispiel überhaupt von der Fahrbahn ab? Natürlich kann so etwas auf der Flucht vor Aufregung passieren. Einen konkreten Auslöser kennt man aber nicht. Der einzige konkrete Auslöser weit und breit wäre eine Aktion der Polizei gewesen, zum Beispiel ein Schuss, durch den Williams von der Fahrbahn abgekommen und im Grünstreifen liegengeblieben wäre. Wäre das nicht viel logischer? Wenn die Polizei ohne weitere Zeugen behauptet, einen Schusswaffenselbstmörder aufgefunden zu haben, ist eine solche Auskunft schließlich immer mit Vorsicht zu genießen. Insbesondere nach irgendwelchen politisch hochwillkommenen Amokläufen, bei denen schon in der Vergangenheit so viel getrickst wurde. Und vor allem, wenn das auch so vieles erleichtert: Gerichtsverfahren, Beweisaufnahme, Verteidigung – all das muss es gar nicht geben. Vielmehr wird die Version der Behörden auf diese Weise in Stein gemeißelt. Eine dritte Möglichkeit zwischen Selbstmord und Mord besteht natürlich darin, dass auch diese Sache nur gestellt war und Bryce Williams einfach nur unter dem Vorwand seines Todes aus dem Verkehr gezogen wurde. Verschwörungstheorie? Nicht unbedingt: Nur etwa zwölf Tage vor dem Mord an den beiden WDBJ7-Reportern fand in der Gegend eine Amokübung statt, über die ausgerechnet auch der Sender WDBJ7 berichtete. Dabei ging es um einen Amokschützen, der in eine Schule eingedrungen war. Alles sah vollkommen echt aus, auch der schließlich am Boden liegende Schütze, der in Wirklichkeit natürlich nur ein »Krisendarsteller« war: »Obwohl es real und erschreckend aussieht, ist es komplett gestellt ...«, sagte WDBJ7-Reporterin Jean Jeadhon in den Nachrichten (wdbj7.com, 14.8.2015).

Entgegen seinen Ankündigungen wollte Williams eigentlich gar keinen Selbstmord begehen. Nach dem Ende seiner Flucht fand die Polizei drei Nummernschilder in seinem Wagen sowie eine Perücke, eine Sonnenbrille und eine Liste zu erledigender Aufgaben. Und würde ein Selbstmörder bereits Wochen vor dem Anschlag einen Fluchtwagen buchen? Wohl kaum. Wobei sich außerdem die Frage stellt, ob der Drehtermin von Parker und Ward bei Anmietung des Wagens überhaupt schon feststand. Schließlich war das Interview mit der Handelskammer-Sprecherin ja kein öffentlich anberaumtes Ereignis wie etwa ein Volksfest oder Ähnliches, sondern nur ein mit der Interviewpartnerin vereinbarter Dreh.

Beweismittelvernichtung an der Autobahn

Wie so häufig in letzter Zeit geriet die Fahndung nach dem mutmaßlichen Attentäter zur öffentlichen Hetzjagd, was die Spannung und Medienwirkung natürlich enorm erhöhte. Allerdings sind Reporter bei solchen Ereignissen nur bis zu einem bestimmten Punkt erwünscht. Als sich beispielsweise Journalisten der BBC dem liegengebliebenen Fluchtwagen näherten, wurden sie von der Polizei eingeschüchtert: »Die Polizisten nahmen unsere Kamera und drohten damit, auch unseren Wagen zu beschlagnahmen …«, sagte die BBC-Journalistin Tara McKelvey. Die Beamten gaben vor, die Kamera als Beweismittel zu benötigen: »Ein Polizeibeamter sagte den beiden, ihre Kamera ›könne ein Beweismittel sein und werde beschlagnahmt‹, sagte McKelvey, die für die BBC normalerweise aus dem Weißen Haus berichtet«, schrieb die *New York Daily News* (online, 26.8.2015). Wie ihr Kollege Franz Strasser berichtete, waren die Beamten merkwürdigerweise schließlich aber doch nicht an der Kamera interessiert, sondern nur daran, die Bilder zu löschen: Ein Beamter »sah zu, wie ich meine Bilder löschte, und ließ mich dann gehen«, schilderte Strasser den Vorfall. Aber warum wollten die Beamten die Aufnahmen denn nicht sicherstellen, wie zunächst angekündigt? Vielleicht hätte man aus den Bildern ja Rückschlüsse auf das Geschehen ziehen können, das zum Tod von Williams geführt hatte. Nach Lage der Dinge war das also keine Beweissicherung, sondern Beweismittelvernichtung. Von forensischen Beweisen für Williams' Selbstmord, beispielsweise Blut- und Schmauchspuren an der Schusshand, ganz zu schweigen. Aufnahmen des Fahrzeugs zeigten nicht die geringsten Blutspuren an den Scheiben oder der Karosserie – ungewöhnlich bei einem Kopfschuss.

Verwackelte, aus größerer Entfernung aufgenommene Bilder scheinen eine Person zu zeigen, die auf einer Trage abtransportiert wird. Um wen es sich dabei handelte und ob die Person verletzt war, lässt sich unmöglich sagen. Forensische Tatort- oder Obduktionsberichte wurden nicht veröffentlicht.

Kein Spur von Trauer

Nur wenige Stunden nach dem angeblichen Mord an seiner Freundin trat Alison Parkers Lebensgefährte Chris Hurst vor die Kameras. Hurst war ebenfalls bei dem Sender WDBJ7 angestellt und angeblich seit etwa neun Monaten mit Alison Parker zusammen. Damit waren alle zentralen Akteure (bis auf das überlebende Opfer Vicki Gardner) frühere oder gegenwärtige Beschäftigte von WDJB7. Am 26. August 2015 zeigte ein Foto auf der Website der *Daily Mail* Hurst, wie er mit einem entspannten Lächeln auf den Lippen den Geschäftssitz des Senders verlässt, um der Presse ein Interview über den Verlust seiner Liebsten zu geben. Der Mann trägt dabei nicht die geringste Spur von Trauer im Gesicht. Kurz darauf zeigte er den Reportern ganz locker ein Erinnerungsalbum mit Fotografien von sich und seiner Lebensgefährtin und war vor allem an den eigenen Befindlichkeiten interessiert: »Mir geht's gut. Es wird nun ein bisschen surreal, weil Alison und ich normalerweise auf der anderen Seite stehen, und für mich ist es deshalb sehr seltsam, nun in all diese Kameras zu schauen.« War das etwa alles, was an diesem Tag »seltsam« war? War das alles, was es aus seinem Gefühlsleben zu berichten gab? Anschließend blätterte er vor den Kameras in einem Erinnerungsalbum, das ihm angeblich Alison geschenkt hatte. Sein fröhliches, entspanntes Gesicht unterschied sich dabei nicht von früheren Aufnahmen, auf denen er mit Alison zu sehen war. Mit anderen Worten, ihr Tod hatte nicht die geringste Spur in seinen Gesichtszügen hinterlassen.

Neue Lebensaufgabe: schärfere Waffengesetze

Mit dem Tod der beiden Reporter Ward und Parker war das Propagandageschütz geladen, jetzt musste man es nur noch zünden – und zwar in Richtung schärferer Waffengesetze. Auch die Eltern der Opfer gaben prompt perfekte Interviews und setzten sich durchwegs für schärfere Waffengesetze ein. Noch am Tag des Attentats stellte sich nicht nur Parkers Freund Hurst, sondern auch ihr Vater Andy den Kameras. Ein Kind zu verlieren ist zwar das Schlimmste, was Eltern passieren kann. Aber nur wenige Stunden nachdem seine Tochter ermordet worden war, gab ihr Vater tränenfreie Live-Interviews und sprach von einer »neuen Lebensaufgabe«, nämlich der Verschärfung der Waffengesetze. Und schon einen Tag nach dem Tod seiner Tochter hielt er eindrucksvolle politische Reden für mehr Waffenkontrolle. Kurz, aus jedem solchen Attentat erwachsen den Waffengegnern mächtige neue Unterstützer, die praktisch mit unangreifbarem moralischem Hintergrund als Opfer in die Schlacht gegen den freien Waffenbesitz ziehen. Während andere Eltern von verstorbenen Kindern Wochen, wenn nicht Monate brauchen, um wieder auf die Beine zu kommen, geben die Eltern von Amokopfern unmittelbar danach regelmäßig Interviews mit geschliffenen politischen Aussagen. Nach dem Tod ihrer Tochter seien sie entschlossen, eine Kampagne für strengere Waffengesetze zu starten, hieß es bei CNN über Alison Parkers Eltern. »Man kann die Welt nicht in einem Tag verändern, aber wir lassen uns nicht einschüchtern oder beiseiteschieben«, wurden sie da zitiert (31.8.2015). Die meisten Eltern würden so kurze Zeit nach einem solchen Verlust wohl kaum die Kraft zu politischen Kampfansagen aufbringen. Er wisse schon, was die Waffenlobby erwidern werde, sagte Andy Parker: Wenn die Opfer eine Waffe getragen hätten, wäre das alles nicht passiert. »Ich habe da Neuigkeiten für Sie«, erklärte Parker gegenüber einem TV-Reporter: »Wenn sich Alison oder Adam eine AK47 umgehängt hätten, hätte das keinen Unterschied gemacht. Sie hätten es nicht kommen sehen« (*ABC News*, 28.8.2015). Was definitiv falsch ist. Das Video des Attentäters zeigt, dass er sich dem Kamerateam ganz offen näherte und ihm sogar erst einmal seine Waffe direkt unter die Nase hielt, bevor er schließlich schoss. Wenn, dann war dies ein Fall, bei dem sich die Opfer mit einer Waffe hätten wehren können. Ohne jeden Anlauf stürzte sich Parker senior jedoch direkt in die Auseinandersetzung mit der National Rifle Association, als hätte er sich schon vorher darauf vorbereitet.

Kampf gegen das private Waffenarsenal

Das Spannende an der ganzen Geschichte ist ja, dass sich solche Attentate durch schärfere Waffengesetze eben nicht verhindern lassen. Wer zu einem solchen Anschlag entschlossen ist, der kann sich auch ein Schießeisen besorgen, ob legal oder nicht. Auch Gesetze können keinen illegalen Waffenbesitz verhindern. Sie führen höchstens dazu, dass nur noch Kriminelle Waffen besitzen. Und selbst wenn es gelänge, Schusswaffen so umfassend zu kontrollieren, dass keine mehr zur Verfügung stünden, dann wäre damit die Wut irgendwelcher Attentäter noch lange nicht beseitigt. Denn hätte er keine Schusswaffe gehabt, hätte Williams vielleicht ein Küchenmesser genommen.

Man kann ja auch Brandstiftung nicht durch ein Verbot von Feuerzeugen verhindern. Denn dann nähmen die Leute eben illegale Feuerzeuge, Streichhölzer oder andere Zündmittel. Da schärfere Waffengesetze zur Verhinderung solcher Anschläge offenbar vollkommen untauglich sind, stellt sich die Frage, wozu sie dann nützen könnten. Und die Antwort kann nur lauten, dass sie das enorme Waffenarsenal in den Händen amerikanischer Bürger reduzieren sollen. Mit ihren Abermillionen von Schusswaffen stellt die amerikanische Bevölkerung eine nicht zu unterschätzende Miliz dar – und ist damit genau das, was die Verfassungsväter wollten: »Da eine wohlgeordnete Miliz für die Sicherheit eines freien Staates notwendig ist, darf das Recht des Volkes, Waffen zu besitzen und zu tragen, nicht beeinträchtigt werden«, heißt es im Zweiten Zusatzartikel zur Verfassung der Vereinigten Staaten. Wohlgemerkt: »nicht beeinträchtigt«. Damit ist jegliche Einschränkung des Rechts auf Waffenbesitz laut Verfassung verboten. Und daher braucht es auch einen besonders groben Keil in Form von immer neuen herzzerreißenden Schusswaffenanschlägen, um die wie in Stein gemeißelte Verfassung anzugreifen. »Alison wäre wirklich wütend, wenn wir das nicht anpacken würden«, sagte demnach ihr Vater. Aber auch Andy Parker ist ein Schauspieler. Auf YouTube finden sich ganze Zusammenschnitte seiner Karriere als Werbespot-Figur (YouTube-Video »Andy Parker – The Actor – Virginia Live News Shooting«, 28.8.2015). »Und ich verspreche Ihnen«, sagte Parker: »Diese Leute [die Waffenlobby] haben sich mit der falschen Familie angelegt. Wir werden einen Wandel bewirken.«

Danksagung

Mein besonderer Dank gilt meiner Familie für ihre vielen Ideen und Gespräche. Mein Dank gilt aber auch meinen Lesern für ihre vielen Anregungen und Briefe, die leider nicht immer beantwortet werden können.

Register

Gerhard Wisnewski

verheimlicht vertuscht vergessen

Was 2015 nicht in der Zeitung stand

Gerhard Wisnewski enthüllt in seinem Jahresrückblick die Wahrheit hinter dem täglichen Einheitsbrei der Nachrichten: Was wurde verheimlicht, vertuscht und vergessen? Warum erscheinen manche Themen auf der Tagesordnung, während andere schnell aus den Schlagzeilen verschwinden? Wer steuert unsere Medien und warum? Gerhard Wisnewski zeigt die wahren Zusammenhänge, die sich hinter der angeblich »objektiven« Berichterstattung verbergen.

KNAUR

Gerhard Wisnewski

Drahtzieher der Macht

Die Bilderberger – Verschwörung der Spitzen von Wirtschaft, Politik und Medien

Die geheimen Lenker der Weltpolitik

Angela Merkel war dabei. Gerhard Schröder war dabei, ebenso Joschka Fischer, Henry Kissinger, David Rockefeller und Josef Ackermann. Seit 1954 trifft sich jedes Jahr unter strikter Geheimhaltung ein diskreter Zirkel der Mächtigen aus Wirtschaft, Politik und Medien – die Bilderberger. Bestsellerautor Gerhard Wisnewski deckt die Geschichte dieser verschworenen Elite auf. Er nennt die Teilnehmer, ihre Ziele und Absichten.

KNAUR

Sabatina James Albrecht

Scharia in Deutschland

Wenn die Gesetze des Islam das Recht brechen

Angriff auf unsere Demokratie

Islamunterricht an deutschen Schulen. Öffentliche Aufrufe zum Mord an Andersgläubigen. Forderungen, auch in Deutschland die Scharia einzuführen. Stellen radikale Islamisten immer mehr eine Bedrohung für unsere demokratische Ordnung dar? Sabatina James, Aktivistin und Publizistin, warnt vor den Folgen unserer übertriebenen Toleranz und erklärt, warum wir dabei sind, unsere Werte aufs Spiel zu setzen.

KNAUR

Bildnachweis

S. 15 Picture Alliance (pa)/Rodrigo Ruiz Ciancia/Anadolu Agency; S. 17 MARCOS BRINDICCI / Reuters / Corbis; S. 23 http://peru.com/actualidad/internacionales/alberto-nisman-revelan-impactantes-imagenes-caso-fotos-noticia-338169; Quelle: Divisio fotografica policial; S. 27 Computerkartographie Carrle nach International Business Times, online, 12.3.2015; S. 44 http://cbsnews2.cbsistatic.com; S. 48 pa / Gary Lee/Starstock/Photoshot; S. 64 PG/Splash News/Corbis; S. 67 pa/Wolf-Dieter Weißbach; S. 73 County of Los Angeles, Dept. of Coroner; S. 84 action press/REX FEATURES LTD.; S. 90 IS-Video; S. 92 Youtube/Xendrius; S. 100 Mauritius Images (Mauritius)/amer ghazzal/Alamy Live News; S. 102 Youtube/IS-Video; S. 105 Youtube/IS-Video; S. 128 fotolia/Iriana Shiyan; S. 143 STRINGER/Reuters/Corbis; S. 143 Computerkartographie Carrle nach Flugradar 24 und Aviation Herald; S. 144 Computerkartographie Carrle nach zerohedge.com; S. 151 pa/PHOTOPQR/LE PARISIEN; S. 157 pa/EPA/SEBASTIEN NOGIER; S. 184 Computerkartographie Carrle nach https://i0.wp.com/whatreallyhappened.com/IMAGES/digitalflightrecorder.jpg; S. 193 Mauritius/image broker/Lex Rayton; S. 208 pa/Marius Becker/dpa; S. 214 Computerkartographie Carrle nach flightradar24; S. 225 Getty Images (Getty)/Mark Gail/The Washington Post; S. 230 pa/AP Photo/Pat Sullivan; S. 233 Mauritius/Alamy; S. 239 http://cbsnews2.cbsistatic.com; S. 243 Getty/2014; S. 252 Computerkartographie Carrle; S. 254 ddp images; S. 259 Timo Jann; S. 278 Patrick Lux; S. 285 Imago/UPI Photo; S. 286 dailymail.co.uk nach Twitter; S. 287 pa/AP Photo/WDBJ-TV